U0060597

是誰在抹黑明朝？

覃仕勇——著

自序

大明王朝是一個特殊的朝代。

它夾在由蒙古人建立的元朝和滿人建立的清朝中間，是中國古代歷史上最後一個由漢人建立的大統一朝代。

明太祖朱元璋出身貧寒，無立錐之地，無背景可依，從最底層奮鬥起，以布衣取天下，自南而北，驅逐蒙元，一如秋風掃落葉，可謂酣暢淋漓！

縱觀中國歷史，游牧民族進駐且蹂躪華夏江山，何曾受到過漢人予以如此迅銳而沉重的打擊？朱元璋因此被視為中國歷史上得國最正者。

難能可貴的是，得國後的朱元璋，不忘農家子弟本色，始終以民為本。

對於君、臣、民三者關係，朱元璋的看法是：「天為民而生君，君為民而職臣。」把民眾看作國家的根本，根據「為治以安民為本」的治國理念，制定出一系列「保國之道，藏富於民」的方針，使得大明王朝在政治、經濟、軍事、文化、科技各方面取得了令人矚目的成就。

政治上，明朝建立的內閣制度和票擬制度是件很好玩的事兒，皇帝（如嘉靖、萬曆）可以數年、數十年不上朝，而國家機器在文官集團的操控下仍在正常運轉，這是中國古代歷史上前所未有的，非常超前，後來的清王朝也無法做到這一點。

經濟上，明朝的社會發展治隆唐宋，疆域拓展遠邁漢唐。世界上第一部研究經濟全球化的著作《白銀資本》坦承：「一五六八到一六四四年這段時間，全球三分之一的白銀流入中國明朝。」「明朝經濟占世界經濟份額的六〇%。」「很明顯，明朝時的中國主導和控制著全球的經濟。」

軍事上，明朝自建國始，吊打了蒙古半個多世紀，使長城以南大片中華膏腴之地得到了近三百年的穩定發展。明軍曾在正德年間戰勝葡萄牙，繳獲大量佛朗機火炮，經深入研究後，批量生產。萬曆年間，明軍就利用自己研發出來的火槍火炮在朝鮮戰場輾壓日本人。崇禎六年，明朝海軍還在料羅灣海戰中利用這些火槍火炮戰勝荷蘭侵略者，勒令荷蘭每年向明朝支付十二萬法郎保護費；此外，崇禎十年，明朝海軍還成功驅逐過英國侵略者，索取英國賠償白銀二八〇〇兩。英國著名漢學家李約瑟博士說：「明代海軍在歷史上可能比任何亞洲國家都出色，甚至同時代的任何歐洲國家，以致所有歐洲國家聯合起來，可以說都無法與明代海軍匹敵。」

文化科技方面，《劍橋明朝史》給予的評價是：「中國的明朝是一個完全不同於以往的時代，是一個充滿極大活力的時代，明朝刻印的文化典籍比全世界其他所有地方的任何書籍加起來都多得多，對於明朝的歷史，現代研究還不足文獻資料的百分之三。」「明朝時的中國是世界上最強大也最先進的國家。」

經濟、文化、科技如此發達，明朝稅賦卻是中國古代歷朝歷代最低，農業稅曾低至每畝一斗米，約十八・九斤。商稅為「三十而取一」也就是三・三%。

更難得的是，朱元璋結合自己悲慘的童年生活，對民眾、對社會的弱勢群體十分關心，興建福利老人院。

西班牙人馬丁・德・拉達於萬曆年間遊歷中國，寫有《中國札記》，在這本書中，他驚奇地說：「他們還有一件非常好的，使得我們都對他們這些異教徒驚嘆的事，那就是在他們的一切城市中都有醫院，老是客滿。我們從來沒有見過有人行乞。我們因此問他們原因何在，回答說，每個城市裡都有一個大地區，其中有很多給窮人、瞎子、瘸子、老人、無力謀生的人居住的房屋，這些人就居住在所說的房屋裡，在他們活著的時候，始終有充分的大米供應。……他可以在上述的大館舍中住到死去，此外他們在這些地方養得有豬和雞，因此窮人無須行乞而活下來。」

可以說，明朝人的幸福指數位列中國古代社會之最。

想想看，厓山海戰之後，漢族政權在華夏大地上滅亡。是明朝的建立，延續了中斷的華夏文化。

可惜的是，明後期值小冰河時期，連年天災，變民頻起，後金又屢屢入侵，內憂外患，明朝終於崩潰。

於是，就有了大家對明朝的不甘，有了無盡休止的話題。

這，也是我偏愛明朝的原因。

對於明朝的滅亡，我寫有《奏摺上的晚明》、《明滅》兩本著作。其中《奏摺上的晚明》於二〇一五年五月由臺灣商務出版社出版，有興趣的臺灣讀者應該可以找得到這本書。

明朝文化風氣、言論開放自由，明朝士人寫野史多喜穿鑿附會、涉奇獵怪，志在危言聳聽，吸引注意；清朝官修正史既要彰顯出自己得國的合法性、又要全力維護自己的正統統治地位，和野史一起，對明朝的抹黑起到了不同程度的作用。

這，使後人對明朝誤解極深。

本書主旨，在於溯本求真，通過深入的探究、嚴密的求證，對人們容易產生誤解和困惑的明朝史事進行剖析，還原史事的本原。

當然，每一個人的學識水平都會有局限性，某些史學見解和認識上的粗疏錯漏難於完全避免，只能懇求讀者指正，以求進步。

最後，感謝武漢九華飛悅文化和臺灣秀威出版社給這本書提供了出版的機會，同時也感謝每一個閱讀和關注這本書的讀者！

目次

第二章　明太祖朱元璋的是非功過

第三章　明朝的「奇葩」皇帝們

第四章　晚明比你想的更精彩

第五章　南明餘響

第一章 與明朝歷史有關的史書

明朝的正式國號是叫「明」還是叫「大明」？

說起中國歷史的朝代承接，很多人都能張口就來，從夏商周三代說起，接著就是秦漢三國兩晉南北朝，然後是隋唐五代宋元明清。

這種說法大致是不錯的。有一首流傳久遠的〈朝代歌〉也是這麼編的：

夏商與西周，東周分兩段。春秋與戰國，一統秦兩漢。三分魏蜀吳，二晉前後延。南北朝並立，隋唐五代傳。宋元明清後，皇朝至此完。

很多人不會注意到，以上的說法，包括〈朝代歌〉，出現了概念的混亂問題。

這概念有三個：一、朝代；二、國號；三、國家統稱。

這裡面必須嚴格區分的是朝代和國號。

朝代是指某個帝王家族的統治時代，是個時間概念；國號是指某個帝王家族所統治的國家的稱號，是個空間概念。

當然了，出現以上混淆，主要是朝代和國號經常互相替代了。

比如說，夏商周秦漢等等，既是朝代，也是國號。但魏蜀吳三個，嚴格地說，只能算是國號而不能稱為朝代。究其原因，漢末三分天下，在時間上三國同時並起，在空間上三足鼎立，不存在時間接替問題，所以不能算作朝代。不過，需要特別說明的是，魏蜀吳中的「蜀」，其實是被後人叫錯了的國號。劉備建立的國家，國號是漢，不是蜀，蜀是他人對劉備以及劉禪政權的貶稱。

至於〈朝代歌〉裡面的西周、東周、前漢、後漢、西晉、東晉、北宋、南宋，只能理解為朝代，而不能說成是國號。因為這些朝代所對應的國家國號原本就叫周、漢、晉、宋。所謂的西、東、前、後、南、北等字，都是後人加上去的。

另外，像春秋、戰國、南北朝、五代等等，既不是朝代，也不是國號，而是一段時間內一批國家的統稱。

除了上述問題外，後人誤解最深的是元、明、清這三個。元、明、清的稱呼其實是不準確的，既不能指朝代，也不能指國號。這三個朝代和國號的正確表達應該是大元、大明、大清。

這種錯誤，不僅僅發生在現在，就連生活在大明朝時代的人也有搞錯。為此，曾著作了《明史》（此書後被清朝統治者銷毀）的萬曆朝相國朱國禎就專門在他的另一本《湧幢小品》中申明：「國號上加『大』字，始於胡元。我朝因之，蓋返左衽之舊，自合如此，且以別於小明王也。其言『大漢』、『大唐』、『大宋』者，乃臣子及外夷尊稱之詞。近見新安刻《歷祚考》一書，於漢、唐、宋及司馬晉，比加『大』字，失其初矣。唐碑有稱『巨唐』者，巨即大也。宋曰『皇宋』，皇亦大也。」

古人著史，在稱頌本朝，或向外邦介紹本朝時，喜歡在本朝的國號上加一個「大」字，比如「大秦」、「大漢」、「大唐」、「大宋」，但這個「大」字充當的是一個修飾語，彰顯自己國力強大、疆域無邊，「大秦」、「大漢」、「大唐」、「大宋」的國號只是「秦」、「漢」、「唐」、「宋」。

對大元、大明、大清而言，這個「大」字可是國號裡面不可或缺的一部分！

大元的國號，其實是取自《易經》上「大哉乾元」一語。

所以，清朝史學家趙翼在《二十二史劄記》就稱：「三代以下，建國號者多以國邑舊名。」「國號取文義自此始。」

比如說，夏朝的國號是因為「禹受封為夏伯」。商朝的國號是因為商的始祖契受封於商（今河南商丘南），以後裔盤庚遷都到殷（今河南安陽西北）以為「殷」。周朝的國號是周部落的古公亶父時遷居於周原（今陝西岐山）。秦的國號是秦的祖先非子得賜地於秦（今天水隴西縣秦亭，一說秦州清水縣谷邑）。漢的國號來源於劉邦曾被楚霸王項羽封為漢王。曹氏父子以魏代漢是曹操曾得漢獻帝封為「魏公」、在魏郡治所鄴建宗廟，平定漢中後又進爵「魏王」。孫權建吳是因為他所割據的揚、荊、交州，地處長江中下游一帶，是春秋時的吳國所在，而且孫權也得封為吳王。司馬氏篡魏代晉是因為魏帝曾封司馬昭「晉公」，賞賜并州等十郡，後又進爵為晉王。隋文帝楊堅的父親楊忠曾被北周封為「隨國公」，楊堅立國號本為「隨」，但認為隨有走的意思，認為不吉利，改為「隋」。唐高祖李淵建唐是因為他的祖父李虎為北周八柱國之一，佐命有功，被追封為「唐國公」。趙匡胤建宋則是他曾為歸德節度史，歸德軍駐紮在宋州（今河南商丘），自認為發跡在宋州，故國號為「宋」。

趙翼也特別點到了遼金兩國，說：「金太祖始取義於金之堅固，遂不以國邑而以金為號。」這是因為「契丹」居於遼河上游，建國號為「遼」，而「遼」字在契丹語是鑌鐵的意思。遼國人長期壓迫女真人，故女真英雄完顏阿骨打立國時，針對「遼」字在契丹語中的意思，以其鑌鐵雖堅終亦變壞，而金不變不壞，取「金」為國號，以示壓倒過「遼」。

金之後，到了大元，開啟了「以文義取號」的風氣，則大明的國號來源的內涵更加豐富多彩了。

可惜的是，誠如近代歷史學家吳晗所說：「明清兩代學人著述，亦從未涉及『吳元年』及『大明』一名詞之意義者。」明清兩代學者居然很少注意到「大明」的國號是「大明」而不是「明」，甚至更少人注意到「大明」這個國號的來歷，讓人遺憾。

前人沒有做這些工作，那吳晗就自己著力深入研究，寫下了《明教與大明帝國》一書，最終成為了探祕大明國號來歷解釋的最高權威。

跟著吳晗一同投入到這個探祕研究中的史學家有很多，如楊訥，著了《元代白蓮教研究》、《元代白蓮教史料彙編》；譚松林，著有《中國祕密》；馬西沙，著有《中國民間宗教簡史》；王國維，著有《摩尼教流行中國考》；陳垣，著有《摩尼教入幕之賓中國考》；王見川，著有《從摩尼教到明教》；柳存仁，著有《唐前火襖教和摩尼教在中國之遺痕》……這其中，吳晗的《明教與大明帝國》影響力最大。

可惜，即使吳晗等人的功夫下得這麼深，但普及不廣，很多人在這個問題上還是鬧笑話。

比如說，金庸在武俠小說《倚天屠龍記》中就竟然這樣寫：男主人公張無忌是明教教主，與天下武林講和修好，進而率領天下英雄抗擊殘暴的蒙元統治，而朱元璋、徐達、常遇春等人，都是明教中的大將。《倚天屠龍記》結尾寫道：「其後朱元璋雖起異心，迭施奸謀而登帝位，但助他打下江山的都是明教中人，所以國號不得不稱一個『明』字。」

顯然，金庸連犯了兩個錯誤，一、大明的國號並不是「明」；二、朱元璋其實並不是明教中的大將。

下面，就以吳晗的研究成果簡單說一說「大明」國號的來歷。

《明太祖實錄》中記錄了朱元璋登基前的文告，為：「今文武大臣、百司眾庶，合辭勸進，尊朕為皇帝，以主黔黎。勉循眾請，於吳二年正月初四日，告祭天地於鍾山之陽，即皇帝位於南郊，定有天下之號曰大明，以吳二年為洪武二年。」

從這份文告中，先確認大明的國號是「大明」而不是「明」。

大明帝國的國號的確是跟明教有關。明教是由公元三世紀時一個叫做摩尼的波斯人所創，所以也叫摩尼教。

摩尼教傳入中國的時間是唐朝武則天延載年間，其吸收了佛教、祆教、基督教的教義元素，宣揚光明最終戰勝黑暗，即「彌勒降生，明王下世」，眾生將脫離苦海。一些反抗朝廷的人就經常借助於明教來號召群眾，和佛教的白蓮宗結合了起來，形成了白蓮社。

公元八四五年，唐武宗滅佛，明教也被打入禁壓之列，從此轉入地下。

元朝末年，韓山童稱明王，率三千明教徒起義。韓山童被元軍捕殺後，其子韓林兒繼稱小明王，統轄各地明教的義軍。

韓林兒號稱是宋徽宗的八世孫，提出了「山河奄有中華地，日月重開大宋天」的口號，吸引了以漢人為主體大量窮苦百姓參加起義，其中的「日月」二字，便指代「明」。

朱元璋所在的紅巾軍奉小明王為主，也就與明教「明」字扯上了關係。

朱元璋因小明王的基業，削平群雄，建立了新王朝，定都南京。

在中國古代神話裡，黃帝的曾孫火神祝融的故墟就在南京。朱元璋自己也說，「本家朱氏，出自金陵之句容，地名朱家巷，在通德鄉」，即自承南京是自己的祖籍，自己即是祝融的後代。偏偏，祝融又叫「朱明」，含赤熱光明的意思，所以，朱元璋就有意用「明」作為國號，以讓它和自己的姓「朱」聯繫在一起。

謀士劉基等人也認為「明」字裡面的日月是朝廷的正祀，而且，新朝起於南方，元朝起於北方，南方為火，屬陽；北方為水，屬陰。以火制水，以陽消陰，以明克暗，正合《周易》八卦陰陽五行的運行之數。

並且，「大明」一詞也屢屢在儒家經典《易經》乾卦和《詩經・大雅》中出現。

在《易經》中，「大明」所表示的光明周而復始，成就天地四方。

在《詩經》中，「大明」是歌頌周文王功業的讚語。

所以，吳晗的結論是：大明之國號，出於韓氏父子之「明王」，明王出於《大小明王出世經》。《大小明王出世經》為明教經典，明之國號實出於明教。

中秋吃月餅源自「八月十五殺韃靼」的傳說？

中秋佳節，丹桂飄香，圓月懸空，清輝無限，人們吃餅賞月，老少團圓，其樂融融，是人世間難得的好時光。

然而，中秋節吃月餅，據說是來自於一個血腥的傳說：

話說，蒙古統一中國後，根據統一的先後順序把中國人分為四等，其中，北方人是三等公民；南方人，也就是原南宋的遺民是四等公民。蒙古人為了維護自己的統治地位，實施了高壓政策。在最基層的農村，每個村子派一個蒙古家庭或色目人家庭來進行統治。漢族人姑娘要結婚，必須把初夜權交給這個蒙古人或色目人。於是就有了漢人結婚後先把第一胎摔死的惡俗。蒙古人還規定，每五家漢族人才能有一把菜刀，且這把菜刀的掌刀權就在管理村子的蒙古人手中，只有這個蒙古人同意，漢族人才能領到刀切菜、生火開灶。

就在這種殘酷的統治下，漢族人終於忍無可忍，發動了紅巾軍起義。紅巾軍起義前夕，各地以圓餅傳遞消息，相約「八月十五殺韃靼」。八月十五這天，漢族人按照約定紛紛舉旗，並在朱元璋的帶領下取得了勝利。於是，那「誅殺元兵」的圓餅，就演變為了後來的月餅。

這則故事說得有鼻子有眼，像真的一樣。

可是，它只是一個傳說而已。

因為，即使你翻遍、翻爛元末明初各種正史與史料筆記，也不會查得出到底在哪一年的八月十五發生過大暴動，而蒙古人也從來沒有派一個蒙古人去管理一個村的制度。則所謂一個蒙古人佔用一個村子所有新娘的初夜權和五家人合用一把菜刀的說法也是子虛烏有的。

甚至，曾出現在教科書上、言之鑿鑿地描繪的元朝「四等人制」也是不存在的。

「四等人制」最早見諸於民國史學家屠寄一九三四年出版的《蒙兀兒史記》。屠寄在沒有提供任何歷史材料為依據的前提下，第一次破天荒地提到了元朝統治者把國民分為蒙古人、色目人、漢人、南人四個等級，這四等人在政治權利、法律地位、科舉仕進等方面存在著巨大的差別，其中的蒙古人居最高等級，可以享受各種特權，色目人屬於二等公民，漢人、南人則屬於底層公民。

也不知怎麼搞的，屠寄這「一家之言」竟然獲得了人們的廣泛認可，後來竟寫入了高中歷史教科書中。

這個問題，只要保持頭腦的冷靜，認真想一想，就可以知道，元朝統治者安心做自己的統治者就好，他即使要偏向蒙古人，也沒有必要故意挑事似專門制定一個「四等人制」來激怒占全國多數人口的民族啊。讓這些民眾三天兩頭地跟起來作亂造反，除了給自己添麻煩，還能帶來什麼好處呢？

實際上，元代各民族之間的界線極為模糊，統治者在進行戶籍統計的時候壓根就沒登記民族成分，蒙古語中甚至沒有「色目人」這個辭彙。

而且，查一查典籍就可以知道，元代的各級別官員中，漢人（南人）所占的比例高達到七〇％！這也是元朝政府退居漠北後，出現了很多漢人（南人）選擇為元朝守節殉國的原因。

所以，現在史學界的主流觀點已經認定元朝「四等人制」並不存在，並已經將這種說法從歷史教科書上刪除。

所以，我們對「八月十五殺韃靼」的流言就更應該有清楚的認識了。

至於中秋吃月餅的習俗，最早可以追溯到唐朝。

在中國古代，帝王本來早就有春天祭日、秋天祭月的禮制。而在唐貞觀四年，唐太宗征討突厥得勝並生擒其頭領，凱旋回京之日正好是八月十五。當夜，唐太宗宣布慶賀勝利，全京城通宵狂歡。有吐蕃商人向唐太宗獻餅祝捷。唐太宗持餅向月說了一句：「應將胡餅邀蟾蜍（即月亮）」，然後把餅分給群臣食之，於是就有了後來八月十五吃月餅的習俗。

當然，那時還沒有「月餅」這個辭彙。最早出現這個詞，是南宋吳自牧的《夢粱錄》。

而對中秋吃月餅賞月的描述，則最早出現於明代的《西湖遊覽志會》，書中記：「八月十五日謂之中秋，民間以月餅相遺，取團圓之義。」

憑什麼說中國古代農民起義的結局都是失敗的？

中學歷史教材裡面說，中國古代農民起義的最後結局只有兩種，一、被地主階級殘酷所鎮壓；二、被地主階級篡奪領導權。

這個結論，未免讓人沮喪。

說起來，在中國古代歷史上，影響力巨大的農民起義一共有八次，依次是：秦末農民起義、西漢（王莽新朝）末年農民起義、東漢末年黃巾起義、隋末農民起義、唐末黃巢起義、元末農民起義、明末李自成起義、清末太平天國起義。

經濟學博士李曉鵬在《從黃河文明到一帶一路》一書中認為，這八次農民起義中，被鎮壓掉的其實只有唐末黃巢起義和清末太平天國起義；東漢末年的黃巾起義是被各地豪強起兵所瓦解；明末李自成起義雖然一度獲得了勝利，但勝利的果實卻被滿清所篡奪。其餘剩下來的四次農民起義都是勝利的。其中，普通農民出身的劉邦在秦末農民起義中統一了中國，當上了皇帝，建立了偉大的西漢王朝；平民出身的劉秀在西漢末年農民起義中統一了中國，當上了皇帝，建立了東漢王朝；隋末農民起義中，雖然最後當上皇帝的是關隴軍事貴族李淵，但他的李氏關隴集團在戰爭中跟農民起義結合，吸納了大量的農民起義軍優秀人物進入自己的班底，仍然是一次勝利的農民起義。而最最完美的農民起義勝利，當屬元末農民起義，在這場起義中，貧民出身的朱元璋統一了中國，當上了皇帝，建立了偉大的大明王朝。

李曉鵬博士的原話是這樣說的：

> 中國古代農民起義的最高峰，顯然是元末農民起義。它取得了完全的勝利，推翻了一個腐敗反動的舊政權，趕走了蒙元統治者，恢復了華夏正統，讓一個貧農、乞丐當上了皇帝，一大群底層出身的英雄人物進入帝國統治階層，建立了一套有利於底層人民權利保護的法律制度。農民起義的英雄們共同建立了一個偉大的、繁榮的帝國，開拓了西洋商業貿易，建立了海陸雙重霸權，讓明帝國成為全球手工業和貿易經濟中心，存在了長達二百七十五年之久。農民起義的最高峰就應該是這個樣子，這才能叫最高峰，輝煌得讓後人只能仰視。

李曉鵬博士的說法不無道理。

我們不能說因為朱元璋當上了皇帝、身分成了大地主，就認為他建立起來的政權是為地主階級服務，和之前的唐朝、宋朝、元朝沒有絲毫區別，從而說他所領導的農民起義「被地主階級篡奪領導權」，將之視為一次失敗的起義。如果，朱元璋在完成了統一天下大業後，仍然回當貧農、乞丐的話，那也沒法對新建立的國家進行有效的統治和管理。

所以說，朱元璋所領導的農民起義到底有沒有「被地主階級篡奪領導權」，不是看他的身分變成了地主階級，而是看他有沒有記「初心」，他的骨子裡還有沒有保留「農民」的本質，他所建立的政治有沒有為廣大農民著想，也就是說，有沒有「民本」思想。

原本嘛，古代中國是一個農業大國，治理國家就應該以民為本，發展經濟就應該以農為本。而歷代開明君主也都注重以此核心為主要內容的民本思想。

不過，相較之下，朱元璋無疑是其中最為突出的典型。

朱元璋從最底層的貧苦百姓中走出來，歷經坎坷，深知民眾的艱辛。他曾親口對群臣說：朕一食一衣，莫不念及百姓耕種和紡織的勤勞，你們住大廈，騎肥馬，穿錦繡衣服，吃魚肉大餐，不應當忘卻民眾的辛勞。

在君、臣、民三者關係中，朱元璋認為，「天為民而生君，君為民而職臣」，民處於舉足輕重的地位，是國家的根本，在君、臣、民三者關係中，民處於舉足輕重的地位，是國家的根本，君是民的服務者，得民者昌，失民者亡。

這種認識，奠定了朱元璋「為治以安民為本」的治國理念。而要安民，就必須富民，積極發展民生，「保國之道，藏富於民」。

為此，朱元璋制定了一系列方針，包括：減免賦稅、救災賑貧、鼓勵墾荒、移民屯田、解放奴隸、限制僧道、獎勵農桑、興修水利等等。

朱元璋是個實幹家，所制定出來的東西，並不停留在書面上，而是件件落實，條條細化，終於取得了令人矚目的成就。

據洪武二十六年（一三九三年）統計，全國可耕種田地已達八五〇多萬頃，比元末增長了四倍多，致使糧食產量大幅度提高，府庫民室都儲糧豐富。洪武二十六年這年共徵糧三二七八・九八萬石，比元代全盛時全國歲入糧一二一一・四七石相比，增加了近兩倍。

必須要說明的一點，朱元璋實行的可是輕徭薄賦的政策。

朱元璋飽嘗了元末統治階級橫徵暴斂給農民帶來的痛苦，當國後，格外注重與民休養生息。洪武初年，農業稅為每畝三至四斗，後來官倉豐盛，又減為每畝一斗米，約一八・九斤。商稅為「三十而取一」也就是三・三%。在中國古代歷史上，以稅賦論，明朝為歷朝歷代最低（老實說，明洪武朝的稅賦還不是最低的，在明萬曆朝，商業稅還一度降到了一・五%，年營業額在四十兩白銀——相當於現在十一萬元新臺幣（約兩萬六千四百三十二元人民幣）以下的，一律免稅。有人做過統計，在張居正搞改革後，國家財政收入最多的一年有兩百萬兩白銀，按當時約六千萬的總人口算，人均每年負擔國家稅收〇・〇三三兩白銀，約合新臺幣九十五元（人民幣二十二元），低到讓人無法想像。也因為明朝一直實行的是低稅賦政策，所以明末崇禎才會被一個「錢」字愁殺，明朝才會亡於兵亂、民亂）。

在這樣低賦稅的情況下，新生的大明政府仍收到這樣的巨額賦稅，足見農業生產發展速度之快。

值得一提的是，明初一百多萬軍隊的軍糧，也大多出自軍屯。

朱元璋因此放出這樣的豪言：「吾京師養兵百萬，要令不費百姓一粒米。」

在水利工程方面，比較大型的有和州二百餘里銅城堰閘的修建；陝西涇陽洪渠堰、灌涇陽、三原、醴泉、高陵、臨潼田等二百餘里河渠的浚疏；又修建了崇明、海門堤兩萬三千九百餘丈。洪武二十八年統計，全國府縣開塘堰四〇九八七處，疏通河流四一六二處，修建陂渠堤岸五〇〇〇〇多處。在開國後短短二十多年的時間內，就修建了這麼多水利工程，在中國古代歷史上屬絕無僅有。

國家富足了，朱元璋卻能夠力戒驕盈、倡儉養民。

在朱元璋的影響下，明初形成了以節儉為榮，奢華為恥的社會風氣。

而更為難得的是，朱元璋自己「抑奢侈，弘儉約，戒嗜欲」，對民眾、對社會的弱勢群體卻十分大方。

朱元璋剛當上皇帝，就規定，年齡在七十以上的老人，可免除其一個兒子的所有徭役。八十歲以上的老者，只要品行善佳，國家都會定期提供補貼和資助。其中，八十歲以上的貧窮老人，當地政府每月要贈送大米近一百斤，豬肉五斤，酒六十斤。物資補助不能說不豐富，制度不能說不人性化。對於九十歲以上的老人，只要是中等收入以下的家庭，則在八十歲獲贈的基礎之上，每年加贈高檔絲綢布料一匹，棉絮五斤。

而最為石破天驚的是，對於侵害國家和人民的利益的貪官汙吏，朱元璋堅定地站在民眾這邊，大力肅貪治貪。

朱元璋給予天下百姓懲除貪官的權利，允許他們直接到京師告發貪官，甚至可以把貪官扭送京城。

朱元璋明確下令，百姓有權闖入官府捉拿有劣蹟的官員，如有膽敢阻擋者，則誅滅全家。

朱元璋此舉，稱得上是中國數千年以來最大膽、最開放的反貪措施！

以上種種，李曉鵬博士雖然未在《從黃河文明到一帶一路》一書進行詳述，但結合朱元璋這一以民為本的治國理念來看，元末農民起義的的確確是取得了完全的勝利，大明王朝本質上就是一個農民建立的政權。

明朝多昏君？看你讀的是哪一種《明史》

現在通行的《明史》是二十四史最後一部，共有三百三十二卷，卷數在二十四史中僅次於《宋史》。從書的總體質量上來說，稱得上是上乘之作。

趙翼在《廿二史箚記》中頗為客觀地評價說：「近代諸史自歐陽公《五代史》外，《遼史》簡略，《宋史》繁蕪，《元史》草率，惟《金史》行文雅潔，敘事簡括，稍微可觀，然未有如《明史》之完善者。」

也就是說，宋、遼、金、元等史均比不上《明史》。能做到這一點，主要是《明史》的修纂時間既長、修纂者灌注心血和用力又最多。當然，發生在編著《明史》背後的故事也最曲折、最複雜。先從《明史》的修纂時間說起。

一六四四年清軍入關，轉年（即順治二年，一六四五年），清廷便發出話來，說要纂修《明史》，組建了《明史》的纂修班子，總裁為馮銓、李建泰、范文程、剛林、祁充格等人。

實際上，這時的清廷立足未穩，南方抗清鬥爭如火如荼，根本不可能著手修史。之所以做出這個姿態，主要是當時南京的弘光朝廷正與清朝南北對抗，藉此可以宣布明朝已經結束，斷絕天下士民復明之望。同時，又可以籠絡明朝遺老和降清漢臣，使他們有一種情感上的寄託。

一句話，修纂《明史》的詔令實為一紙空文，用意在於政治而不在於修史。

清廷沒能修纂《明史》，但到了順治十八年（一六六一），一部洋洋上百卷的《明史》已在民間悄悄流傳開了。

這部《明史》的主編是湖州人莊廷鑨。

莊廷鑨是一個盲人，家中多金，因從明朝遺臣朱國楨的子孫手裡購得朱國楨搜集的許多明朝資料，就有意效仿左丘明編《國語》的做法，私自組織編寫隊伍，編寫心目中的《明史》。私修史書，在清廷統治者看來，那是大逆不道！

朝廷中的輔政大臣鼇拜等人嚴查此事，緝拿了兩千餘人。

康熙二年（一六六三）五月二十六日，案子正式結案，處死了七十餘人，史稱「莊廷鑨明史案」。

到了康熙四年（公元一六六五年），清廷宣布重開明史館。

但《明史》纂修仍未能展開。

一則，明史館的工作人員正在修纂《清世祖實錄》，無法分身。二則，後來又發生了康熙皇帝拘禁權臣鼇拜，及由於撤藩而引發的「三藩之亂」。

直到康熙十七年（一六七八年），清廷才有力量集中人力物力真正動手修史。

為了進一步籠絡明朝遺臣、社會名流，康熙在詔修《明史》時，特開博學鴻詞科，專門徵召海內名士，承諾被錄取的人均授以翰林院的官職。

靠這種手段，清廷收羅了一大批人才，如朱彝尊、湯斌、尤侗和毛奇齡等人。

康熙十八年（公元一六七九年），清廷以徐元文為監修，葉方靄、張玉書為總裁，開始著手纂修明史。

但是，要修《明史》，有兩個人不可忽視。

這兩個人就是顧炎武和黃宗羲。

這兩個人隱然為當時文壇領袖，而且，顧炎武輯存有關明朝史料一兩千卷；黃宗羲也編《明文海》四百多卷，並著有《明史案》二百四十卷，此二人都是修《明史》的最佳人選。

大學士熊賜履寫信給顧炎武，請顧出山。

說起來，顧炎武差點就命喪於「莊廷鑨明史案」中。

當年，顧炎武和潘檉章和吳炎等人同是「驚隱詩社」成員。莊廷鑨編《明史》時，把潘檉章和吳炎列名為參閱者，並通過潘檉章和吳炎的關係想把顧炎武也拉入編史行列中。但顧炎武看過莊廷鑨的《明史》，覺得冗雜不足道，斷然拒絕。《明史》案發後，潘檉章和吳炎遭受到了凌遲酷刑。顧炎武因為沒有列名，躲過了一劫。

現在，顧炎武給熊賜履的回信直截了當，毫無商量餘地地答：「願以一死謝公！」意思是如果要他出山的話，他寧可去死。

黃宗羲也和顧炎武一樣，堅拒與清廷合作。

但黃宗羲、顧炎武覺得修《明史》事關忠奸評判和子孫後世的大業，為了保存明朝的真實史蹟，他們還是派出了得力助手參與明史的編纂。

這其中，主要人物是黃宗羲的得意弟子萬斯同，同時也包括黃宗羲的兒子、顧炎武的外甥。

萬斯同，字季野，浙江鄞縣（今寧波市）人，自幼聰穎過人，博聞強記，讀遍各種官修官籍。對明朝史事和各種典制、掌故、人物，瞭如指掌，絕對是編撰明史的好料子。

萬斯同原本也和顧炎武、黃宗羲一樣，無意與清政府合作，但他接受了老師黃宗羲的勸告，「以遺民自居，而即任故國之史事以報故國」，接受了清廷的邀請，答應參加「明史」修撰工作。

臨行前，黃宗羲寫贈別詩「四方身價歸明水，一代奸賢託布衣」相勉。

按康熙特開博學鴻詞科的宗旨，凡入史館者皆授翰林院編修銜，均許七品俸，但萬斯同不願接受清朝的俸祿，以布衣入局，寓居於徐元文家。

徐元文名義上是《明史》的監修、總審稿人，但他對史學研究不多，修書主要責任由萬斯同擔負。徐元文被劾後，王鴻緒為總裁，萬斯同又受聘於王鴻緒，寓居於王鴻緒家。

康熙四十一年，萬斯同病逝於王鴻緒家。

從康熙十八年至康熙四十一年的二十年時間內，萬斯同先後審定了《明史》兩種：一種為三百一十三卷本；一種是四百一十六卷本。這兩種稿本都被稱作萬氏《明史稿》。

萬斯同死後，王鴻緒將萬斯同的四百一十六卷本刪削為二百零五卷本，於康熙五十三年（一七一四）進呈，名為《明史稿》，不署萬斯同名，單署「王鴻緒撰」。

注意，書名叫《明史稿》而不叫《明史》，主要原因是康熙十八年的博學鴻儒科及其修纂《明史》只是康熙皇帝的一種政治手段，重點不在《明史》是否成書。所以，工程進度時重時輕，拖拖拉拉，結果直到康熙皇帝病逝，書仍未能刊行。

雍正元年，清廷再開明史館。王鴻緒又一次進呈自己在萬氏《明史稿》基礎上刪削而成、包括紀、志、表、傳在內共計三百一十卷的《明史稿》，世稱王氏《明史稿》，刊刻後稱《橫雲山人明史稿》。

乾隆四年（一七三九年），清政府第三次組織人手修改明史稿，總裁為張廷玉。張廷玉在王鴻緒所上《明史稿》的基礎上進行修改，刊為三百三十六卷，每卷卷首均題「總裁官總理事務、經筵講官少保兼太子太保、保和殿大學士兼官吏部戶部、大學士加留級張廷玉等奉旨修」字樣。並於該年刊刻，此即今之題為張廷玉等撰的通行本《明史》，也稱武英殿本《明史》。

綜上所述，自清廷於順治二年（一六四五）下詔修《明史》起，到乾隆四年（一七三九）刊行，前後歷時九十四年，是中國歷史上官修史書中纂修時間最長的一例！

想想看，當年元朝修二十四史中規模最大的史書《宋史》，前後只花了兩年多時間；明朝修《元史》，也是只花了兩年時間。

清朝修明史，竟然花了近百年的時間。

究其原因，主要還是清朝統治者對《明史》的修撰干涉得太狠。

自古以來，除了在玄武門兵變中獲利的唐太宗李世民有過干預史官的醜聞，歷朝歷代的皇帝對於史官撰史都是不多加干預的。但到了清朝，康熙、雍正、乾隆等人對史書文字已經到了神經質的地步，《明史》每完成一部分，他們都要拿著放大鏡進行仔細審閱，稍有不合，便要刪削、竄改，因此大大影響了修書進度。

在這樣的情況下，萬斯同穿越過無數雷區，終於把書稿修訂出來，但最終還是被王鴻緒、張廷玉進行了三輪大刀闊斧的修撰、編輯和刪改，這才公開刊印和發行。

史學大師謝國楨嘆《明史》有五大缺失，即：

一、盡數毀滅不利清廷之史實

二、明初事實記載不詳實。其原因就在於「清廷諱言明朝驅逐蒙古於漠北，亦猶如諱言建州女真於東北臣於明」。

三、諱言建文帝出逃，主張建文帝自焚於火之說，以示亡國之君無生之理。

四、除李自成、張獻忠起義外，其餘農民起義，均只見於有關官員列傳之中，且極盡歪曲之能事。

五、對江浙文人尤其是東林黨人多立佳傳。

萬斯同修史的初衷是「藉手以報先朝」，本著「不隱惡、不飾美」的原則，如實反映明代歷史。

但他這一想法明顯與清廷的修史原則產生了矛盾。

舉一個簡單的例子：萬斯同認為明朝的歷史要包括南明，時間長達二百九十三年。但清廷卻認為明朝到崇禎十七年就結束了，南明都是餘孽，不算。

看到清廷在這樣大是大非的原則問題上還要打馬虎眼，萬斯同在主持官修《明史》的同時，萌發了私修《明史》的想法。他與劉獻廷、戴名世、劉坊、王源等人相約祕密另修一部《明史》。

萬斯同利用主持官修《明史》之便，私下裡搜集了多達數千卷的祕籍，準備回到江南後，隱居蘇州洞庭西山修史。

然而，天不假其便。

不久，劉獻廷去世，劉坊獲罪逃難。

萬斯同的修史組織遭受重創。

即便是這樣，萬斯同仍是雄心不死。晚年，他又著力培養了一個名叫溫睿臨的後輩，有心重建修史組織。

但是，萬斯同不久病倒，知事不可為，憾於《明史稿》對南明史事記述寥寥，只好囑託溫睿臨修南明史。

溫睿臨慨然應允。

萬斯同去世後不久，修史組織的另一名重要成員戴名世通過訪問明朝遺老和參考文字資料寫了一本記錄明末歷史的《南山集》。

《南山集》一書激怒了康熙，戴名世慘遭處死。

唯一可以告慰萬斯同的是，溫睿臨果然寫出了一部《南疆逸史》！

終上所述，現行於世的《明史》其實共有四個版本：三百一十三卷本的萬氏《明史稿》、四百一十六卷本的萬氏《明史稿》、三百一十卷的王氏《明史稿》（《横雲山人明史稿》）、三百三十六卷本的武英殿本《明史稿》。

此四種版本，四百一十六卷本的萬氏《明史稿》的史學價值無疑是最高。非常遺憾，大多數人讀的都是三百三十六卷本的武英殿本《明史稿》，這個版本中，明朝的皇帝最昏庸，也最混帳。

《明史》記載的這則抹黑材料實在太假，連乾隆帝也看不下去了

明朝的名士于慎行是一個很有意思的人。

于慎行生於嘉靖二十四年（一五四五年），十七歲中舉人，二十三歲中進士，選為庶吉士。散館後，授翰林編修。萬曆元年（一五七三年）升為修撰，充當萬曆皇帝的日講官。

于慎行年紀輕輕，二十八歲便成為皇帝老師，可謂世間罕見。

因為和皇帝接觸時間長，後來又任禮部右侍郎、左侍郎，轉吏部掌詹事府、禮部尚書等職。于慎行因此對朝中諸多掌故了然於胸。

萬曆十九年（一五九一年），發生了山東鄉試洩題事件，于慎行引咎辭職，家居十六年，直至萬曆三十五年（一六〇七年）才以原官加太子少保兼東閣大學士入閣辦事，不久病逝。

在家閒居十六年時，于慎行根據自己在朝中親歷及見聞，寫了一部有關明朝萬曆以前的典章人物、財政賦稅的書，名叫《谷山筆麈》。

這部書雖然屬於私人筆記，但對後世研究明代社會政治、經濟、文化等等很有參考價值。甚至，清人

編撰《明史》也間或從中取材。

《谷山筆麈》卷二之記述一講述了一個駭人聽聞的故事，大意是這樣的：

明孝宗出生前，萬貴妃寵冠後廷，宮中嬪妃誰有了身孕，必想盡千方百計要其墮胎。明孝宗的生母紀氏原是宮人入侍，竟有了身孕。萬貴妃讓太醫用藥墮胎，太醫用藥後，沒能成功墮胎，就祕密讓人把生下來的嬰兒藏匿在西宮撫養，卻向萬貴妃謊報：「已墮。」

萬貴妃所做的這一切明憲宗並不知情。

一日，明憲宗在內殿嗟呀自嘆，一內使跪問其故。

明憲宗說：「汝不見百官奏耶？」

小內使應答：「萬歲已有皇子，第不知耳。」

明憲宗愕然，問：「安在？」

小內使惶恐，說：「奴不能言，奴言即死。」

一旁的太監懷恩頓首說：「內使所言屬實。皇子潛養於西宮，今已三歲，匿不敢聞。」

明憲宗回頭向百官細說了這一情況。

於是，廷臣吉服入賀，派遣使者前往迎皇子。

使者到了，宣詔。

紀氏抱皇子哭泣說：「兒去，吾不得活。兒見黃袍有鬚者，即而父也。」

皇子換上了一件小緋袍，乘坐一頂小轎子，被擁至奉天門下。

明憲宗將皇子抱起置膝，皇子輒抱憲宗的頸脖，呼叫：「爹爹。」

憲宗皇帝老淚縱橫，悲泣不成聲。

該日，頒詔天下，立太子。

憲宗皇帝的生母周太后住在仁壽宮，生恐皇子被萬貴妃傷害，交代憲宗皇帝：「以兒付我。」

皇子於是到了仁壽宮居住。

也從這一天起，有孕的妃嬪相繼平安生下了皇子。

一日，憲宗皇帝上朝了。

貴妃召太子食。周太后叮囑太子說：「兒去毋食也。」

太子至中宮，拒貴妃賜食，說：「已飽。」

拒肉湯，說：「肉湯疑有毒。」

萬貴妃恚怒萬分，說：「這個小孩兒不過幾歲就這樣，長大了豈不是吃了我！」忿不能語，以致成疾。

講完了這個故事，于慎行又補了一刀，說：明孝宗剛剛生下來時，頭頂上有數寸許未長頭髮，乃是藥力所致。

又說：太子被迎入仁壽宮後，萬貴妃便派遣使者毒害死了太子的生母紀氏（太子迎入東朝，貴妃使賜孝穆死。或曰孝穆自縊）。

于慎行所說這個故事是有很複雜的背景的：明正統十四年（一四四九年）七月發生了舉世震驚的「土木堡之變」，明英宗朱祁鎮被漠西蒙古瓦剌部擄去。國不可一日無君，關鍵時刻，大英雄于謙挺身而出，獨撐危局，擁立英宗的弟弟、郕王朱祁鈺為帝，取得了北京保衛戰的勝利，延續了大明王朝的國運。

不過，英宗在親征瓦剌前，已立不足兩歲的兒子、即後來的明憲宗為太子。朱祁鈺登上了帝位，明憲宗的處境就危險了。

所幸，在朱祁鈺登位之初，英宗的母親、宣宗皇后孫氏擔心皇太孫會有不測，專門選拔了身邊的心腹侍女萬貞兒前去侍奉照顧太子，做太子的保姆。

在那一段黑暗的歲月裡，萬貞兒始終守護在太子身邊，呵護有加，關懷備至。

後來，英宗在瓦剌平安回來了，並於朱祁鈺病重期間，發動了「奪門之變」，順利復位。

天順八年（一四六四年），英宗駕崩，憲宗繼位，隨即冊封照顧自己多年、年長了自己十七歲的萬貞兒為妃子，是為萬貴妃。

可以想像，憲宗肯定是專寵萬貴妃的了。

但要說萬貴妃不能容忍宮中的妃嬪生養，宮中凡是與皇帝發生關係而懷孕的女人，她一定要千方百計用藥進行墮胎，這事兒的真偽，就值得推敲了。

于慎行在講述完這個故事後，意味深長地說：「萬曆甲戌，一老中官為予道說如此。」（「這是在萬曆二年，一個宮中的老太監跟我這麼說的。」）

從明憲宗成化年間到萬曆年間，時間上隔了一百多年，一個宮中的老太監說的故事，真實性有多少呢？只能說是姑妄說之、姑且聽之，愛信不信，您看著辦。

寫《萬曆野獲編》的沈德符對這事是不信的。他在《萬曆野獲編》卷三明確說：于慎行公說孝宗生母事是萬曆初年一宮中老太監所說，他難道不知道老太監傳言訛誤，比齊東野人的荒唐言論更加荒唐可笑嗎？我在宮中每聽到這些太監津津有味地說本朝掌故，實在沒有一句實語，讓人可笑。

寫《國榷》的談遷對這事應該也是持懷疑態度的。他在《國榷》錄此事時，也照錄了于慎行那一句：「萬曆甲戌，一老中官為予道說如此。」

不過，也有人對這事深信不疑。比如寫《勝朝彤史拾遺記》的毛奇齡。毛奇齡在《勝朝彤史拾遺記》中就繪聲繪色地鋪陳、敷染了這個故事。他還言之鑿鑿地說那個向憲宗透露祕密的小內使就是憲、孝兩朝的宦官張敏。並且說，孝宗的生母紀氏被萬貴妃毒死後，張敏也被迫自殺了（「敏懼，亦吞金死」）。

對於某一個故事，有人選擇相信、有人選擇不相信，原本也沒啥。

問題是，清政府修《明史》時，毛奇齡參與了《明史》的編纂工作。而在修撰《明史・后妃傳》時，毛奇齡就專門負責寫天順、成化、弘治、正德四朝的后妃傳。

好個毛奇齡，竟然就把他先前寫在《勝朝彤史拾遺記》裡面關於這四朝的后妃的紀聞原封不動地移入了《明史》之中，這樣，萬貴妃的罪行就坐實了。

話說回來，萬貴妃墮胎殺人的惡行雖說是最先出自于慎行的《谷山筆塵》，事不一定是確，但又有沒有可能是真呢？

向來以讀書細心的乾隆就對《明史・萬貴妃傳》表示不滿，專門提出了兩點疑問：

一、《明史・萬貴妃傳》中說憲宗專寵萬貴妃，致使萬貴妃飛揚跋扈，「後宮有妊，皆遭潛害」，可是，繼萬貴妃替憲宗生下的長子不幸夭折後，賢妃柏氏不就在成化五年（一四六九年）光明正大地生下了明憲宗的次子朱祐極了嗎？而且，成化七年（一四七一年）十一月，朱祐極還光明正大地受封為了皇太子！只不過，成化八年（一四七二年）正月，朱祐極因病去世罷了。而最讓人覺得不可思議的是，孝宗朱祐樘是成化六年出生，而太子朱祐極是成化八年逝世。《明史・萬貴妃傳》卻寫紀妃讓門監張敏溺死孝宗，張敏驚呼：「上未有子，奈何棄之。」（皇上還沒有兒子，為什麼放棄撫養？）這「上未有子」一語，從何說起？

二、如果說萬貴妃「專房溺惑」，那麼其他妃嬪就很少有機會接觸憲宗了，可是，孝宗受封太子之後，竟然出現了十子之國之事，其中最小的，是憲宗的第十四子。這明顯不合情理。

可嘆那乾隆帝日理萬機，一望而知「後宮有妊盡遭藥墮」之事不可信，偏偏今天的許多從事研究明清史的學者竟然把《明史・萬貴妃傳》這一段當成確鑿無疑的史實來解讀，實在令人遺憾萬分。

其實，《明史・萬貴妃傳》中除了乾隆所提出的兩點疑問外，還有很多地方與其他史料記載如《明實錄》、甚至《明史》的其他篇目是相牴觸的。

比如說：一、「其年六月，妃暴薨。或曰貴妃致之死，或曰自縊也。諡恭恪莊僖淑妃。敏懼，亦吞金死。」這段話是從《谷山筆塵》那一句「太子迎入東朝，貴妃使賜孝穆死。或曰孝穆自縊」演化而來，說孝宗父子相認後，孝宗的生母便被萬貴妃害死了，但又加了一句「敏懼，亦吞金死」，即是說張敏恐懼，吞金自盡了。

然而，《明史》和《明實錄》都明確記載，在孝宗被立為太子以後的三年，張敏曾想誣告浙江巡撫楊繼宗，但是憲宗沒有鳥他。這條記載釋放出兩條信息：一、張敏沒有自殺；二、應該沒發生張敏冒死撫養孝宗的事，否則憲宗不大會對他這麼冷淡。

另外，據林焜熿的《金門志》所記，張敏去世的時間是成化二十一年，而孝宗被立為太子是成化十一年，二者相隔了十年。

還有，《明史・商輅傳》有這樣一段記載：當初，皇帝與皇子相認後把他留在宮中，而皇子的生母紀妃仍然居住西宮。內閣首輔大臣商輅擔心有其他變故，就偕同百官上奏疏說：「皇子幼年聰慧，是國家未來的希望。雖說託付萬貴妃厚加愛護，而萬貴妃也把他當做親生的一樣撫養。但外界都在議論說皇子的生母因病別居，久不得見。應該搬遷住所，讓他們母子朝夕相接。當然了，皇子仍然由萬貴妃來撫育，這是宗社之幸啊。」於是，紀妃遷入永壽宮。過了一個多月，紀妃病重。商輅又上疏申請說：「如有不測，禮遇一切要從厚。」並請求命司禮太監陪同皇子前往探病。皇帝全部聽從了他的要求。

商輅請求要孝宗母子就近居住的奏疏，就收錄在《明憲宗實錄》中，其中稱讚萬貴妃撫養孝宗，及請求萬妃入住永壽宮的原話是這樣說的：「重以貴妃殿下躬親撫育，保護之勤，恩愛之厚，踰於己出。凡內外群臣以及都城士庶之門聞之，莫不交口稱讚，以為貴妃之賢，近代無比，此誠宗社無疆之福也。但外間皆謂，皇子之母因病另居，久不得見，揆之人情事體誠為未順。伏望皇上勒令就近居住，皇子仍煩貴妃撫育，俾朝夕之間便於接見，庶得以遂母子之至情，愜眾人之公論，不勝幸甚。」

從這兩段記載來看，萬貴妃並未想要毒死孝宗，因為，孝宗就是由她撫育的！這裡的道理很簡單：孝宗的生母身分卑微，要立孝宗為太子，交給萬貴妃撫養比較名正言順。等立為太子後再交給周太后撫養。

孝宗本來就由萬貴妃撫養，那麼萬貴妃真要下毒，哪有下不成之理？

而從商輅奏章看，孝宗的生母也不是萬貴妃毒死的，因為，孝宗父子相認時，紀氏早已沉疴多時，內閣首輔上奏請求母子相見，說明紀氏已經病入膏肓，再不見就可能見不著了。而紀氏搬進宮內居住了兩個月之後才去世。

弘治九年（一四九六）舉進士第，在孝宗朝授刑部主事的武陵人陳洪謨著有《繼世紀聞》一書，裡面提到憲宗朝的舊事，說萬貴妃對孝宗母子都是很好。

我們應該相信陳洪謨這一說法。

據《國榷》記，紀妃臨死前一天，萬貴妃還親自去看望過她，「次日，少間，不召醫，致大故。」看望過後，第二天才辭世，沒有萬貴妃毒死紀妃的跡象。

另外，《明憲宗實錄》有這樣一條記載：「上還宮，忽報雲妃薨逝矣。上震悼，輟視朝七日，謚曰恭肅商慎榮靖，葬天壽山西南，凡喪禮皆從厚。弘治初，言者籍籍不已，欲追廢妃號籍其家毀其墳，賴今上仁聖卒置不究云。」該記載是說萬貴妃病逝後，憲宗給她上謚號，並予厚葬。由於萬貴妃任用萬安一夥人亂政，到了孝宗朝，大臣要秋後算帳，提議廢除萬貴妃的謚號並毀壞她的墳墓，孝宗制止了。

試想想看，明孝宗乃是一世英主，如若萬貴妃真的把他害得九死一生、並毒殺了他的生身之母，則在自己當上了皇帝後，不報復發洩一下，說得過去嗎？

所以說，明朝人抹黑萬貴妃，實在抹黑得太過分了。

為什麼要這麼黑？

乾隆的猜測是：「眾人深嫉萬安之假附亂政，遂裝飾為無稽之言以歸萬妃。」

到底是誰在抹黑明朝的皇帝？

清承明制，後人研究歷史，就往往把明史和清史合在一起，稱「明清史研究」。

研究明清史的人，會驚奇地發現：明朝的皇帝個個都是奇葩，不是殘暴變態，就是昏庸荒唐，什麼「和尚皇帝」、「道士皇帝」、「蛐蛐（蟋蟀）皇帝」、「荒唐皇帝」、「色魔皇帝」、「春藥皇帝」、「木匠皇帝」、「蛤蟆皇帝」……放眼看去，就沒一個是正經人。而清朝皇帝，除了後面的同治帝鬧出過點緋聞外，其他個個都是英明神武、遠見萬里的聖明天子。

也難怪歷史學家蕭功秦說：「明朝皇帝的道德素質、責任感甚至智商整體上都比清朝皇帝差很多。」

難道，明朝的皇帝都是惡魔轉世，而清朝皇帝都是天神下凡？

顯然不是這樣。

出現這種現象，最根本的原因是明朝的政治環境太寬鬆而清朝的政治環境又太嚴酷。

明朝的政治環境寬鬆到什麼程度了呢？明朝的言官可以毫無來由地對皇帝展開人身攻擊：明孝宗病倒了，不能上朝，言官就罵他怠政，是要做周幽王、漢靈帝的前奏；明武宗想到江南看看自己國家的風土人情，群臣前堵後追，罵他是隋煬帝、宋徽宗；到了嘉靖時代，海瑞更是抬著棺材痛罵嘉靖施行了惡政，搞得「家家皆淨」；後來的萬曆帝被言官罵怕了，乾脆躲了起來……

當著皇帝的面罵都沒事，那背後說皇帝壞話，甚至胡亂編排皇帝醜聞、緋聞的現象就見怪不怪了。

在大家印象中，明太祖朱元璋就是個超級殘暴的嗜血惡魔。

究其原因，是因為朱元璋大力反腐，清查了大批貪官汙吏。明明被殺的人沒有一個是乾淨的。可是，這麼一來，觸及到有話語權的文官階層的利益，那麼朱元璋的反腐行動就被惡意描繪成殺功臣、搞文字獄之類的惡行了。

明朝有很多這類野史，說朱元璋性格兇殘，稍不如意，就要殺人施暴。比如說，《閒中今古錄》、《翦勝野聞》、《朝野異聞錄》、《傳信錄》等等書都記有這樣一個例子，說：杭州教授徐一夔給朱元璋上賀表，裡面有「光天之下，天生聖人，為世作則」等語。朱元璋看了，勃然大怒說：「『生』，和『僧』同音，分明是譏笑我曾經出家為僧。『光』就是光頭，可惡！」命人把徐一夔殺了。

其實，這事根本就是瞎掰的。只要查一查史料，就可以查到，徐一夔一直活到建文二年，自然死亡，年齡八十多歲。

可這類故事被編排得有鼻子有眼、活靈活現，老百姓愛聽，流傳很廣。傳來傳去，傳了幾百年，後人就很難分辨其真假了。

還有，明朝滅亡以後，那些投降了滿清的明朝人在編修明史時，一方面大量採用明朝書商用來吸引讀者目光的各種野史文獻，大力抹黑明朝皇帝，另一方面又要推卸亡國的責任，著力證明是皇帝「用人不識」、「殘害忠良」、「剛愎自用」，才導致了朝廷的傾覆現象。

對比一下，清朝文字獄之極嚴酷堪稱中國古代歷史之最，誰要說出對皇帝稍有不敬的字眼，不管是平民還是貴族，一律是誅九族、凌遲處死。所以，清朝前期和中期的皇帝個個都是完人、聖人，也就是民國時期民間才有一些對同治、光緒帝的花邊舊聞，但也不足為史家取信。

編修《清史稿》的趙爾巽等人，大部分都是滿清遺民，對滿清有著濃厚的忠君思想，在滿清嚴酷的思想專制下，滿腦子的復辟想法，所採用的修史材料又全都是來自清朝政府的官修材料，那麼清朝歷代皇帝自然都是勤政愛民的好皇帝了。

當然了，《明史》是滿清統治者主持編修的，滿清統治者是完全有能力抹黑明朝以證明自己取代明朝的合法性的。

負責修《明史》的編修班子心領神會，卯足了勁往這方面寫。不過，出乎清朝統治者的意料，《明史》初稿把明朝皇帝醜化得不堪入目，竟然讓人噁心得讀不下去。

《清聖祖實錄》卷一五四記：康熙三十一年（一六九二年）正月，康熙皇帝讀了《明史》編修班子呈上的帝王本紀和列傳若干卷，非常不滿意，於二十七日諭曉負責纂修的大學士，說：「你們纂修的樣本，朕詳細批閱過了，裡面對洪武、宣德的非議太多了！朕覺得，洪武是一代開基雄主，功德隆盛；宣德乃是守成賢君，雖治國的業績和施政方針不同，但他們都是勵精著於一時，功業垂諸後世，已經盡到了明君該負的責任。朕也是一代之主，銳意圖治，早晚不敢稍有懈怠，總理萬機。如果要專門搜索前代賢君的毛病和不足，對他們評頭論足，議論是非，朕不但沒有這樣的資格，也沒有這樣的才能，更沒有這樣的想法。朕常常自我反省、自我檢討，對於古代的明君、聖君，朕若不能超越，又豈敢輕抒議論？如果要表稱讚揚洪武、宣德，寫一篇宏文讚語，朕還可以指示詞臣，飾以華美的詞藻；如果要深入苛求不實之論，則不是朕所忍心所為的。本來嘛，大明帝業之開創，文武諸臣各著勳績，但列傳之中卻處處顯示出文臣的貢獻遠大於武臣，明顯是議論失平，難為信史。所以說，纂修史書，雖然是你們史官的職責，但《明史》既是在朕當政時撰寫成，一旦有地方沒協調好，後人就會歸咎於朕了。」

兩天之後，即二十七日，康熙又語重心長地對編修班子的成員說：「著史之道，務必要秉公持平，不能持有私心而做偏頗之論。」

康熙還特別提到：「《正德實錄》上面記載說，正德在午朝罷朝後，在御道收到了一卷匿名文簿，於是傳旨查問，百官全部跪倒在丹墀兩旁，因為天氣炎熱，竟然有好幾個人中暑暴斃，還有多人病倒。這件事，太可疑了。想想看，打仗時，將士們都穿戴著厚重的盔甲，在烈日之下作戰，只聽說過有戰死沙場的，沒聽說過是在戰場上中暑暴斃的。怎麼可能在朝堂之上中暑死亡這麼多人！人們說的『盡信書不如無書』，說的就是這個了。」

對於明朝的滅亡，康熙的見解是：「崇禎誅鋤閹黨，是一大善政，但要說明朝之亡，亡於太監，朕殊不以為然。明末朋黨紛爭，朝廷大臣置封疆、社稷於度外，只以門戶勝負為念，有識之士都知道這是明亡的主要原因，要把明亡的責任全部推到太監身上，絕對是胡說八道。」

《清聖祖實錄》卷二七五還載，康熙五十六年十一月二十一日，康熙還對修史的官員說了一番意味深長的話：「明朝有些帝王年紀很輕就死了，史論一概是說他們生活不檢點、耽於酒色，身體垮了，早早死了。這些，全是書生之見，好為譏評。這些早死的明朝皇帝中，即使是全盡完美之君，你們還要雞蛋裡挑骨頭，硬加指責他們是做了見不得人的事。朕為他們辯白一下吧。天下事情紛繁複雜，做君主的勞心勞力，實是不勝勞憊，身體才垮掉的啊。」

說到動情處，康熙不禁嘆道：「朕已老矣，在位久矣，不知道後人會怎麼樣議論朕？而且以目前之事，不得不痛哭流涕，朕雖然預先寫有隨筆日記，仍然擔憂天下不知朕之苦衷也。」

從康熙這些言論中，我們不難看出，著力抹黑明朝皇帝的，倒不是清朝的統治者，而是那些生活在明朝年間的無聊文人和纂修《明史》的清朝史官。

布衣寒士歷盡艱辛寫成了堪與《明史》相媲美的明代史書

滿清於一六四四年入關，第二年，就嚷嚷著說要纂修《明史》。

可是，這部書，直到乾隆四年（一七三九）才正式刊行。前後歷時九十四年，成為了中國歷史上官修史書中纂修時間最長的一例！

花了將近百年的時間修史，可知其灌注心血之多、打磨力度之巨、用功之精細。

毫無疑問，從書的總體質量上來說，《明史》體例嚴謹，敘事清晰，文字簡潔，編排得當，完全稱得是二十四史中的上乘之作。

趙翼在《廿二史箚記》中頗為客觀地評價說，「《遼史》簡略，《宋史》繁蕪，《元史》草率」，《金史》呢，雖然「行文雅潔，敘事簡括」，也只是「稍微可觀」而已。要論「完善」，沒有一部比得上《明史》。

不過，作為一部官修的正史，《明史》的缺點也是顯而易見的。

清廷統治者一向自詡大清得天下為歷朝歷代最光明正大者。以雍正皇帝為代表，其頒行的《大義覺迷錄》曾將漢魏晉唐宋元明貶了個遍，說漢朝是建立在死人堆上的，魏晉唐宋都是欺負孤兒寡婦篡位而來，元呢？元滅宋，那是赤裸裸的強盜行徑；而明本是元之臣民，臣民犯上，雍正憤然罵道：「以綱常倫紀言之，豈能逃篡竊之罪？」對於大清得國，雍正正氣凜然地說：「趕出明之主人者，流賊李自成也。我朝驅逐流寇，應天順人而得天下，是乃捕治強盜，明罰敕法之天吏也。」

基於清廷統治者這一說法，由清廷統治者牽頭編修的《明史》就出現了最大的一個缺點：不僅完全隱沒了建州女真先世與明朝的臣屬關係，也完全隱沒了清入關之後南明弘光、隆武、紹武、永曆諸朝廷存在之事實。

老實說，自古以來，以後代修前代史，凡涉及到新朝與舊朝之關係，免不了要有所掩飾，但像《明史》這樣「一隱沒而遂及一代史之全部」的，絕無僅有。

單就這一點來說，後人要研究明史，特別是要研究滿洲的興起及清軍入關前後等等歷史問題，就必須參考其他著述。

但是，經過清廷血腥文字獄的摧殘和洗劫，這樣的著述已經是百不存一了。

大歷史學家吳晗在《燈下集》曾提到自己做這方面工作時的艱辛，說：「二十五年前，我在北京圖書館讀《明實錄》，抄朝鮮《李朝實錄》，想從這兩部大部頭書裡，找出一些有關建州的史料，寫一本建州史。因為清修明史，把它自己祖先這三百年間的歷史都隱沒了，竄改了，歪曲了，為的是好證明清朝的祖先從來沒有臣屬於明朝，沒有受過明朝的封號，進一步強調建州地區從來不屬於明朝的版圖等等政治企圖。為了達到這個目的，在修《四庫全書》的時候，把明人有關建州的真實史料都做了一番安排，辦法多種多樣：一種是毀版，禁止流通；一種是把書中有關地方抽掉，弄成殘廢；一種是把有關文字刪去或改寫。推而廣之，連明朝以前有關女真歷史的著作也連帶遭殃，不是刪節，便是被竄改了。這樣做的結果，從十四世紀到十七世紀中期這一段期間的建州史實，在整個歷史上幾乎成為空白點，我們對建州的社會發展、生產情況、生產工具、社會組織、風俗習慣、文化生活、部落分布等不是一無所知，便是知道得很少。這是個歷史問題，應該解決。」

為了解決這個問題，吳晗先生把《明實錄》翻來覆去地讀，讀出了許多困難；沒辦法，只好下苦功，用筆抄，從朝鮮《李朝實錄》中抄出有關建州和中朝關係的史料，一共抄了八十本。

後來，吳晗偶然觸及了一本堪與《明史》相媲美的明代史書——談遷的《國榷》，不由得激動萬分地說：「由於當時（《國榷》）並未刊行，因而也沒有經過四庫館臣的亂改。……對研究建州和明朝後期歷史是有積極貢獻的。」

《國榷》是一部編年體的明史，按年、月、日記載明朝一代的重要史實，一百零四卷，卷首四卷，共一百零八卷，凡四百三十萬字，記敘了從元文宗天曆元年（一三二八）九月明太祖朱元璋誕生，到順治二年五月清兵入南京、福王政權滅亡為止的三百一十七年間的歷史。

書中對《明實錄》中避而不談的明朝史實敢於直言不諱，對建州女真的事實也不迴避、不掩飾，全部如實地加以敘述。更難能可貴的是，對於萬曆以後七十多年的歷史，也在《明實錄》沒有記載的情況下，盡力根據邸報、方志、其他史家著述，以及一些官吏、遺民的口述，加以補編，使有明一代的歷史達到了完整。

就因為《國榷》沒有印本，得以避開了「四庫館臣的亂改」，成為了現在研讀《明史》的重要補充。

一九五八年，海寧張宗祥根據蔣氏衍芬草堂抄本和四明盧氏抱經樓藏抄本互相校補、勘正，交由古籍出版社分精裝六冊出版。

吳晗欣喜地說：「想望了二、三十年，如今頭髮都白了，在解放了的祖國，在黨的整理文化遺產的正確方針下，中華書局排印了這部六大厚冊五百萬字的大書，怎能叫人不高興、不感激、不歡欣鼓舞！」

可以說，《國榷》的刊行，是一件史學界的盛事。

則《國榷》的著者談遷地下有知，也當含笑九泉矣。

明清以降，私人撰修國史之風長盛不衰。單就嘉靖至萬曆年間，就有鄧元錫的《明書》、薛應旂的《憲章錄》、鄭曉的《吾學編》、陳建的《皇明通紀》等等。

談遷此人，「生平無他好，惟好書」，尤其喜愛子史百家之言。他在翻閱了上述史家著述之後，深感這些史書見解膚淺，史實錯誤，觀點荒謬。而他在研讀《明實錄》時，也發現了很多記載並不完全可靠，甚至還有許多缺漏及掩飾之處，便立志要寫出一部明朝信史流傳後世。

原本，談遷也參加了好幾次鄉試，但次次鎩羽。有了著史之想後，就澈底拋棄了科舉仕途，博集群書，披閱採摘，專心於歷史的編撰。

談遷家境貧寒，既無錢買書，借書不容易，卻憑堅忍不拔之志，六易其稿，寫成了元末明初到天啟朝的歷史初稿，共一百卷。談遷自稱「集諸家之書凡百餘種」，勒為一編，名《國榷》。但談遷並不滿足於此，多方結交文友，利用一切機會搜集史料，對原稿進行修改和補充。

該過程中，對談遷幫助最大的有兩個人：張慎言、高弘圖。

張慎言時任南京吏部尚書、高弘圖時任南京戶部尚書，想那談遷不過一個落第秀才，但張、高二人並不以世俗眼光相待，反而十分賞識談遷的才學，「相與為布衣交」。

崇禎十七年（一六四四年）四月十三日，京師失守的消息傳到南京，留守南京的大臣方寸大亂，一時不知所為。

談遷撰史治史，眼光自然高出常人許多，連夜上書高弘圖，建議派員急往淮陽阻止發往北京的漕舟。

福王朱由崧監國，談遷又及時地指出南京禮部主事吳本泰所制《監國儀注》的種種不當。

張慎言認為談遷高才有識，很想推薦他為禮部司務；高弘圖也想薦談遷任中書舍人，但談遷卻以自己不過一介布衣，不忍乘「國之不幸」博求官職，斷然拒絕，只在高弘圖幕下擔任記室。

不久，高弘圖遭馬士英等人排擠，談遷建議高弘圖辭去。

次年（一六四五年）五月，清兵攻克揚州、鎮江，南京危急。

談遷跟隨高弘圖前往杭州勸浙江巡撫張秉貞、總督張鳳翔抵抗清兵。看到張秉貞等人口不言兵，談遷知事不可為，便告別了高弘圖，回到海寧家中，一門心思著述明朝歷史。

明亡以後，為完成崇禎、弘光兩朝歷史，談遷不遺餘力地尋訪明朝降臣、遺民、閹宦、貴戚等，大量查閱邸抄、見聞，使一部《國榷》成為完備的編年體明史。

這其中，發生了一件讓人撕心裂肺的事：順治四年（一六四七年）八月，已經成書的《國榷》竟然被小偷偷走！

談遷欲哭無淚、悲憤莫名。

沒辦法，只好咬著牙，從零開始，重新再寫。

在重寫第二稿過程中，談遷得到了朱之錫、吳偉業、曹溶、霍達等人熱情幫助。《國榷》所記史事也在一改再改中不斷求真。

一六五七年，《國榷》終於寫成。

也在這一年夏天，談遷西遊平陽（今山西臨汾），專門到好友張慎言墓前祭奠。

張慎言在弘光朝覆滅後不久便含恨病死，棺柩安葬在故里山西陽城。

原本，談遷還想撰寫一部紀傳體明史，但到了平陽，已是寒冬，年事已高的他突感風寒，於該年十二月十二日死於平陽旅舍，終年六十有四。

《明史紀事本末》兩次有驚無險的遭遇

中華民族自古以來就十分重視歷史經驗，所謂以史為鑑，可以知興替，記錄史實，可以借古諷今，歷朝歷代都注重史書的編纂。

中國最初嚴格意義上的史書為《左氏春秋》，它是以年、月、日的先後順序排史實記錄歷史的。人們因此稱《左氏春秋》為中國第一部編年體史書。

左丘明因此被奉為中國傳統史學的創始人。

漢司馬遷一出，別出心裁、另造機杼，以人串史，創制出了紀傳體史書，可以說是義例有別，自成系統。

司馬遷也由此被後人尊為史聖。

自《史記》開始，秦漢以降，包括《清史稿》在內的二十五史的創作，都沿襲了紀傳體這一體例，以紀傳體的方式記史。

不過，編年體史書也未偏廢，北宋司馬光的《資治通鑑》就把編年體史書推到了一個巔峰。

但是，無論是編年還是紀傳，它們在記錄歷史事件方面的缺陷是顯而易見的。

編年體以年為經，按年度進行記述，往往一件事情會持續好幾年，會導致記述上不能連貫，人們要瞭解某一事件的來龍去脈，就必須翻閱上好幾卷書，閱讀不方便之外，還讓人感到顧此失彼，首尾難顧。

紀傳體以人為綱，某一事件會因多個傳主參與而被割碎在多個列傳篇目中，人們不但有窺一斑而難知全豹之感，還會因「一事而復見數篇」而「賓主莫辨」，搞不清事件的真正主角到底是哪一個。

因此，南宋人袁樞因事命篇，將《資治通鑑》全部兩百九十四卷的內容、一三六二年的歷史改編為兩百三十九個以事件標目的專題，全書縮減為四十二卷。因各專題記一事之本末，冠以書名《通鑑紀事本末》，創立「紀事本末」體例。

「紀事本末」體例兼有紀傳、編年二者優點，使「數千年事蹟經緯明析」，紀事本末因此與編年、紀傳共形成中國古代史體的三大支柱。

袁樞也與左丘明、司馬遷、班固、杜赫、司馬光一道被譽為中國古代最富創見的史學家。

事實上，袁樞的《通鑑紀事本末》全部內容均抄自《資治通鑑》，不但抄《資治通鑑》的原文，連司馬光的史論也照抄不誤，除了給每一史事標以醒目的標題外，袁樞沒有發表任何意見，也沒有加上一句話。可是，梁啟超卻稱袁樞是中國古代「善抄書者可以成創作」的典型範例，表揚他抄襲抄出了新境界。

南梁昭明太子蕭統編《文選》，後人稱其「不著一字，研盡風流」；袁樞編《通鑑紀事本末》又何嘗不是如此？

繼《通鑑紀事本末》之後，接連誕生了十幾種紀事本末體史書，它們前後連貫，也如「二十四史」一樣形成了一套通史體系。

《明史紀事本末》便是眾多紀事本末體史書中史學成就最大者之一。

《明史紀事本末》的編著是順治年間擔任浙江提學道的谷應泰。

谷應泰平生「肆力經史，於書無所不窺」，極其推崇袁樞創立的紀事本末歷史體裁，稱「較之盲左之編年，則包舉而該浹，比之班、馬之傳志，則簡練而隱括」。

谷應泰生活在明亡清興的年代，痛感明事湮滅，立志寫出一部貫穿始終的明代紀事本末體史書。

在浙江提學道的任上，他的時間充裕、才情正旺、財力雄厚，便著手編撰。

原本，谷應泰也想向自己的偶像袁樞學習，只編不撰，即根據別人寫好的史書，以事為綱，進行有機地分解、結合。他是這麼想的，也是這麼幹的。像高岱的《鴻猷錄》、范景文的《昭代武功錄》等書，都成了他拆分的對象，除了小部分稍作改動外，大部分是全盤照抄。可是，抄到了天啟、崇禎兩朝的歷史就抄不下去了。原因很簡單，這兩朝的史料成書少，難找得到合適抄襲的書。

那麼，要編成完整的有明一代的歷史事件，就必須靠提筆創作了。

儘管谷應泰搜集有許多啟、禎兩朝的邸報，但這種創造性的勞動還是比較艱巨的。

所以，谷應泰不惜斥以重金，邀請了浙江有名望的名士如徐倬、張子壇、陸圻、張岱等人加盟，終於合力編寫出了天啟、崇禎兩朝歷史。

《明史紀事本末》因此得以在順治十五年（一六五八年）順利刊印發行。

《明史紀事本末》以八十個重要歷史事件記載了自元至正十三年（一三五三年）朱元璋起兵，至明崇禎十七年（一六四四年）朱由檢自殺近三百年間的歷史。八十個重要歷史事件，按時間順序列成八十卷，每卷後面都附上一段史論。

該書刊行後，風行海內，谷應泰也因此名聲大振。

康熙朝的名臣稱讚谷應泰「已足同班、馬千古」。

後人因此稱谷應泰為清代文苑第一人。

不過，也有人指責《明史紀事本末》內容缺略過多，比如說，明與後金的關係的史實就極其簡略，很多地方是避而不談，或略而不詳，對清軍的暴行更無一字提及。則從這個角度來說，谷應泰缺乏了史家「秉筆直書」的精神，《明史紀事本末》算不上一部良史之作。

其實，這正是谷應泰的聰明之處。

《明史紀事本末》比欽定《明史》早八十餘年刊行於世，《明史》凡三百三十二卷，洋洋灑灑二百八十萬字，又何嘗有一語提到明與後金的關係？又何嘗有一字涉及清軍的暴行？

正是由於谷應泰對這些問題的巧妙迴避，《明史紀事本末》才得以刊行，並且躲過了清廷的文字獄之害。

從這個意義上來說，《明史紀事本末》是一部處在幸與不幸邊緣上的千古奇書。

實際上，在清廷的嚴酷統治下，谷應泰還是險險因為《明史紀事本末》一書獲罪。

其原因，實在讓人哭笑不得。

本來，為了《明史紀事本末》可以流傳，谷應泰把自己著史的立場定位在清廷一邊，發表的觀點也盡力維護清廷的利益，書中不但對清軍的罪行避而不談，對清帝也沒有任何詆毀的地方。

可是，他在第七十八卷《李自成之亂》中把李自成之死歸功於明將何騰蛟，這讓清朝統治者非常不高興。

要知道，清兵是打著「替明復仇」的旗號入關的，李自成也是被清兵從西安一路攆著打、到了湖北通山才離奇地死亡的。

你谷應泰寫李自成死於明軍之手，怎麼能彰顯出清兵入關「殺賊」的大義呢？

順治十七年十二月（一六六一年一月），當有人把書中所記這一情節捅到了順治帝那兒，順治帝大為不滿，馬上勒令大臣查對原書。

查對過原書，大臣們討論說，李自成本來就不是死於清軍之手，這是人盡皆知的事實，如果硬要說成是清軍所殺，其實反而會使朝廷陷於被動。

於是，谷應泰僥倖逃過一劫。

即便是這樣，《明史紀事本末》一書也未能完全躲過其本不應該面對的政治磨難。

清乾隆朝是中國古代文字獄的高峰期。

乾隆此人陰險沉猜，性格乖舛，喜怒無常，是一個極其難伺候的主。話說，乾隆在登基前就讀過《明史紀事本末》了，當時，他並沒有發現有任何不妥之處。他還稱讚谷應泰著史敘事完整、詳略得當，而且每卷所發的史論「文頗佳」。

可是，到了乾隆五十一年（一七八六年），四庫館臣在大張旗鼓地編撰《四庫全書》期間，乾隆帝在日理萬機之餘，也不管年老體衰，每日加班加點地「詳加批閱」各種收錄書籍。當他重讀《明史紀事本末》時，發現了一個大問題：即谷應泰在寫山海關等戰役時，著力敘述了吳三桂的表現！這、這怎麼可以？這麼寫，明擺著會誤導後人，後人會認為李自成戰敗，是敗在吳三桂之手，「而非敗於本朝」。

乾隆帝不高興！

不過，谷應泰墳頭上的草已經青了又黃、黃了又青，都不知生生死死多少茬，沒有什麼好追究的了。乾隆帝只好悻悻作罷，命令軍機大臣詳查《開國方略》所載入關殺賊實事，將書中相關情節改寫，「以昭正論信史」。

不管如何，《明史紀事本末》總算是有驚無險地兩次躲過了文字獄的劫難，基本完整地保存了下來，成為了「明史研究不可或缺的史籍之一」。

一代奇人出一代奇書——記史學家計六奇與《明季南北略》

據說，清代著名小說家蒲松齡曾在家門口開了一家茶館，請來往喝茶的人給他講上一則故事，講過後可不付茶錢。蒲松齡把聽到的精彩故事記錄下來，經過精心雕琢，終於匯總成了一部代表了中國文言短篇小說的最高藝術成就的《聊齋志異》，他本人也因此成為了一代文學巨匠。

其實，蒲松齡這種搜集創作材料的方式並非獨創。比蒲松齡略早一些的年代，也曾經出現過一個身世、際遇和境況與蒲松齡差不多的靠耕讀糊口的落魄文人，在館課之餘，採用了和蒲松齡差不多的方式搜集史料，獨立完成了一部近五十六萬字的當代史巨著，而被譽為「一代奇人，著一代奇書」。

這個人，就是無錫（今江蘇無錫市）興道鄉人計六奇。

計六奇所著作的書，即是現在明清史學研究者不可或缺的《明季南北略》。

計六奇出生於明天啟二年（一六二二年），順治元年（一六四四年），滿清定鼎北京時，他才二十二歲，正是追求功名的年華，惜乎國祚更替，山河改色，四海鼎沸，無法參加應舉。

順治六年（一六四九年），天下初定，計六奇到江陰參加歲考，卻鎩羽而歸。

順治十一年（一六五四年），計六奇去鎮江參加科考，仍然是名落孫山。

不過，在鎮江應試期間，計六奇接觸到一些富有愛國情懷的考生，聽他們講述各地的抗清活動，感觸很深。

計六奇家境貧寒，很早就出來充當私塾先生糊口了。順治二年（一六四五年），清兵佔領江南，強制推行「剃髮令」時，計六奇正在江陰琉璜鄉教私塾，江陰軍民是最先自發起來抵制「剃髮令」。計六奇因此耳聞目睹了清軍攻打江陰城的種種慘象，國家滅亡之痛、民族遭受奴役之辱，早在他的心裡刻下了難以磨平的記憶。

數年時間過去了，當他得知全國各地仍有抗清義士在不屈不撓地進行抗爭，不由得心潮澎湃。

說來也巧，也在他到鎮江應試的這一年，殘明名將張名振正率義師溯江攻打鎮江，大明遺民歡呼雀躍，紛紛壺漿相迎。

計六奇百感交喟，登君山而俯攬大江，心事浩然，自愧久困科場，虛擲年華，決意絕棄科考，窮盡自己的畢生心血來編寫明季歷史。

於是，從順治十一年到康熙四年（一六六五年）的長長十一年時間裡，計六奇一面教私塾謀生，一面醉心寫史。

為了能搜集到第一手史料，計六奇竭盡所能地到當年的事發現場走一走、看一看，尋找曾經的目擊證人，聽他們講述過去發生過的風雲往事。

計六奇專門到揚州拜謁大英雄史可法的祠堂；到六合尋訪投河殉明的馬純仁的胞弟馬友仁；到蘇州哭祭五人墓；向遼東人閔表詢問早年遼事；向參加過松杏戰役的遼人唐奉山諮詢洪承疇軍中見聞……為了能汲取更多的史料，計六奇除了教私塾雲遊天下外，還擺過茶攤，混跡在社會最底層中，向民間求證過各類史料的真偽。他從江陰難民的口述中記錄了閻應元死守江陰八十多天的悲壯事蹟；從歸德難民的口述中記錄了李自成攻克歸德城的經過；他還從伶人那兒打聽到了李自成決河灌汴梁事；從老兵那兒打聽到了周延儒的事蹟；從歌童那兒打聽到了張琦遇農民軍的往事；從和尚、道士那兒打聽到了劉綎、杜松戰敗遼東的詳細經過。就通過這種方法，計六奇從來自遼東、西安、贛州、四川、湖廣、南京等六十餘處的數百上千的流動人口的嘴裡搜集到了各地的信息。

掌握了充足的歷史素材，計六奇也不遺餘力地搜採各種文獻資料，抄錄京抄、邸報、討逆單等疏揭時聞，終於編寫出一部記錄了自明朝萬曆年間到清朝康熙登基七十年間的大型史書《明季南北略》，成為了官修《明史》的重要補充和佐證的重要史料。

晚清官員、著名文史學家、被稱為「舊文學的殿軍」的李慈銘認為《明季南北略》所記多為親歷，「以聞見較親，故大端無誤」。

《明季南北略》共四十卷，前二十四卷所記，上起明神宗萬曆二十三年（公元一五九五年）努爾哈赤發祥於東北，下迄明思宗崇禎十七年（公元一六四四年）吳三桂引清兵入關佔領北京，記錄了近五十年間北都時事之大略，為《明季北略》；後十六卷所記，上起明弘光元年（公元一六四四年）五月福王政權成立於南京，下迄清順治十八年（公元一六六一年）永曆帝被執於緬甸，而終以康熙四年（公元一六六五年）洪承疇病死福建，記錄了二十餘年間南明福王、魯王、唐王和桂王政權時事之大略，為《明季南略》。

梁啟超說：「明清鼎革之交這一段歷史，在全部中國史上，實有重大的意義。」「而其書有永久的價值者，則有計用賓之《明季北略》、《明季南略》。」

不過，計六奇在修「兩略」時，除了記錄自己的經歷和見聞外，也參考了《野乘》、《野記》、《遺聞》、《國難錄》、《史略》、《甲乙史》、《倖存錄》、《無錫日記》、《無錫實錄》、《江陰野史》、《閩事紀略》、《江陰野史》、《燕都日記》、《張獻忠亂蜀本末》等野史資料，甚至包括《樵史通俗演義》、《新世弘勳》、《鎮海春秋》等傳奇小說，這，無疑在很大程度上降低了《明季南北略》的史學價值。

比如說，《明季北略》卷三的「魏忠賢自縊」條，說的是魏忠賢被抄家後，離京前往鳳陽途中，夜宿阜城郊外。當夜無眠，有京師白書生唱〈桂枝兒〉情節。該情節一望而知是小說家言，不足為信，計六奇卻當成史實錄入，讓人頗感遺憾。實際上，這是《樵史通俗演義》的作者編造的。

又比如說，《明季北略》卷五「李自成起」條，關於李自成出身、殺妻、結拜高如岳、反叛落草諸事，帶有濃重的虛構色彩，這其實也都是錄自《樵史通俗演義》第二十一、二十二、二十六回。

還有，《明季北略》卷二「毛文龍如皮島」條，說毛文龍在皮島射殺蛇虎，敗蓋州守兵官終養性等，原是錄自於小說《鎮海春秋》第十回、第十五回。

《明季北略》之外，《明季南略》所述弘光、隆武朝史蹟，仍多採自《樵史通俗演義》。如卷三「大悲稱定王」條就抄襲自《樵史通俗演義》第三十三、三十五回。

從小說中摘錄史料，不知是計六奇有意為之還是無心之過，總之，已對《明季南北略》的史學價值造成了很大傷害，使得後世的史學研究者在研讀此書時不得不小心翼翼地進行甄別。

《明季南略》對弘光帝的記載特別詳細，一會兒說「弘光深居禁中，唯漁幼女，飲火酒，雜伶宦，演戲為樂」；一會兒又說弘光「醉後淫死童女二人」；再一會兒又說弘光「乞兒多捕蝦蟆，為房中藥」。

其實，這些都是錢鍾書所說的「遙體人情，懸想事勢」。

想想看，弘光的私生活屬宮闈隱祕，計六奇一介寒生，哪有與弘光宮闈密切接觸的機會？其所記所載，不過是人云亦云、道聽途說或者是妄加狂測。

史惇在《慟餘雜記》中說，從弘光朝的建立至滅亡，不過短短一年時間，而因為其覆滅，世間都在流傳大量弘光諸多荒唐可笑的事蹟，人們都說弘光昏庸到了不可思議的地步，以致落了個國敗家亡的下場，死不足惜。但是，宮中內侍林爾亮卻斷言，弘光本人並不昏庸，世上所流傳的埋汰弘光的流言都是子虛烏有的。

弘光朝的給事中李清從弘光朝的建立至滅亡一直生活在弘光身邊，目睹弘光主政的全過程，對於外界盛傳的流言蜚語非常氣憤，他在《南渡錄》卷中替弘光辯白說：「皇上很少接近聲色。只不過讀書太少，很多章奏不能親力親為進行裁定，致使內閹和外佞相倚為奸，外界不知，全部歸咎於皇上。端午節捕捉蝦蟆，這不過是歷朝歷代的宮中舊例，別有用心的人卻謗以穢語，誣陷皇上喜歡姦淫童男幼女，使淫童男幼女連接夭折，流言傳開，內外喧騰莫辨。」

人們稱讚計六奇是「一代奇人，著出了一代奇書」，此語誠然不錯，但由於計六奇所處的社會地位和社會環境的局限，則大大地影響到了他所著的「一代奇書」的所採史料的真偽。這是後人在閱讀和研究《明季南北略》時不可不提防的地方。

第二章 明太祖朱元璋的是非功過

朱元璋的相貌

自從紙張發明以後，中國的繪畫水平發展飛快，在東晉時代，顧愷之的《洛神賦圖》已經可以稱得上是中國繪畫發展史上的一個巔峰了。

從唐朝開始，宮廷出現了大批畫師。

歷史上有名的大畫家閻立本就是唐太宗李世民的御前畫師。

到了北宋，尤其是宋徽宗時期，宋徽宗本身就是一個畫癡，對繪畫的喜愛已經達到了走火入魔的地步，宮廷畫師群龐大，這些畫師畫花鳥魚蟲，也畫山川風景，更畫人物肖像、世間百態。

宮廷畫師到民間采風，還兼負有調訪民生的責任。

可以說，這個時候，畫師的寫生水平已經相當高明，要對著真人畫出一幅形神兼具的寫真畫，那是沒有問題的。

現在流傳有一幅唐朝大畫師閻立本的作品，唐太宗像。

畫像上的書法是唐太宗李世民親筆所書。

這就說明，閻立本的畫作得到了李世民本人的認可，畫像已經足以如實記錄真人的相貌了。

事實上，從唐朝開始，以後的歷朝歷代都有了給皇帝畫像的傳統。

清朝末年，北京南薰殿一共收藏了中國歷朝歷代的皇帝畫像六十三幅。

這六十三幅畫像中，大多數是一個皇帝一幅。但是，唐太宗有三幅，宋太祖有四幅，其中畫像最多的是明太祖朱元璋，共有十三幅。

讓人奇怪的是，這十三幅畫像雖然都標明畫的是朱元璋，但卻是截然不同的兩種相貌。

這兩種相貌，一俊一醜。

俊的，一共有兩張，一張中年畫像，一張老年畫像，都是方面大臉，五官端正，相貌堂堂，一望而知畫的是同一個人在不同年代的肖像。

醜的，一共有十一張，清一色的倭瓜臉，上面還長滿了黑麻子，下巴突起，典型的「地包天」，相貌醜陋。

這，也就勾起了人們的興趣：這一俊一醜兩種相貌，到底哪一種才是朱元璋的真容呢？

讓我們來客觀分析一下。

嗯，這一俊一醜兩類肖像畫，畫風迥然不同，差別巨大。

前面俊的一類，用的是中國工筆人物畫筆法，用墨細膩，著色謹慎，畫面富麗堂皇，屬精心之作；後面醜的一類，線條粗糙，運筆拙劣，屬於隨手塗鴉。

從理性的角度上說，應該是第一種版本比較接近朱元璋的真實面貌。

畢竟，第一種是宮廷畫師的嚴肅作品，屬於現場寫生；而第二種，彷彿是遊戲之作，畫這類畫像的人，很可能見都沒見過朱元璋本人。想想看，皇帝貴為九五之尊，深居宮殿之內，哪是一般人想見就見得到的？而且，當時又沒有電視、網路之類的媒體，關於皇帝的相貌，絕大多數人都是根據道聽途說中再加上自己的想像。

甚至，看第二種畫像，讓人有理由懷疑這些畫作的作者連基本的繪畫技巧都不具備，五官誇張、嚴重不合比例。這種東西，有多少可信度？而且，這些畫作所反映的服飾也與明代君王的服飾不符，很可能是清朝、民國的人的作品。

可是，話說回來，還是有很多人願意選擇相信第二種版本比較接近朱元璋本人面貌的。

筆者記得，中學歷史課本上印刷的朱元璋畫像，以及現在為南京閱江樓等多個明朝景點懸掛的朱元璋畫像，就屬於第二種中的醜化版。

為什麼會這樣呢？

主要跟明朝成化年間一個名叫陸容官員有關。

這個官員在自己的筆記《菽園雜記・卷十四》中講述了一個朱元璋求畫的故事，大意是朱元璋曾經召集畫工為自己畫像，但大多畫工畫出來的都不合心意。有位畫工寫生本領很高，畫得很像，以為會得到朱元璋的獎賞。但朱元璋看了，還是覺得不滿意。後來，有一位畫工故意把容貌畫得雍容端莊敬一些，結果朱元璋大為高興，詔令照這幅畫畫若干幅賜給各諸侯王。

先不說這則故事是真是假。就算是真的，那也說明不了什麼。畢竟，愛美之心，人皆有之嘛。

但這則故事到了清朝，就被描繪成了一個血淋淋的故事：說畫工把朱元璋的像畫得維妙維肖，栩栩如生，和真人一樣。但朱元璋一看，天，太醜陋了，就把畫師推出去斬了。因為自己長得太醜，畫工畫出來的作品都不能讓朱元璋稱心，朱元璋就因此殺掉了無數畫工。最後，有一個畫工吸取了教訓，把朱元璋畫成美男，這才過了關。

因為這個故事，人們認定了朱元璋是一個醜陋不堪的醜男。

也就是說，上面兩種畫作中，第一種是畫師的違心之作，第二種才是畫師的良心之作。

這種想法，也有一定合理性。

但是，根據《明史・太祖本紀》的描述，朱元璋長得「姿貌雄傑」，可是儀表堂堂的。

而且，因為相貌非凡，一下子引起了郭子興的注意，當上了郭子興的親兵，並娶了郭子興的義女馬秀英。

如果朱元璋真長了第二種畫像裡面那一副驚天地、泣鬼神的尊容，哪還能得到這種待遇？

針對陸容講的故事，其實，民間還轉化為另一種版本，說朱元璋早年出家當過和尚，當皇帝後就很忌諱人家提到「和尚」的字眼，甚至和阿Q一樣，不能涉及「燈」、「光」一類的東西，否則就砍頭。

這些故事明顯就是假的。

朱元璋當和尚的地方是皇覺寺，寺址就位於鳳陽南六公里處。朱元璋當皇帝之後，就一門心思要把皇覺寺恢復興建，後來在洪武十六年（一三八三）擴建，大大方方賜名「大龍興寺」，意思是自己就是從這兒興起的。他還親自撰寫了〈龍興寺碑〉文，設僧錄官住持，頒賜龍興寺印。

您說，他這麼幹，像是害怕別人知道自己當過和尚的人嗎？

當過和尚都不怕被人說，畫像畫得難看了，會砍畫工的腦袋？

很多人說朱元璋殘暴，其實，朱元璋的殘暴，主要體現在對敵人、對貪官汙吏上，對普通民眾、特別是貧苦百姓，是很仁慈的。

這個問題，可以另開專題討論，這兒就不展開了。

還有，我們結合明朝諸帝的畫像，從遺傳學的角度分析，有理由相信，上面第一種畫作的「標準相」，就是朱元璋本人的真實容貌。

說到這，也許有人還不相信朱元璋的真實相貌就是上面第一種畫作的「標準相」，即上面提到第二個問題：即由於畫師的水平問題，有可能上面兩種畫像都不像朱元璋本人，都和朱元璋的真實面貌相差十萬八千里。

朱元璋真的興起了「文字獄」嗎？

關於中國古代歷史，魯迅先生說過一段極其深刻的話：

> 任憑你愛排場的學者們怎樣鋪張，修史時候設些什麼「漢族發祥時代」、「漢族發達時代」、「漢族中與時代」好題目，好意誠然是可感的，但措辭太繞圈子了。有更其直截了當的說法在這裡：一，想做奴隸而不得的時代；二，暫時做穩了奴隸的時代。

誠然，縱觀中國古代數千年的發展史，其實就是中國人民的苦難史，但同時也是一部中國人民的的奮鬥史，中國人民生生不息、鬥爭不息。

也許是受魯迅這段話的影響，臺灣作家柏楊先生寫了一部聲稱是以「人」為中心，「不為帝王唱讚歌，只為蒼生說人話」的書，從盤古開天地的神話開始寫起，一直寫到二十世紀第一年八國聯軍入侵北京為止，寫了將近八十多萬字的篇幅，取名為《中國人史綱》。

這部書既然是站在「蒼生」的立場來寫的，則魯迅先生所說「蒼生」、「想做奴隸」和「暫時做穩了奴隸」的處境刻畫得特別突出。筆者當年讀的時候，心境特別悲涼，書中所寫的每一次改朝換代，都是一次猛烈敲擊心房的悲涼。而當讀到明朝，更是菊花一緊，人澈底石化。

在柏楊先生的筆下，明朝可是中國歷史上最黑暗的朝代，其中的某些篇章直接冠以了觸目驚心的標題：〈朱元璋的大屠殺〉、〈人權的蹂躪〉、〈大黑暗時代〉、〈朱棣的大屠殺〉、〈斷頭政治〉等等。

關於明朝的開篇，柏楊先生是這樣介紹的：

明政府統一中國，漢人自然地升起一種願望，認為蒙古統治的黑暗時代已經過去，漢民族自己建立的政府，應該跟歷史上若干偉大的王朝一樣，至少在開創初期，呈現一片蓬勃祥和的欣欣向榮氣氛。這種願望並不奢侈，然而，中國人的命運太壞，他們所遇到的政治領袖，不是劉邦，不是李世民，而是朱元璋，現實走上一條更黑暗的道路。

關於明朝的收篇，柏楊先生是這樣總結的：

歐洲歷史正開快車，本世紀（十四）已進入文藝復興時代，掙脫黑暗時代的枷鎖，呈現一片耀眼的光明。而中國人卻被糟蹋到這種地步，真是一個巨大悲劇。

這部書中關於明朝歷史的描述，讓人讀後不期然地產生出一種窒息感和深沉的痛。幸好，柏楊先生又把明朝之後的清朝讚譽為「中國第三個黃金時代」，這才總算讓人喘了口氣。柏楊先生寫：站在當時的民族感情上，由漢人組成的明王朝的覆亡，使人悲痛。但站在中國歷史的高峰回顧鳥瞰，我們慶幸它的覆亡。明王朝本世紀（十七）的疆域已萎縮到三百餘平方公里，而且仍繼續不斷萎縮，內政的改革根本無望，只有越變越壞，如果拖下去，拖到十九世紀，跟東侵的西洋列強相遇，我可以肯定地說，中國會被瓜分，中華民族會成為另一個喪失國土的猶太民族，而且因為沒有猶太民族那種強烈的宗教感情作為向心力的緣故，將永遠不能復國。至少，注意一點，二十世紀清王朝一再割地之後（總共割掉了一百五十餘萬平方公里），中國仍具有一千一百四十萬平方公里，比明王朝要大三倍，使中國具有翻身的憑藉。

柏楊先生的觀點很鮮明，即明朝的腐敗和清朝的強盛的根本原因就在於帝王的素質。他是這樣評論的：清王朝是中華帝國的最後一個王朝，明王朝的腐敗，再加上李自成的暴動，加速了漢族最後一個王朝的滅亡。取而代之的是中國北方的滿清王朝，他帶領中華帝國進入了另一段強盛時代。其中康熙（愛新覺羅・玄燁），更是中華帝國歷史上少有的英明的皇帝，是中國歷史上最英明的君主之一，年輕氣壯，有劉邦豁達大度的胸襟和李世民知人善任的智慧。清王朝的壽命二百九十六年，共有十二個皇帝，十二個皇帝中，將近三分之二的皇帝都很能幹，瞭解並努力完成他們的責任，三分之一的也都屬中等才智，像明王朝那樣一連串草包惡棍型的君主，清王朝一個也沒有，中國還沒有一個王朝，包括周王朝、西漢王朝、東漢王朝、唐王朝在內，出現過這麼多具有很強能力，而又肯辛勤工作的帝王。

由此，上述兩段話與其說是柏楊先生對清朝的讚美還不如說是他對明朝的補刀。對於明朝的帝王，柏楊先生除了用上面的「一連串草包惡棍型」來形容外，還說「明朝皇帝全是垃圾敗類人渣」，可謂感情強烈、愛憎分明。

在〈朱元璋的大屠殺〉一章中，柏楊先生是這樣來寫朱元璋的「禽獸不如」的：

> 朱元璋的性格，是一種絕對自私和愚昧的蛇蠍性格——他的後裔也具有這種性格，表現在行為上的是短見、冷血，喜歡看別人流血，看別人痛苦，看別人跪下來向他哀求，而他又拒絕寬恕。這是人類中最卑鄙最可怕的一種品質，具有這種品質的普通人，對他的朋友和他的社會，都能造出最大災害。身為皇帝而具有這種品質，更使這種災害擴大，無法加以控制。歷史上任何一位暴君，偶爾都還有他善良的一面，朱元璋則完全沒有，除了一些故意做出來的小動作。

然而，僅只屠殺，帶給中國人的痛苦，仍是暫時的。朱元璋對中國人最嚴重的傷害，是他在政治上所做的若干重要措施。中國文化和物質文明，一直到本世紀（十四），都比歐洲進步，但朱元璋使這種進步停止。以致十九世紀歐洲人侵入中國時，中國已墮落成一個白癡般的部落，至少落後三百年，植根就在這裡。

三百年的落後，才是朱元璋和他的明政府的無與倫比的罪惡。

這「無與倫比的罪惡」，柏楊先生分列了三項來敘述，其中一項是「文化醬缸的加深」。柏楊先生說，明王朝使中國文化淤塞成為一個醬缸的工具有二：一是文字獄，一是八股文。接著，柏楊先生列舉了幾則朱元璋親自炮製的文字獄，陰森恐怖、殺氣透紙而出：

浙江（杭州）府學教授林元亮，奏章上有「作則垂憲」，處斬；北平（北京）府學教授趙伯彥，奏章上有「儀則天下」，處斬；桂林（廣西桂林）府學教授蔣質，奏章上有「建中作則」，處斬；這些句子裡的「則」，本是「法則」和「標準」之意。但朱元璋不作如此解釋，當時江南方言，「則」與「賊」同音，朱元璋認為顯然是諷刺他做過小偷的往事。

尉氏（河南尉氏）縣學教授許元，在奏章上有「體乾法坤，藻飾太平」這兩句話是千年以前的古文，但朱元璋卻解釋說：「法坤與『髮髡』同音，髮髡是剃光了頭，諷刺我當過和尚。藻飾與『早失』同音，顯然要我早失太平。」於是許無處斬。這一批人都是地方學校教師，只不過代地方官員撰寫奏章，竟招來殺身之禍。

當然，文字獄不限於奏章。朱元璋崇信佛教，對印度高僧釋來復最為禮敬。釋來復告辭回國，行前寫了一首謝恩詩，詩中有兩句：「殊域及自慚，無德頌陶唐。」意思很明顯，他生在異國（殊域），自慚不生在中國，覺得自己還沒有資格歌頌大皇帝。但朱元璋的解釋不同，他說：「殊，明明指我『歹朱』。無德，明明指我沒有品德。」於是釋來復從座上客變為階下囚，處斬。

柏楊先生的例舉活靈活現，但情形讓人生疑。

朱元璋是做過和尚，但他從來沒有隱瞞，也從不做什麼避諱啊。

朱元璋當和尚的地方是皇覺寺，他當皇帝之後，就一門心思要把皇覺寺恢復興建，後來在洪武十六年（公元一三八三年）擴建，大大方方賜名「大龍興寺」，意思是大明王朝的基業就是從這兒興起的，他還親自撰寫了〈龍興寺碑〉文。

另外，在御製的鳳陽皇陵碑碑文上，朱元璋就如實地講述了自己窮苦的出身，以及出家時的落魄境況，目的是廣布天下，流傳後世。其中「空門禮佛，出入僧房」兩句寫的就是當年出家為僧時的情況。這大明皇陵碑現在還保存在鳳陽明皇陵內哪。

現存臺北故宮博物院的《明太祖御筆》詩文中還有三首言僧談禪的詩，您說，他這麼幹，像是害怕別人知道自己當過和尚的人嗎？

實際上，朱元璋從一窮二白的處境起步，仗劍取天下，不但毫無忌諱可言，反而正是最堪誇耀的自豪之事！

明清史大家孟心史先生也是根據這點稱讚說：「中國自三代以後，得國最正者唯漢與明。」漢和明得國最正的原因，孟心史先生的解釋是：這漢高祖和明太祖兩人都出身微賤，起事之初都沒有任何憑藉，且起事動機，不過是除暴安民，並無坐天下的野心。

《明太祖實錄》也說：明太祖沒有寸土一民，從白手起家，呼號奔走、海內響應，終於擁有了天下，真是史冊所載，前所未有。（「上不階寸土一民，呼吸響應，以有天下，方冊所載，未之有也。」）

所以，柏楊先生所舉例子讓人感到難於置信。

而且，按照柏楊先生所舉例子，如果朱元璋真忌諱別人說自己做過和尚，那他是應該下意識地遠離和尚這一容易讓人產生聯想的人群，但他舉的例子裡說「朱元璋崇信佛教」，而且，又「對印度高僧釋來復最為禮敬」，這就有些不合情理了。

事實上，「朱元璋崇信佛教」是真，「對印度高僧釋來復最為禮敬」也是真。但說朱元璋因「殊域及自慚，無德頌陶唐」一詩而殺了釋來復就不對了。

因「殊域及自慚，無德頌陶唐」一詩而殺了釋來復的故事最早見於明弘治、正德年間鄞人黃溥《閒中今古錄》。

這個故事，百分百是虛妄之說。

明末清初的錢謙益是就對這已經加以辯正過了。錢謙益最後的結論是「見心（即來復）〈應制詩〉載在《皇明雅頌》，初無觸怒事。」

釋來復是受胡惟庸黨案牽連而被斬的。明人釋明河寫的《補續高僧傳》卷二五說得很清楚：「時山西太原捕得胡黨僧智聰，供稱胡惟庸謀舉事時，隨季潭、複見心等往來胡府。二公於是得罪。」

趙翼應該是沒看過錢謙益的辯誣，他在《廿二史箚記》》中也引用了這個例子。其來源可能是《閒中今古錄》的記載，也有可能是稍後一點出現的佚名《朝野異聞錄》中的記載。

而從《廿二史箚記》卷三二〈明初文字之禍〉所舉例子來看，其來源於《朝野異聞錄》的可能性要大一些。而《朝野異聞錄》記載又多半出自梁億的《傳信錄》，裡面說「洪武間凡三司、府、衛、州、縣所進表箋，皆令教官為之，當時以聲音字樣可疑而被誅者甚多……」，這些「聲音字樣可疑」有「天性生知」、有「睿性生知」、有「作則垂憲」、有「垂子孫而做則」、有「體乾法坤」、「藻飾太平」等等，理由是「生」與「僧」同音，「則」與「賊」近音，「法坤」與「髮髡」同音，「藻飾」與「早失」同音，諸如此類，觸犯了朱元璋的避諱，從而被誅。可是，這些例子，既沒記錄有具體的時間，也沒記錄有具體的細節，更沒有提供可以用來查證的材料，很有可能是憑空編造的。偶有例子裡出現了歷史上真實出現過的人物，但又都站不住腳，經不過查證。而自梁億的《傳信錄》發端，很多書爭相記載，但往往把同一個事件安在不同的人身上，非常混亂。

比如說，《廿二史箚記》和《閒中今古錄》、《翦勝野聞》、《朝野異聞錄》、《傳信錄》等等書都記有這樣一個例子：

> 杭州教授徐一夔賀表，有「光天之下，天生聖人，為世作則」等語。帝覽之大怒曰：「『生』者，僧也，以我嘗為僧也。『光』則雉髮也，『則』字音近賊也。」遂斬之。

徐一夔是歷史真實存在過的人，字惟精，又字大章，號始豐，天臺縣屯橋鄉東徐村人，和宋濂、王禕、劉基等人都是好朋友，曾參與撰寫《大明集禮》。原本也入續修《元史》名單的，但因病告老還鄉了，一直活到建文二年，年齡八十多歲，根本就不是死於什麼文字之禍。

就是這樣一則可信度很低的故事，由於趙翼的傳錄，後世學者信以為真，且多予援引，則徐一夔觸犯文字獄忌諱遭斬之說就成了鐵案了。

一些著名的歷史學者比如顧頡剛、吳晗、羅炳綿等人，均沒有詳加考證，就根據趙翼的《廿二史箚記》的記載，不斷誇大朱元璋的文字獄之說，這也就有了柏楊以自己之心、度朱元璋之腹對朱元璋與「文字獄」的高論：文字獄的本身就是當權人物作賊心虛的一種反應，越是心虛，越是神魂不寧，聽到別人說「亮了」，他就肯定是諷刺自己的禿頭，因而惱羞成怒。

其實，柏楊先生的《中國人史綱》內容廣博、體裁龐大，取材良莠參雜，正史與野史並存，所以，當書中出現了紅巾軍起義時「八月十五殺韃子」的故事，夾雜有朱元璋用鵝肉毒殺徐達的梗，就見怪不怪了。則這部書的荒唐程度就可想而知了。

因此，柏楊先生那一句「漢民族最後一個政權明朝是人類歷史上絕無僅有的蠢材政權」的論斷是可以打上一個大大的問號的。

朱元璋真的有「火燒慶功樓」與「賜蒸公鵝毒殺徐達」嗎？

朱元璋出身貧寒，沒有門蔭可依，沒有背景可靠，卻以布衣取天下，誠為古代開基業帝王中最難者。而其親手創立的許多重要的制度的影響後世長達五六百年，可謂目光獨到、施政老練，連一向眼高過頂的清朝康熙大帝也不得不對這位勝國太祖說出了「治隆唐宋」之類的讚語。

可是，因為朱元璋力糾元朝之弊，大力反貪反腐，差不多得罪遍了整個文官士人階層，個人形象慘遭抹黑，「朱元璋」三個字也成為了蠻橫兇殘、且充滿了神經質的暴君的代名詞。

朱元璋的兇殘事件中，最出名的就是「火燒慶功樓」。

「火燒慶功樓」的故事流傳很廣，散見於《大明英烈》、《明英烈傳》等書，晉劇中也有《火燒慶功樓》的劇目。

故事講的是：朱元璋起兵推翻元朝，得了天下。為了坐穩龍椅，他準備清除掉那幫一起打天下的兄弟，為此，他建造了一座慶功樓，計畫在慶功當晚將功臣連人帶樓一把火燒盡。

軍師劉伯溫神機妙算，窺破了朱元璋的毒計，提前告老還鄉。

大將軍徐達相送十里，依依惜別。

劉伯溫不忍徐達喪生，好心提醒：功臣樓慶宴之日，務必緊隨皇上，寸步不離。

開慶功宴當晚，徐達依言緊緊跟著朱元璋。

由此，在滿樓功臣全部葬身火海時，徐達暫時保住了一命。

然而，受此一嚇，徐達驚嚇成疾，得了背疽（後背長了一個大瘡）。

得了背疽的人是忌口公鵝肉的。

朱元璋卻偏偏賜了一隻清蒸公鵝給徐達。

徐達知道這是皇上賜死，只好含淚吃了公鵝。沒有多久，毒發身亡。

這個故事編造得活靈活現，像真的一樣，老百姓非常喜歡聽，聽了也都深信不疑。

但這個故事假得實在不能再假。

明朝開國大臣除了劉伯溫和徐達外，主要還有常遇春、李擅長、李文忠、鄧愈、朱文正、湯和、朱亮祖、胡大海、周德興、廖永忠、傅有德、馮國用、馮勝、沐英、藍玉等等。這些人和劉伯溫、徐達一樣，辭世過程也歷歷見諸於史書，沒有一個是被燒死的！

「火燒慶功樓」很假，只能騙騙菜市場買菜的大嬸大媽。但徐達吃「蒸公鵝」毒發身亡事卻有相當大的迷惑性，不少史學專家也著了道，遭了騙。

比如說，大史學家吳晗就煞有介事地把徐達吃「蒸公鵝」毒發情節寫進了他的得意之作《朱元璋傳》中。

吳晗之所以被騙，是因為該事件在史料中還是有跡可循的。《明史・徐達傳》就載有「（徐）達在北平病背疽」、「明年二月，病篤，遂卒」的紀錄。而出現在明代中葉的《翦勝野聞》也有談到朱元璋在徐達患病期間曾有「賜食」行為，不過沒交代所賜的食物是蒸鵝。蒸鵝是清代趙翼在《廿二史箚記》中加進去的。趙翼原意是想講一個「傳聞無稽之談」，說到了朱元璋「賜以蒸鵝，疽最忌鵝」。

此說富於戲劇性，一經現世，便大行其道，深植民心。

曾有醫學人員出來闢謠：說背疽是背部出現了急性化膿性感染，與吃鵝肉與否沒有半毛錢關係。這則故事是假的。

史學專家也出來闢謠：說《明實錄》和《明史》都沒有「賜蒸鵝毒死徐達」的紀錄，而且，即使朱元璋真要毒死徐達，宮中應該不乏上好毒藥，何必用人人均知的「疽最忌鵝」的鵝來實施如此無恥之毒計，而授天下人口柄？

功臣之中，朱元璋對徐達賞賜最厚。徐達三個女兒，長女為朱棣的皇后，次代王妃，次安王妃。長子輝祖封魏國公、襲爵，幼子增壽後來也被追封定國公。一門二公，徐家榮盛一時。

徐達死，朱元璋停止上朝，備極哀榮，追封徐為中山王，諡武寧，賜葬鍾山之陰，配享太廟、功臣廟，位皆第一，親自撰寫長達兩千餘字「御製神道碑文」。

而且，神道碑通高八・九五米，不僅是明朝功臣墓碑中最大的一塊，而比位於鍾山南麓、明孝陵重要組成部分的「大明孝陵神功聖德碑」還要高出十七釐米（「大明孝陵神功聖德碑」高八・七八米，碑為朱棣所立，碑文為朱棣親自撰寫）。

本來，按明朝制度，功臣歿後封王者，陵前神道碑身高九尺（三米），廣三尺六寸。徐達神道碑的規格，不僅遠遠超過了這一標準，而且比朱元璋的還高，這已足以證明徐達在朱元璋、以至朱元璋兒子朱棣心目中地位的重要。

朱元璋毒害徐達之說，實難成立。

吳晗的《朱元璋傳》採用了「賜蒸公鵝毒殺徐達」的說法，只說明這位著名的明史學家帶有明顯的偏見，又或者是治史的功夫下得不夠深。

話說回來，吳晗在《朱元璋傳》中把野史、傳聞當做史實來寫，可不是只有一處兩處。其在《朱元璋傳》開篇第一章第一節寫朱元璋偷牛事便來自野史。

書中是這樣寫的：

> 小時候朱元璋經常替田主放牛看羊，愛玩愛鬧會出主意，也是公認的孩子王。有一天，忽然餓了，但天早又不敢回家，怕田主罵。同是看牛的小夥伴也是朱元璋日後衝鋒陷陣的大將周德興、湯和、徐達等許多孩子也都嘴饞起來，你一言我一語說得肚子咕嚕得越兇。這個說有一碗白米飯吃才好呢，那個又提出真想吃一頓肉，一個又說肉是財主吃的，不知是什麼滋味。說得人人心慌，個個嘴饞。猛然間，只聽元璋大叫一聲：「有了！」大家齊聲發問：「什麼？」朱元璋笑說：現放著肉不吃，真是呆鳥！隨後牽過一隻花白小牛，用放牛繩捆住前後腿。周德興看了，抄起一把砍柴斧不管三七二十一，當頭就是一斧。徐達、湯和趕緊幫忙剝皮割肉，別的孩子則揀些爛柴樹葉子就地生起火來。一面烤一面吃，個個眉飛色舞興高采烈。不一會兒就只剩下一張皮一堆骨頭一條尾巴。這時太陽已經落山，山腳下的寨子裡，炊煙嫋嫋在半空中，該是回家的時候了。大家這才猛然省悟：肉是吃了，饞是解了，卻怎麼向主人交代！一時面面相覷，想不起主意擔不起罪過，正在著急，互相

埋怨，膽小些的甚至「哇」地哭出聲來。元璋一想：主意是自己出的，禍是自己闖的，責任也該自己擔當起來。於是一拍胸脯，吩咐夥伴們把小牛的皮骨埋了，把小牛尾巴插在山上石頭縫裡，說是小牛鑽進山洞去了只留下尾巴，拉了半天拉不出來。孩子們聽了覺得主意不錯拍手叫好。

這段文字，把朱元璋、徐達等人寫得很不堪，首先是嘴饞，想了很久，才想到殺牛。但也只是僅僅想到殺牛而已，殺了牛會引致什麼後果，沒想到。直到填飽了肚子，才猛然省悟「肉是吃了，饞是解了，卻怎麼向主人交代」，這種智商，敢情殺牛之前壓根就沒有半點要承擔殺牛責任的意識！而朱元璋想出來插牛尾巴入石頭縫的主意又明顯是一個極餿的餿主意，孩子們居然拍手叫好。這則故事的可信度基本接近於零。

當然，這個故事並非吳晗原創，其最早見載於明人王文祿的《龍興慈記》，原文只有短短兩行字，也沒寫一起煮牛肉的群兒是誰，可吳晗卻指定是徐達、湯和、周德興。

其實，就在朱元璋親自為徐達撰寫的「御製神道碑文」上已交代得清清楚楚，他初次見到徐達是「歲癸巳，朕集義旅，王來麾下」，則那時的徐達已經二十二歲了。

王文祿的《龍興慈記》是一部什麼書呢？

王文祿在自序裡也說了：外公活了八十多歲，知道很多本朝初年事蹟和掌故，告訴了媽媽；媽媽又把這些事蹟和掌故告訴了我；我現在快五十了，也忘得七七八八了，還是把記得的用筆寫下來吧。

書名《龍興慈記》的意思就是「聽媽媽講太祖爺開業創基的故事」。

這種書，光聽書名，就知其可信度極低。

而且，書中內容，除了上面提到的朱元璋和小夥伴玩上朝的遊戲及偷殺地主家牛犢的故事外，還有：

朱元璋的爺爺葬中了風水寶地，所以朱元璋後來做了天子；朱元璋出生時的種種祥瑞：朱元璋做沙彌的時候發配廟中伽藍神；劉伯溫被高人魂魄附體等等。

有趣的是，該書還寫了一個「朱元璋殺常遇春老婆」的故事。

故事說：朱元璋可憐常遇春久婚無子，不忍心看著他絕後，就賜了兩名宮女給他。但常遇春是個「妻管嚴」，對這兩個宮女碰都不敢碰一下。一日，常遇春早起，一個宮女端了一盆水來伺候洗漱。常遇春有賊心沒賊膽，只是幽幽誇了句：你的手好白！等下朝回來，老婆鄭重其事地送給他一個紅盒子。常遇春開盒一看，裡面裝的竟然一隻鮮血淋淋的斷手！常遇春驚悸不已。次日上朝，神色恍惚、舉止失措。朱元璋細加盤問，得之了實情，捧腹大笑。改天，朱元璋召常遇春入宮喝酒，暗中卻派宮中力士把常遇春的老婆肢解了，說是：「悍婦之肉」。常遇春再度受到驚嚇，從此得了癲癇。

事實上，常遇春是因病死於北伐途中，一生都沒患過癲癇。

也幸虧吳晗沒在《朱元璋傳》中加入這些佐料，否則，《朱元璋傳》就成了一部超級「神作」了。

朱元璋暴發仇富，殺害了沈萬三？

古代中國是一個農業經濟大國，除去借助政治因素致富的歷史人物，如石崇、呂不韋、鄧通、和珅之流不算，純粹靠商業行為成為超級巨富的人並不多，屈指數來，也就子貢、陶朱、沈萬三、胡雪岩寥寥幾個。

相比之下，沈萬三名氣最大，富可敵國，堪稱中國古代第一富。

先解釋一下，沈萬三不是名字，是一種尊稱。

董谷的《碧里雜存》裡說，明朝初年稱巨富為「萬戶」，姓後加「萬」，是當時對富人表示敬意的一種習慣稱法。又，當時人分五等，曰：「奇、畸、郎、官、秀。」奇最低，秀最高。稱「秀」的人家產必在萬貫以上，沈氏排行第三，家有億萬資產，故稱以沈萬三秀或沈萬三。也就是說，「沈萬三」是尊稱、排行與戶等的合稱。

沈萬三本名沈富，字仲榮，其通過開展海外貿易而積累原始財富，迅速成為了「資巨萬萬，田產遍於天下」的江南第一豪富。

沈萬三有多富有呢？

《吳江縣志》載，「沈萬三有宅在吳江二十九都周莊，富甲天下，相傳由通番而得。」

明人杜瓊作〈王半軒傳〉記：學者王行曾受聘於沈家坐館，教沈家子弟讀書，沈家子弟每寫得出一篇文章，沈萬三就獎賞王行二十兩白銀（每成章，輒償白金以鎰）。

以元末明初的經濟購買力論，當時的一兩白銀大概可以折成今天的三千五百新臺幣（約八百元人民幣）。

學生寫出一篇作文，老師就得到這樣豐厚的報酬，沈氏之富，可見一斑。

明人孔邇的《雲焦館紀談》也記，沈家釀酒引水，須用田數十頃（「有田數十頃，鑿渠引水以供酒需」），可謂家大業大。

明人田藝蘅也在《留青日箚》記載，朱元璋打下江浙後，沈萬三輸糧萬擔，獻白金五千兩，以佐用度，「太祖軍食，多取資焉」。

朱元璋驚詫於沈萬三的財富，就動了「務罄其所有金」的心思，想方設法盤剝沈家家財。

董谷《碧里雜存・沈萬三秀》記，有一次，朱元璋在月朔（即初一）日召見沈萬三，給了沈萬三一文錢，要他生利，從初二開始，一文取兩文，初三日取四文，初四日取八文，每天翻一倍，亦即按等比級數增長，以一月為期。一月之後，沈萬付了朱元璋利息為五億三千六百八十七萬九百十二文。

此外，朱元璋還硬性要求沈萬三每年「獻白金千鋌，黃金百斤」，命令沈萬三造六百五十間廊房，養數十「披甲馬軍」，並對沈家田產徵以每畝九斗十三升的重稅。

對方是皇帝，自己只是一介草民，沈萬三只能默默承受。

明洪武六年（一三七三）前後，京城（今南京）要築城牆了，沈萬三主動承擔了修築洪武門至水西門城牆的任務。

當時的南京城牆全長三萬七千一百四十米，合七十四華里多，朱元璋的築城計畫，僅造磚一項，便涉及一部（工部）、三衛（駐軍，相當於軍區）、五省、二十八府、一百一十八縣，另有三個鎮。

而沈萬三一人負責的城牆，占整個工程量的三分之一！

築城之後，還有下文。

《明史・馬皇后傳》記：

> 沈萬三幫朱元璋修築了三分之一的南京城，請求出資犒勞軍隊。朱元璋發怒說：「匹夫敢犒勞天子的軍隊，不是亂民是什麼？該殺！」馬皇后進諫說：「我聽說法律是用來誅殺不法之徒的，不是用來誅殺不祥之人的。老百姓富可敵國，是老百姓自己不祥，不祥之民，蒼天必然會降災禍給他，陛下又何必動手殺他？」朱元璋聽了，怒氣稍息，饒過沈萬三沒殺，但全部查抄了沈家的財產，並將沈萬三流放到雲南。

按照這一記載，沈萬三是死在雲南，或者死在去雲南的路上了。

有專家分析，朱元璋這麼幹，除了貪婪沈家的財產之外，主要還是暴發戶仇富心態在作崇。大型電視連續劇《沈萬三傳奇》就是按這一套路來演的。

然而，《明史》雖是正史，但其有關沈萬三事蹟的取材，主要是根據明代野史以及民間傳說，並不一定可靠。

乾隆年間編纂的《吳江縣志》裡說，「張士誠據吳時萬三已死，二子茂、旺祕從海道運米至燕京」。編纂者的史料來源是明代人莫旦撰寫的《吳江志》。

莫家和沈家是兒女親家，莫旦說的話，自然不會作假。

張士誠佔領吳會的時間是元朝至正十六年（一三五六年），朱元璋一三六八年才建立明朝。也就是說，朱元璋登基做皇帝的時候，沈萬三墳頭上的草已經枯了又長、長了又枯，都枯榮十二秋了。

要朱元璋殺沈萬三，只能是殺鬼了。

實際上，沈萬三共三個兒子，除了《吳江縣志》提到的「二子茂、旺」之外，還有一個兒子叫做沈榮，沈榮又有個兒子叫沈森。

杜瓊〈王半軒傳〉中提到的學者王行曾為沈榮父子撰寫過墓誌銘，其中明確提到：沈榮死於明朝洪武九年（一三七六年）秋八月，享年七十一；沈森與父親死於同年，享年四十八。

由此，朱元璋一三六八年建立明朝的時候，沈萬三的兒子沈榮已經六十二歲，孫子沈森已經三十九歲了，假如沈萬三還活著的話，該是多大年紀了？

好吧，就算沈萬三能活到八十、九十多歲，那麼，朱元璋是在洪武十四年（一三八一年）才平定雲南。即到一三八一年才正式納雲南入大明帝國的版圖。沈萬三若能有幸活到彼時，應該是有機會到雲南一遊的。但朱元璋流放百歲老人，這就太不可思議了。

其實，在沈榮的墓誌銘裡還提到了沈榮的父親沈萬三，稱沈萬三為「先君子」，即沈萬三絕對是死於沈榮之前——洪武九年之前。

墓誌銘裡還說，沈榮曾建積善堂用來「承夫先志」，繼承先人的遺志。這先人指的就是沈萬三。沈家積善堂建於元代末年。沈萬三既然死於建造積善堂之前，那麼結論來了：沈萬三並非明朝人，而是元朝人！

由此，明代文人指稱朱元璋殺沈萬三，原是抹黑朱元璋的抹黑材料，不足為信。

補充一下，沈萬三雖是元朝人，卻未見元人記載，原因何在？

明史專家顧誠先生曾作〈沈萬三及其家族事蹟考〉，道出其中奧祕：元明之際，元人著述散佚毀棄的相當多，生活於元代的沈富不過是個「多田翁」，既無出仕的政績，又不足以躋身「儒林」，沒沒無聞自在情理之中。

朱元璋為什麼要搞科舉八股文？

我們常說先秦散文、漢大賦、唐詩、宋詞、元曲、明清小說，每個時代的文化都各有特色。可是，真考究起來，明朝最大的文學成就並不是小說，而是八股文。

說起八股文，就不得不提一提王安石。

王安石在實施變法時，認為唐代以詩賦取士，浮華不切實用，於是一律以經義文章代替詩賦，不過，當時的經義文章並無固定規格。

元朝帝國急如風雷，科舉考試沿襲宋代，沒有大的改變。

到了貧苦出身的明太祖朱元璋主天下，他為了盡最大可能實現考試的公平公正，對制度、文體都有了明確要求。不過寫法尚無定規。

朱元璋還考慮到，貧富不同的讀書人所擁有的參考資料書不同，貧苦讀書人沒有財力購買太多的書籍，無法閱讀到眾多優美且富於理性的文章，要使所有讀書人都站在同一起跑線上，就必須統一用最簡單的文體進行寫作，並定好考試出題的範疇，以《四書》（《論語》、《孟子》、《大學》、《中庸》）中的文句命題，由應試者作文闡明其中義理，「代聖賢立言」，即以孔子的思想去指導寫文章。

當然，這麼做，還有一個深刻的用意：讓士人沉浸於《四書》之中，充分感受儒家倫理道德的薰陶，認同「修身治國平天下」的理論，並以此作為了人生的言行準則。

到了成化年間，王鏊、謝遷、章懋等人貫徹了朱元璋原先的思想——讓天下考生統一用最簡單的文體進行寫作，摸索出了以八股文作答的格式，對字數也做了要求（限制在千字以內，後來清順治時定為五百五十字，康熙時增為六百五十字，再後又改為七百字）。

所謂八股，就是由：破題、承題、起講、入手、起股、中股、後股、束股八部分組成，其中的「起股、中股、後股、束股」四段為正式議論，每段都有一股排比對偶的文字，兩兩相對，四段則共有八股，所以叫八股。

瞿秋白在論及八股文時說：「什麼代聖賢立言，什麼起承轉合，文章氣韻，都沒有一定標準，難以捉摸，因此一股一股定出來，算是合於功令格式，用這格式來『衡文』，一眼就看得出多少輕重。」

就因為文章「沒有一定標準」，就必須制定好規則，可以「一眼就看得出多少輕重」才能達到大規模選拔考試的理想境界，才能比較接近「希望的公平和公正」，最大限度排除考官的主觀因素的影響。

所以，八股文一登上了歷史舞臺，就牢牢地統治了明清兩代五百多年的科場。

八股文實際上是最淺顯的文章格式，行文時，按破題、承題、起講、入手等套路進行，既可以大大提高寫作效率，而且寫出的文章既簡單，又實用，其章法與格調，乃是活脫脫的「說理古體散文，又能與駢體辭賦合流，能融入詩詞的麗語，能襲來戲曲的神情，實為最高希有的文體」。相對兩漢唐宋的「古文」來說，堪稱「時文」；而通過學習寫八股文，又可以領會寫文章的基本方法。一旦認真貫徹執行了這種文體，往往會訓練得思維縝密、邏輯性強。

吳敬梓在他的《儒林外史》中曾經寫道：「八股文若做的好，隨你做什麼東西，要詩就詩，要賦就賦，都是一鞭一條痕，一摑一掌血。」可見，八股文是很多文體寫作的基礎。

從這個角度來說，八股文的興起，在明朝是一件值得慶賀的盛事。

黎錦熙在《國語運動史綱》就說：「明初八股文漸盛，這卻在文壇上放一異彩。」

焦循也在《易餘籥錄》中說：「有明二百七十年，鏤心刻骨於八股，如胡思泉、金正希、章大力數十家，洵可繼楚騷、漢唐詩、元曲，以立一門戶。」

一句話，八股文是明代獨領風騷的文學成就，足與異代的代表成就相抗衡。

其實，明朝三百年中，八股文名家除了焦循說的胡思泉等人，另外王鏊、錢福、唐順之、歸有光、羅萬藻、陳際泰等人均是風流一時的名家。

俞長城盛讚王鏊的八股文成就時說：「制義之有王守溪（鏊），猶史之有龍門（司馬遷），詩之有少陵（杜甫），書法之有右軍（王羲之），更百世而莫並者也。」

八股文的最大成就還是讓天下士人在研習八股文中潛移默化了儒家的倫理道德，因此出現了如方孝孺、于謙、海瑞、文震孟、黃道周、金聲、楊廷樞、陳子龍等等一大批堪稱是「民族脊樑」的英雄人物。

可是，隨著時間的推移，科舉考試的次數不斷增多，而考試的題目都出自《四書》中的某字某句為題，又不能重複以前考過的句子，出題就頗為困難了。

以至於到了晚清後期，出的題多是這裡生割了一個詞，那邊硬截一句話，硬湊在一起，成為一句半通不通的話，喏，這就是題目了。

這樣的題目，往往語句不通，前後風牛馬不相及，連出題者都不知道是什麼意思，考生就只能臨場抓瞎，胡亂塗寫一通了。

這種背景下，再把畢生的精力投在《四書》中揣摩每一字、每一句的許多不著調的含義上，就大大地浪費青春、浪費生命了。

清人徐大椿就曾氣得擲筆大罵說：「讀書人，最不濟，背時文，爛如泥。國家本為求才計，誰知道便作了欺人技。兩句破題，三句承題，搖頭擺尾，便道是聖門高第。可知道三通、四史是何等文章？漢祖、唐宗是哪一朝皇帝？案頭放高頭講章，店裡買新科利器，讀得來肩背高低、口角唏噓！甘蔗渣兒嚼了又嚼，有何滋味？辜負光陰，白白昏迷一世。就叫他騙得高官，也是百姓朝廷的晦氣！」

在眾多有識之士的口誅筆伐下，光緒三十一年（一九〇五），八股文被清政府宣布取消，從而壽終正寢，走到了它的生命盡頭。

發生在朱元璋肅貪期間的幾件事兒

朱元璋出身貧寒，對貪官汙吏深惡痛絕。待他打下了江山，坐穩了龍庭，就開足馬力，反貪反腐。

朱元璋的肅貪特點是決心大、力度猛、出招奇。

在肅貪前，他親自編訂《明大誥》，羅列出種種量刑標準，刑罰手段莫不用其極。另外，又編《醒貪簡要錄》頒佈天下，希望從理性和感性的雙重層面喚醒貪官的良心。

《醒貪簡要錄》中的一段話，可謂語重心長。幾百年後讀來，仍讓人感懷不已。這段話，翻譯為現代文是這樣的：

今天高居官位者，真不懂得珍惜爵位、不知所領祿食來源艱難。老實說，如果將所得俸祿全部用於養家，那是還有剩餘的。然而，卻有不守本分俸祿的人貪贓枉法，導致家破人亡，以至於留下寡婦孩子老父老母無人贍養。

官員的俸祿都出自民供，包括田地、耕牛、農具各項合用，可謂物力維艱。假如，正一品官員的俸祿是每月支米八十七石，一年一千四百四十石。折算成稻穀，需要兩千六百二十石。要生產兩千六百二十石的稻穀，需要用田八百七十三畝。種田需要耕牛，一頭牛耕地五十畝，須用十七頭牛（零頭二十三畝略去）。種田需要人力，按一個人種田十五畝計算，需要五十七個人耕種。收割後，農夫挑來的一擔未脫粒的稻禾，經過打磨後只能出四斗稻穀，一千四百四十石米就需要六千五百五十擔次。

假如，從田裡到打穀場是一里路，往返挑一次就是二里，這樣算下來為了挑稻米就得走一萬三千一百里。

如此筋骨勞苦，方得許多糧米。為官者既受朝廷重祿，還是不知足，不知為百姓造福，反而貪贓枉法直至敗家，真是太可恨了！

軍人披堅執銳、在霜雪中吃睡，不勝其苦。然而，他們每月就只有一石米。那些水陸驛站的人家，家有三個成年男人，一人服徭役，拋棄家中的土地為國效命，很少有兩個男丁在家。結果，一個男人耕種土地，無法完成，因此，拋棄許多土地耕種。即使這樣，他們仍然多多勞苦，不敢有違國家法度。

各地的衙門差役，夏天坐在涼房內，冬天住在暖室中，比當兵的在驛站工作的人已經十分安逸了，還不嫌滿足。當了國家的差後，按照品級可以支米二石五斗者、二石者、一石者，仍然不滿足，還要貪贓枉法、百般陷害老百姓。例如不給人家立戶口藉以侵吞，更有甚者毀壞戶口檔案，好讓上級無法核對，檢察部門無法稽查，好讓他們為所欲為。這種事情太多了，他們也受到國家各種各樣的嚴懲——抄家、充軍，聰明的人真該好好引以為戒！

四民之中，士最貴，農最勞。士為什麼最貴？他們讀聖賢之書，明聖賢之道，出為君用，坐享天祿。農為什麼最勞？春天到來，雞鳴而起，驅牛耕地；秧苗出就要忙著播種，又要澆灌除草，三伏天冒著烈日勞作，形體憔悴；好不容易到了秋天，收穫之後，交租納糧，已經所剩無幾。如果遇上水旱蟲蝗災害，就全家窮哭絕望。唉，現今身居高位的人，不能體會百姓之艱辛，才這樣剝刻而虐害，太沒有人性了。

朱元璋為了推動反貪運動的深入，全面、澈底地清除掉貪官，給予天下百姓懲除貪官的權利，允許他們直接到京師告發貪官，甚至可以把貪官扭送京城。

朱元璋下令，百姓有權闖入官府捉拿有劣蹟的官員，如有膽敢阻擋者，則誅滅全家。

朱元璋此舉，可謂石破天驚，讓天下百姓揚眉吐氣。

這，稱得上是中國數千年以來最大膽、最開放的反貪措施！

朱元璋是這麼說的，也是這麼幹的。

在那段時間裡，經常可以看到這樣的情景：百姓們自帶乾糧，押解著五花大綁的富豪或者胥吏前往京師趕路，行色匆匆，但人人的臉色都有寫滿了自信。那些在各關口負責盤查的官員，見了他們忙不迭地點頭哈腰，迎來送往，恭恭敬敬地請他們過關。

江蘇常熟縣農民陳壽六平日裡受盡縣吏顧英的迫害，忍無可忍，率領自己的弟弟和外甥把顧英綁起來，送到京城告御狀。

朱元璋堅定地站在陳壽六一邊，懲治了顧英，並嘉獎了陳壽六二十錠銀鈔，賜他們三人各兩件衣服，並免除了陳壽六三年的雜泛差役。

可惜的是，朱元璋這種「全民反貪」的初衷雖好，但沒能自上而下形成相應制度，機制又不健全，他本人不是千手觀音，也沒有三頭六臂，每天的帝國重大政務數不勝數，他忙都忙不過來，不可能每一件民告官、民反吏的事都能過問；這就讓這種民反貪的機制出現許多漏洞，讓一小撮「刁民」有機可乘，鬧出許多尷尬事。

安吉縣佃戶金方，租種了地主潘俊二的一畝二分地，連續賴了兩年不交田租。潘俊二只好親自到金方家裡去索討。金方一怒之下，就反咬潘俊二一口，說潘俊二是禍害百姓的豪強，帶領家人把潘俊二綁了起來，勒索了潘俊二黃牛一頭、肥豬一口。

烏程縣百姓余仁三在水災期間田裡顆粒無收，生活困頓。同縣富戶游茂玉心生憐憫，借、送米糧給他渡過難關。事後，蛇蠍心腸的余仁三不思報恩，反而勾結起一百餘人去抄游茂玉的家，把游茂玉當做「害民豪強」押送到京城，導演出一齣真實版的「農夫與蛇」的故事。

最讓朱元璋氣炸肺的是嘉定縣百姓沈顯二、周官二、曹貴五這幾個操蛋做出的操蛋事。

沈顯二和周官二認為里長顧匡是個禍害一方的惡霸，就把顧匡捆綁起來，送往京城。到了蘇州閶門，閶門曹貴五出來做和事佬，讓顧匡先給沈顯二和周官二送上十五貫銀鈔，回頭再送上一匹綢緞和一些銀釵、銀鐲，說這事就算了了。

顧匡得了自由，回家之後，驚魂久久不定，覺得自己算是被沈顯二訛上了。這種事，有一就有二，有二就有三，說不準這輩子都被沈顯二吃定了。思前想後，決定一了百了，親自到京城自首。

再經過蘇州閶門，顧匡不忘找曹貴五謝恩。但曹貴五聽說他是要去自首，嚇得臉都綠了，覺得自己摻和到了這件事中，恐怕也脫不了干係，也一不做、二不休，跟著顧匡一起去自首。沈顯二和周官二知道了，覺得自己是被顧匡、曹貴五坑了，只好從後面追來，四人一同去自首。

四人都去自首，那就沒有原告、被告了，這事兒該怎麼整？

顧匡、曹貴五、周官二三人偷偷串聯起來，把沈顯二綁了起來，指定他是「害民豪強」押往京城。

到了京城，沈顯二找機會跑掉了。

曹貴五、周官二便又把顧匡綁了起來。

……

從沈顯二和周官二等人原告、被告隨時更換的表現來看，讓百姓直接參與到司法執法中，就會因私人恩怨而夾雜進許多個人情感和主觀色彩的東西，導致司法混亂，出現形如兒戲一般的荒誕鬧劇。

所以說，朱元璋的「全民反貪」運動，最後也只好不了了之。

朱元璋的反貪運動是成功還是失敗？

朱元璋是貧苦家庭出身，家裡原本靠租種別人的田地勉強為生，但天災之後，瘟疫流行，家人相繼罹難。

眼看著父親、哥哥、母親一個個病死，朱元璋悲痛萬分。

而更讓朱元璋欲哭無淚的是，家裡耕種的土地是租來的，他們家是真正的「死無葬身之地」，連埋葬親人的土地也沒的！

所幸田主發了善心，給劃了一塊地給他埋葬父母和哥哥。

日子實在過不去了，朱元璋到寺廟裡做了和尚，為了溫飽，不得不沿門託缽，浪跡天涯。

在三年多的遊僧+乞丐生活的時間裡，朱元璋目睹元朝吏治的腐敗，深味人生的苦難。

稱帝登基之後，朱元璋回憶起這段生不如死的人生經歷，他是這樣描述的：突朝煙而急進，暮投古寺而趨蹌。仰穹崖崔嵬而倚碧，聽猿啼夜月而淒涼……

寫詩的同時，朱元璋也下定了大力懲治貪腐的決心，決意要建造一個「仁壽之鄉，樂天之樂」的美好世界。

對於大明帝國的老百姓，朱元璋是心存憐憫的。他說：「百姓才力俱困，如初飛之鳥不可拔其羽，新植之木不可搖其根。」當務之急，「在安養生息而已」。

對於大明帝國的官員中，朱元璋是嚴格、嚴肅、嚴厲地要求的，他對官員們說：「惟廉者能約己而利人」，要求官員奉公律己，做好本職工作，不能做出損害百姓利益的事。

可以說，在中國歷代皇帝中，花最多力氣來整肅吏治、懲治腐敗的，就是朱元璋。

朱元璋的肅貪理念是「刑亂世用重典」。他在《大明律令》的基礎上制定頒行了《大明律》，後來又親自編訂《明大誥》，「所列凌遲梟示種誅者無慮千百，棄市以下萬數」，並將《明大誥》擴為三編，「立法務為嚴峻，而於贓吏尤重繩之」。又令人編《醒貪簡要錄》頒佈天下，規定官吏貪贓滿六十兩者，殺無赦，還伴以挑筋、斷指、削膝蓋、斷手等酷刑，並推出了「剝皮揎草」的極刑，把那些被判死刑的貪官拉到「皮場廟」去生扒活剝，填塞以稻草和石灰，掛在官府案桌旁，以警示繼任官吏不要重蹈覆轍。

按照規定，戶部每年年底要對各府、州、縣所上收支帳簿進行審計。但是，大多地方錢糧官員會隨身帶著蓋好印的空白公文紙到戶部報帳。顯然，這是一項存在巨大漏洞的嚴重舞弊行為，常常有戶部官員與地方官府勾結，利用這些蓋過官印的空白文冊填上虛假支出數據，然後侵吞錢糧，中飽私囊。朱元璋知道後，下令一查到底，處死各地掌印的錢糧官員高達上千人，眉頭皺都不皺一下。

這就是歷史上著名的「空印案」。

「空印案」之外，另一件著名的反貪案是「郭桓案」：戶部侍郎郭桓與北平承宣布政使司、提刑按察使司官吏李彧、趙全德等狼狽為奸，貪汙了官糧七百餘萬石，並侵吞了大量國庫物資，折合糧食達兩千四百萬石。該案數額巨大，涉案人員多，包括六部全部十二位左右侍郎和和眾多地方官。

朱元璋沒有半點猶豫，下令將主犯統統處死，涉案的數萬人全部下獄。

朱元璋殺氣騰騰地說：「此弊不革，欲成善政，終不可得。」

刑部尚書開濟曾接受一死囚家人賄賂，主使郎中仇衍設法為之開脫。朱元璋得知此事，勃然大怒，立刻將開濟、仇衍處死。

永嘉侯朱亮祖是開國功臣，奉詔出鎮廣東時，和地方土豪相勾結，作威作福。對這樣的功臣，朱元璋也毫不心慈手軟，二話不說，召朱亮祖進京，用皮鞭將之活活打死。

駙馬歐陽倫，仗著妻子是朱元璋的愛女安慶公主，膽大包天，不顧朝廷的禁令，到陝西走私茶鹽鐵等物資。朱元璋知道了，揮一揮手，下令斬首，眼睛眨都不眨。

朱文正既是開國功臣，也是朱元璋唯一的親侄，因有違法亂紀行為，朱元璋也毫不留情廢了他的官職。

……

就因為朱元璋反貪肅貪太嚴酷，很多人會產生這樣的錯覺：大明洪武朝的貪官這麼多，遍地都是，看來朱元璋的反貪運動是失敗了。

從而有人認為，反貪失敗，就在於太嚴太酷，物極必反，越嚴越貪。

還有人因為明末清初的著名思想家顧炎武曾經感嘆過「自古百官俸祿之薄，未有如此者」，認為是明朝俸祿太低了，官員們為了活路，不得不貪。而由於唐宋俸祿較高，所以貪汙現象較少。

他們說：高薪才能養廉。

可是，人的貪念一起，得隴望蜀、得寸進尺，是永遠沒有盡頭的。

試想想，清朝大貪官和坤，富可敵國，可他在貪婪的道路上可曾有片刻的停頓？

朱元璋從一貧如洗的社會底層登上帝位，嘗遍了人世間的各式各樣酸甜苦辣，給自己的官員們制定什麼級別的俸祿，心中肯定有數。

朱元璋在《醒貪簡要錄》裡曾詳細地計算過官員所得的俸米需要花費多少勞動力，目的是要官吏們知道物力維艱，不要貪汙腐敗、禍害百姓。

《醒貪簡要錄》是這麼說的：正一品官員的俸祿是每月支米八十七石，一年一千零四十四石。折算成稻穀，需要兩千六百二十石。要生產兩千六百二十石的稻穀，需要用田八百七十三畝。種田需要耕牛，按一頭牛耕地五十畝計算，須用牛十七頭。田間勞作方面的人力花費，按一個人種田十五畝計算，需要五十七個人耕種。收割之後，農夫挑一擔稻禾只能出四斗稻穀，所以需要六千五百五十挑。如果從田裡把稻禾挑到打穀場是一里路，再回去挑也要走一里路，來回就是二里，這樣算下來為了挑擔就得走一萬三千一百里。因此，正一品官員俸祿每月八十七石米飽含著老百姓的血汗。

朱元璋因此痛心疾首地說：「如此筋骨勞苦，方得許多糧米。為官者既受朝廷重祿，尚無饜足，不肯為民造福，專一貪贓壞法，亡家果可怨乎？」

不過，還有人以海瑞兩袖清風導致差點連棺材本都沒有的事例證明明朝俸祿太低。

出現海瑞這個現象，簡單地說，主要有兩方面原因，一是從明初到明中後期物價已有較大的變化而朝廷的俸祿數額沒有改變；二是海瑞雖然在去世時身居二品官員（都察院右都御史），屬於高官，但他絕大部分時間都是在基層工作，而且家裡有一妻、二妾、二子、三女、老母、家僕、婢女等等要贍養，家庭負擔太重，所以去世時家無餘財，也就可以理解了。

其實，翻遍中國歷史書，看那些史家們吹噓的文景之治、太康之治，開皇之治、貞觀之治等等，來來回回都是那幾個形容詞：政治清明，官員廉潔，百姓富足。讀者看了，以為這些時期的官員都很廉潔，沒有貪汙腐敗行為。可是，封建社會是一個皇權社會，在本質決定了這是一個官本位的社會，官大於民，官凌駕於民眾之下，擁有絕對的權力，是無法避免腐敗的發生的。

所以說，不能因為這個時期的統治者沒有在反腐這塊下功夫、沒有揪出大貪官，或沒有大面積揪出貪官，就認定這是一個沒有貪汙腐敗的社會。

實際上，正由於大明洪武朝從嚴、從重反貪反腐，這一時期的政治是中國歷史上比較清明的。

第三章

明朝的「奇葩」皇帝們

明成祖真的誅殺了方孝孺十族嗎？

明太祖朱元璋和明成祖朱棣父子是歷史上出了名的鐵腕帝王，狠忍沉猜，殺伐決斷，做事乾脆俐落，絕不拖泥帶水。

因為這個，很多人將他們視為難以伺候的暴君。

朱元璋的殘暴，主要體現在處理胡惟庸、藍玉兩大「謀反」案時的大肆屠殺上。

因為這個，明亡後，在清朝入仕的明朝降臣還為清兵的屠殺行為找「理論依據」，說「國初太祖時也愛屠殺」。

朱棣殘暴的代表作則是誅殺方孝孺十族。

根據谷應泰《明史紀事本末》卷十八的記載，朱棣誅殺方孝孺十族的來龍去脈是這樣的：

朱元璋駕崩，繼承皇位的是皇太孫朱允炆，朱允炆崇尚儒家仁政之說，有意結束祖父尚武政風，定年號為「建文」，是為建文帝。

建文帝甫一即位，便迫不及待地「削藩」。

「削藩」是一項高危活動，漢景帝時的「七國之亂」便是前車之鑑。

建文帝並無十足勝算，而且可供驅遣的大臣主要是兵部尚書齊泰、太常寺卿黃子澄這兩個書呆子，再加入另一個大書呆子——侍講學士方孝孺，則後果可想而知。

駐守北平的朱棣以「清君側」為名，誓師「靖難」，揮軍南下。

朱棣兵發北平，向為倚重的謀士姚廣孝遠送到郊外，面帶神祕之色地說：「臣有所託。」

朱棣問：「何為？」

姚廣孝答道：「京師有叫方孝孺的，素有學行，城破之日，必不肯降附，請不要殺害他。殺了他，那麼天下讀書種子就斷絕了！」

朱棣頷首答應。

朱棣佔領南京後，方孝孺果然不肯歸附。朱棣聽從姚廣孝的囑託，沒有殺他，只將他投入獄中。

朱棣將要即皇帝位，找人來撰寫新皇帝即位的詔書，大家都推舉方孝孺。

朱棣派人到獄中請方孝孺。

方孝孺披麻戴孝步入大殿，悲慟而極，哭聲震天。

朱棣安慰他說：「先生不必這樣悲傷，我不過是想效法周公輔佐成王罷了。」

「成王安在？」方孝孺厲聲反問。

「他自己自焚死了。」朱棣有些心虛。

「何不立成王之子？」方孝孺步步進逼。

「國賴長君。」朱棣悻悻然答。

方孝孺再加逼問：「何不立成王之弟？」

朱棣一時無以應答，拂然說道：「這是我的家事，用不著先生過多操心！」

隨後，朱棣示意左右奉筆墨，不容置辯地說：「詔告天下，非先生來寫不可！」

方孝孺擲筆於地，且哭且罵：「死就死了！詔書絕不能寫。」

朱棣勃然變色，語含威脅地說：「你豈能痛快去死？即使死，難道你不顧念你家九族嗎？」

方孝孺挑釁性地說：「你就是滅我十族也奈何不了我！」

朱棣暴跳如雷，命人繼續將方孝孺關押獄中，然後搜捕其親戚家屬等人，以及他的學生，湊夠十族，押解至京。每搜捕到一人，必出示方孝孺。方孝孺卻都不屑一顧。於是，朱棣就將方孝孺「十族」像殺雞宰羊一樣殺了。一共殺了八百七十三人。

谷應泰的描畫活靈活現。但朱棣誅殺方孝孺十族事既不見於明人所修《明實錄》，也不見於清人所修的《明史》，形跡可疑。

明人所修《太宗實錄》只記：「丁丑，執奸惡齊泰、黃子澄、方孝孺等至闕下，上數其罪，咸伏其辜，磔戮於市。」

清人所修的《明史》所記也大略相同，但多了「夷其族」三字，為：「丁丑，殺齊泰、黃子澄、方孝孺，並夷其族。」

相對來說，《明實錄》是第一手原始材料，其可靠性遠比第N手材料的《明史》強，《明實錄》所記，只「磔戮」了齊泰、黃子澄、方孝孺等當事者，沒有提及其家族成員；《明史》雖記「夷其族」，但也沒有說是「十族」。

實際上，明明已經被《明史》記作「夷其族」了，但在永樂年間及之後的地方志上，還有方孝儒家族活動的相關信息，甚至還出現了方孝儒的堂兄、以及他的嫡長子的身影！

《松江府志》也記，方孝孺的九歲兒子方德宗是由方孝孺的摯友原刑部尚書魏澤所收留。

明清兩代《寧海縣志》則記，明朝萬曆年間，萬曆下詔為方孝孺平反，並賜給祭田，將方孝孺次子方中憲的後人從松江府華亭縣尋回，世居浙江寧海。

此外，明仁宗為建文舊臣平反後，出現了許多記載方孝孺事蹟的史料及野史，如宋端儀的《立齋閒錄》、《革除錄》、姜清的《姜氏祕史》、大岳山人的《建文皇帝遺跡》等等，卻都沒有提到方孝孺被誅十族。

那麼，方孝孺被誅十族的說法，最早來源於哪兒呢？

其實是正德年間祝枝山所著的《野記》。

光看《野記》書名，就知這本書純屬惡搞。

書中是這樣解釋「第十族」的組成成分的：

（方孝孺）語益厲，曰：「不過夷我九族耳！」上怒云：「吾夷汝十族。」左右問何一族？上曰：「朋友亦族也。」於是盡其九族之命而大搜天下為方友者殺之。

正德年距永樂年已有百年之久，且作者又是以這種遊戲筆墨進行記述，到底有多少可信度？

但，就是這樣一篇充滿虛妄之語的遊戲文章，就被谷應泰煞有介事地轉述於《明史紀事本末》之中。也可能是受《明史紀事本末》的影響，趙翼再將「誅十族」之事收入了《廿二史箚記》。

《廿二史箚記》流傳極廣，「誅十族」之說遂成定論。

當然了，即使朱棣沒有「誅十族」，也不能洗白他的「殘暴」之名。

不過，話說回來，革命可不是請客吃飯，不是做文章，不是繪畫繡花，不可能雅致、從容、文質彬彬和溫良恭儉讓。革命就意味著流血，不是你死，就是我亡。對朱棣而言，他是跨過屍山血海走上皇帝寶座的，順我者昌，逆我者亡，方孝孺等人既不肯合作，又處處作對、唱反調，則被「磔戮於市」，也就見怪不怪了。

明仁宗在位時間不足一年，為何獲得歷史上這麼高的評價？

中國歷史上的「仁宗」有好幾個，其中最著名的就是第一任「仁宗」——北宋的第四代皇帝宋仁宗趙禎。宋仁宗十三歲即位，五十三歲駕崩，享位四十一年。從他當政的所作所為來看，他也真當得起一個「仁」的稱號。

「仁」，可以說是中國儒家學派道德規範的最高原則。

孔子思想體系的理論核心就是「仁」，其最初含義是指人與人的一種親善關係，孔子將其定義為「愛人」，稱能推行恭、寬、信、敏、惠這五種美德者即為「仁」。

宋仁宗將「仁政愛人」推上了一個極致，為後世帝王樹了一個榜樣、立了一根標桿。

宋朝之後的幾個王朝，也都出現了被冠以「仁宗」的皇帝：元朝的「元仁宗」孛兒只斤・愛育黎拔力八達，明朝的「明仁宗」朱高熾；清朝的「清仁宗」愛新覺羅・顒琰。這三個仁宗皇帝中，做得最好、處事風格最接近宋仁宗的，應該是明仁宗朱高熾。

朱高熾的在位時間是所有仁宗皇帝中最短的，只有十個月，但這並不妨礙到他成為一代英主。

《明史》對朱高熾的評價是：在位時間不足一年，用人行政，善不勝書。假使老天能讓他多活幾年，涵濡休養，德化興盛，絕對可以與漢朝「文景」之治相媲美。

說起來，朱高熾的「仁」，似乎是與生俱來的。

朱高熾的父親是明成祖朱棣，母親是明朝開國第一大將徐達之女徐氏。

按理說，父親是武功赫赫、能征慣戰的剽悍帝王，母親又是將門之女，朱高熾多少會遺傳上一些尚武的因素。

朱高熾在兒童時代，除了接受正統的儒家學術教育外，也按父親的要求練習武術和箭術，《明史》記：「稍長習射，發無不中」，箭術是很高明的。

但朱高熾生性端重沉靜，對武學沒什麼興趣，只專心致志於經籍和文學。

明太祖朱元璋的眾多兒子中，統兵能力最出色的是燕王朱棣。

明太祖由此對燕王幾個兒子的統兵能力特別感興趣。

洪武二十八年，朱高熾被冊為燕世子，明太祖讓他和秦、晉、周等另外三個世子在某天清晨一起去檢閱軍隊。

朱高熾回來得很遲。

明太祖非常奇怪，問其原因。

朱高熾回答說，清晨太冷，我讓士兵們吃完早飯後再檢閱，所以回遲了。

明太祖是個飽經戰火、無數次從死人堆裡爬出來的開國皇帝，對士兵很有感情，聽到這句話，一下子就被感動到了。

真是個好孩子！

明太祖對這個溫和、沉靜的少年好感陡生。

沒過幾天，明太祖有意要考察這個少年的處政能力，讓他分閱奏章。

朱高熾慧眼獨具，很快就從中挑選出了那些有關軍民利弊的奏章來進行表述。

明太祖聽得頻頻點頭。

明太祖有留意到，凡是奏章上的文字錯誤，朱高熾都有意迴避不做奏述。就不客氣地指出來，問：

「這些地方明顯有錯誤，你是不是疏忽了？」

朱高熾臉色平靜，如實回答說：「沒有疏忽，只是覺得小過失不足以驚動皇上。」

明太祖滿意地笑了，又問：「堯、湯時，水、旱災頻繁，百姓依賴什麼生存？」

朱高熾想也不想，回答說：「依靠聖人有撫恤百姓的政策。」

明太祖喜形於色地說：「這孩子有做聖人的潛質啊。」

朱高熾有做聖人的潛質、有善心、懂得施行仁政的道理，但並不代表他毫無武略。

朱棣起兵靖難，朱高熾留守北京。

建文帝的大將李景隆一度領五十萬大軍殺到了北京城下。

形勢危急，朱高熾並不慌亂，迅速組織起城內僅餘一萬多人的軍隊，以堅忍不拔之志阻擋住了李景隆的進攻，保住了北京城。

北京城保衛戰對靖難局勢的走向有決定性的意義，該戰也是朱高熾在武略表現上最光輝的一筆。

朱棣即帝位後，有很多時間都花在北征上，朝中政務主要由朱高熾打理。

朱高熾也不負聖望，把朝政處理得井井有條。

此外，朱高熾也藉此機會來推行自己政策，為自己後來的即位打下了良好的基礎

從某個角度上說，朱高熾享位時間雖然不長，但當政時間卻也不短。

而當朱高熾終於登上帝位，他便雷厲風行地開始了一系列改革，力圖糾正永樂時期司法的弊病，赦免了建文帝舊臣和永樂時遭連坐流放邊境的官員家屬，並允許他們返回原處，又平反冤獄，使得許多冤案得以昭雪。

朱高熾認為，很多被判死刑的人可能是揑造的罪名的受害者。由此，他命令內閣會同司法官員務必複查每一個判定有死刑的案件。他還頒佈一份詔令，告誡司法當局，所有刑罰都要根據法律判決，且在宣判

前要複查對犯人的指控。此外，又明確禁止對犯人濫用肉刑，並儘量避免株連犯人的親屬。

朱高熾對父親耗費巨大的種種計畫很不以為然，連接頒佈了幾道詔令，取消皇帝徵用木材和金銀等商品的做法，停止寶船下西洋，停止皇家的採辦珠寶等等。

朱高熾還積極選用賢臣，削汰冗官，將可有可無的官員被解職，派監察御史到全國各地去調查官員的政績，並為官僚機構的任命尋求合適的人選。

總之，朱高熾處處以仁君的標準來要求自己，修明綱紀，愛民如子，不斷下令減免賦稅，對於受災的地區無償給以賑濟，開放山澤，供農民漁獵。

朱高熾的做法，讓人民得到了充分的休養生息，為後來的「仁宣之治」打下了基礎。

洪熙元年（一四二五年）五月二十九日，朱高熾猝死於宮內欽安殿，終年四十七歲，廟號仁宗，謚號敬天體道純誠至德弘文欽武章聖達孝昭皇帝，葬於十三陵獻陵。

值得一提的是，十三陵中，獻陵的修建是最儉樸的。

朱高熾臨終前留遺詔稱：「朕既臨御日淺，恩澤未浹於民，不忍重勞，山陵制度務從儉約。」這句話的大意是，我做皇帝也沒幾天，沒給人民帶來什麼恩澤，不要為我的喪事加重人民的負擔，請一切從儉。

宣宗朱瞻基即位後，遵照了朱高熾遺詔，也秉承朱高熾的遺志，把國家治理得繁榮富強、蒸蒸日上。

後世史學家因此評價明仁宗、宣宗父子說：「明有仁宣，猶如周有成康，漢有文景。」

明仁宗朱高熾，實乃當之無愧的一代仁君！

明軍在土木堡之變中真的損失五十萬人？

土木堡之變絕對是明朝歷史上的一件大事。

在這場變故中，明朝最為精銳的三大營部隊被毀，明朝軍火武器研發被大大阻礙，明朝皇帝被俘，明朝開國武人勳貴集團和靖難功臣集團基本被一網打盡。

上述幾項，後果最嚴重的是最後一項。

因為，自此之後，明朝文官集團一枝獨大，成為了國家的主宰。文官集團的大本營是在富庶的江南地區，無論是農業還是工商業，國家都徵收不上應得的稅收，導致明廷財政日漸匱乏。到了明後期，東北、西北地區出現了天災人禍，明廷終於無力支撐，最後崩盤，突然猝死。

不過，這裡面的前因後果太過隱祕，並不容易覺察得出。

長期以來，人們的注意力主要集中在第一項，即明朝軍事力量遭受到的重創，普遍的認識是：明朝軍事從此元氣大傷，一蹶難振，對北元的戰略不得不由攻轉守，強盛的明朝帝國也就由盛轉衰。

那麼，明朝到底有多少兵馬毀於這場戰難中呢？

傳統的說法是五十萬。

不過，這個數字是很可疑的。

大家知道，決定明朝命運走向的戰爭是薩爾滸大戰。該戰，明朝投入的總兵力號稱是四十七萬。但薩爾滸大戰中明朝所動員起來的兵力在史料中歷歷可查。其主要來自宣府、大同等九邊重鎮，此外，還有川廣、山陝、兩直、浙江、永順、保靖、石州各處。除去前來吶喊助威的同盟軍海西女真葉赫部兵、朝鮮兵不計，全部明軍不過才八萬八千人左右。把八九萬人吹噓成四十七萬，這水份真夠大的。之所以這麼吹，主要是長自己氣勢、滅敵人威風。

即使這樣，為了聚集這八九萬人，萬曆皇帝於該年八月發起動員令，到十二月軍隊才完成集結。

對比一下，就不難得出結論：土木堡之變中被殲明軍絕不會是五十萬！

那麼，土木堡之變中明軍到底損失了多少人呢？

儘管谷應泰的《明史記事本末》言之鑿鑿地說成是「官軍五十萬」，范文瀾《中國通史》等等現代研究文獻作品也沿襲此說，一律記為五十萬。但作為史學權威的《明英宗實錄》卻是含糊其詞地記成「官軍人等死傷者數十萬」，《明史英宗前紀》也跟著記「師潰，死者數十萬」。其餘葉向高的《四夷考・北虜考》、何喬遠的《名山藏》也同樣只說是「數十萬」。徐學聚、查繼佐等人也許感到損失人數是一筆糊塗帳，在《國朝典彙》、《罪惟錄》等書乾脆不記人數，而著眼於記錄損失的「騾馬」，說損失了騾馬「二十萬匹」。

那麼，損失「五十萬」之數是誰最先提出來的呢？

有人推測是劉定之。

因為現存的諸多資料書中，劉定之的《否泰錄》最早提到：「官軍私屬共五十餘萬人，出居庸關抵宣府。」

可是，劉定之自己也承認，「五十餘萬」的說法是來源於「目擊耳聞」，他所參考的資料是「楊善、李實所述《奉使錄》，錢溥所撰《袁彬傳》」。其實，李實《李侍郎使北錄》並未記出征人數，楊善《奉使錄》和錢溥《袁彬傳》現在已經失傳，而從《袁彬傳》的題目看，應該是錢溥根據袁彬著的《北征事蹟》的記述並對袁彬其人生平作傳，而《北征事蹟》裡並沒有官軍出征人數的紀錄；楊善的《奉使錄》記的是英宗被俘後的事，應該也不會涉及官軍出征人數。

所以，「五十餘萬」之說，其實是劉定之「目擊耳聞」了一些道聽途說，並結合自己的主觀猜測所得出的數據。

劉定之是《明英宗實錄》副總裁，他在修《實錄》時不記「五十餘萬」之說，就說明他對這個數字是不敢確認的。

當然，在《否泰錄》記「五十餘萬」，他也打了個馬虎眼，說這五十餘萬人涵蓋了「官軍」和「私屬」兩部分，官軍是指正規軍，「私屬」是指的是私人的家屬、家丁、後勤服務人員。

至於被殲人數，也只記「師損失大半」。

既然眾多史料或語焉不詳，或數字龐大得讓人難以置信，那麼，根據現在史料，能不能推斷得出在這場變故中的明軍規模呢？

還是從《明實錄》來推吧。

《明實錄》的記載是，參與行動的是「在京五軍、神機、三千等營」。

「在京五軍、神機、三千等營」，是指屯駐在京師的五軍營、神機營、三千營，統稱「三大營」，屬於京營正式編制。

剛開始建制京營那陣子，稱大都督府，後改名五軍都督府，由明太祖親手組建，「分教四十八衛卒」，兵員為「二十萬七千八百有奇」。

明成祖遷都北京之後，明朝實施兩京制，京營一分為二，分為京師（北京）京營和南京京營。

京師京營增設為「七十二京衛」，按上述比例計算，在北京京師京營士卒滿額應該有三十一萬一千七百人。

京營中的主力是五軍營，但其成員構成比較複雜，既包括正式屬於京營的京師衛軍，還有不隸屬於「七十二京衛」的班軍。

班軍為地方軍隊，實行輪班制度，每半年換一班到京師履行戍衛責任，所以稱班軍。

按《明實錄》載，宣德元年的班軍為十六萬人，則每班為八萬人。

也就是說，京營的軍隊，由「七十二京衛」的三十一萬一千七百人加上八萬到京師履行戍衛京責任的班軍，共有三十九萬一千七百人，再加上各種「私屬」，大約是四十萬的樣子。

永樂時，明成祖屢次對北元用兵，京營的兵額應該維護在這個數字之上。但正統年間軍隊的缺額很大，則實際人數絕對比這個少。

譬如在宣德三年閏四月，陽武侯薛祿在整治神機營部伍時就有提到：「缺伍至七萬五千有奇」。宣德五年十二月，成國公朱勇也說舊時五軍營人數不足，要從大同等處調補，使五軍總有五萬七千餘人。

那麼，正統朝的京營兵額到底有多少呢？

《明英宗實錄》記，正統元年閏六月，五府六部議巡撫侍郎于謙所奏「在京選操官軍已十萬餘」。于謙的意見是，有這十萬餘官軍，遇警足用，不能再增，否則耗費錢穀太多，國家負擔沉重。于謙甚至建議把十六萬班軍分為三班，每班為五萬人，以減少國庫的開支。

于謙建議沒有通過。那麼，當時的京營總兵額就是「十萬餘」加上八萬班軍，即十八萬左右。而據葉盛《水東日記》卷二二〈府衛官旗軍人數〉計，京衛操軍中的五軍都督府並錦衣等衛官旗軍人等都滿額的話，應該也是十八萬人。

不過，在親征前一月，明英宗又從京營中抽調了三萬往大同、一萬五千往宣府。

也就是說，明軍從京師出發時，京營軍隊當在十四五萬左右。

當然，這十四五萬人不可能全部出征，必然會有一部分留守在京。

留守在京部分，根據《明史・于謙傳》記：「時京師勁甲精騎皆陷沒，所餘疲卒不及十萬」。不足十萬，那就應該是五六萬左右吧。

所以，明英宗所帶的「遠征軍」人數大概也就有八九萬上下。

有趣的是，《李朝實錄》中也記載有關於英宗出京時的兵力說法，其原文說：「七月十七日，皇帝領兵八萬親征。」

所以，和薩爾滸大戰中明軍宣稱的「四十七萬」類似，土木堡之變中明英宗所帶出的部隊充其量也就八九萬人左右。

而在輾轉行軍途中，明軍也不斷作戰，軍隊不斷減員，則在到達土木堡時的兵力應該是六七萬。

在土木堡血戰中，瓦剌重在劫掠，並不是以殺戮為主要目的，所以，明軍真正被殲滅的，也就是三四萬人左右，遠不是想像中的「五十餘萬」。

當然，不管怎麼樣，一個國家被打散八九萬的部隊、被打傷打死了三四萬人，損失還是很慘重的。如薩爾滸大戰過後，明朝國勢江河日下，最後就走向了滅亡。

土木堡之變，賴有名臣于謙，力挽狂瀾，終於使大明王朝劫後重生，挺了過來。

于謙實在堪稱中流砥柱。

最後補充一下：扈從英宗北征的李賢，在土木堡王師覆沒之時逃了回來，後來著有《天順日錄》，其中記錄這場災難的文字是：「二十萬人中傷居半，死者三之一，騾馬亦二十餘萬，衣甲兵器盡為胡人所得。」由於李賢是當事人，則他所提到的「二十萬人」也很受一些人重視。但李賢當時不過是一個文選郎中，並不是很清楚出征人數的，「二十萬人」，也是他回來後按道路所傳所記。另外，《天順日錄》的感情色彩非常濃厚，史家稱其「毀詆頗為失實」、「頗與正史不合」、很多該記的事都「諱而不言」，而且多「愛憎之見」，所以，不必當真。

真的有拒絕做皇后的女孩？

明末清初有一個很有名的史學家，姓查，名繼佐，其曾於崇禎十六年（一六四四）開始編著有明一代歷史，書名《明書》。書未成，於清康熙初年受莊氏「《明史》案」牽連，九死一生，險險死於非命。僥倖脫險後，以「獲罪惟錄書」署書名，更《明書》名為《罪惟錄》。

《罪惟錄》最著力於「靖難之變」及明清易代之際的記載，但取材間有來自於道聽途說，不夠嚴謹。書寫成後，一直在夾壁牆裡，深藏不露，辛亥革命後，始見於世。

《罪惟錄》卷二皇后列傳中〈徐皇后傳〉後面附有徐皇后妹徐妙錦的小傳，說：徐妙錦為徐皇后妹妹，中山王徐達的第四女，繼夫人謝氏所生。中山王徐達共有四女，長女即為明成祖的徐皇后，次女為代王妃，三女為安王妃。建文年間，徐妙錦有感於代王妃被逮之事，奉行獨身主義，不願嫁人。燕王朱棣攻入南京得國，是為明成祖。徐皇后不久病故。徐妙錦年已二十八歲，明成祖知其賢名，打算聘她為皇后，徐妙錦卻不答應。內使女官宣諭傳達了皇上的意思，徐妙錦擁被發出痛苦的呻吟，並慢慢露出面龐，說：「我的面部長了天花，不能侍奉皇上。」女官定睛細看，說：「你臉上什麼都沒有長。」徐妙錦用手指虛指說：「這不是？已經斑斑點點了。」女官搖了搖頭，回去覆旨了。徐妙錦隨後削髮為尼。明成祖也就不再立皇后了。

因為《罪惟錄》中關於徐妙錦的這段記載，世間便流傳了一封據說是徐妙錦拒絕明成祖的〈答永樂帝書〉，詞色婉轉，優美脫俗。徐妙錦也因此成為了不為榮華富貴所動的千古奇人、絕代佳人。

明萬曆朝著名史家焦竑所著的《國朝獻徵錄》中也提到了徐達有女四人，且第四個女兒未嫁，但沒有說是拒明成祖之聘。

在欽定《明史》的記載裡面，中山王徐達是有三個女兒嫁給朱元璋的兒子，長女是明成祖朱棣的徐皇后，次女是代王朱桂的王妃，三女是安王朱楹的王妃。《明史》同時也記載，代王朱桂性情殘暴，經常做出傷天害理之事。建文帝即位後，曾以此為罪將之廢為庶人。而徐皇后死後，明成祖也的確沒有再立皇后，但並沒記載有關於徐妙錦的片言隻語。

那麼，《罪惟錄》所載徐妙錦拒之聘之事就很值得懷疑了。

非但如此，就連徐妙錦的身分都很值得懷疑。

史籍通常不記載女子的名字，徐皇后、代王妃和安王妃的名字難以考證，徐妙錦卻有別於其他人，名字清清楚楚地出現《罪惟錄》中，讓人感覺十分突兀。

而且，《罪惟錄》說徐妙錦是徐達第四女，在徐皇后病故時為二十八歲。徐皇后病故的時間是永樂五年（一四〇七年），往回推二十八年，徐妙錦應該生於洪武十二年（一三七九年）。那麼，問題來了，安王朱楹生於洪武十六年（一三八三年），徐達死於洪武十八年（一三八五年），安王妃的年紀不可能比安王大太多，所以，安王妃的出生時間應該是洪武十六年前後。那麼，生於洪武十二年的徐妙錦就不應該是徐達的第四女！

而且，《罪惟錄》說徐妙錦抱定獨身主義是源於「代王妃被逮之事」，那麼，從洪武十二年（一三七九年）到代王一家被逮的建文二年（一四〇〇年），徐妙錦已經是二十歲出頭的人了，此前她應該尚無獨身的想法，而古代女子一般在十六歲出閣，作為一個大家閨秀，她卻遲遲不嫁，從情理上解釋不通。

還有，明代的女人並不能自主婚嫁。徐皇后、代王妃、安王妃都是在十四五歲時由徐達作主出嫁了，沒理由任著徐妙錦的性子留她在家。

明嘉靖年間史家王世貞的《弇山堂別集卷》裡明確記：「魏國公徐達三女，一為文皇后，一為代王妃，一為安王妃。」

經以上推斷，史上應該並無徐妙錦其人，純粹為後人杜撰。

因一個小缺漏而落下千古罵名的明君

清高宗乾隆皇帝是一個極其自負的人，其以「十全武功」自詡，自稱「十全老人」，端的是得意非凡、顧盼自雄。

即便如此，乾隆卻也不敢妄稱自己是千古以來第一帝。他曾親口說過，平生有三個最崇拜的天子：第一個是大宋仁宗皇帝；第二個是唐太宗；第三個為自己的親爺爺聖祖康熙皇帝。

乾隆把宋仁宗列在第一，根據顯然不是什麼文治武功，而在於德行和施政。

從德行方面來說，宋仁宗可稱得上一個「完人」。

據說，宋仁宗駕崩的訃告送到遼國，遼境之內，遠近皆哭。就連遼帝也握住宋朝使者的手，號啕痛哭，說：「四十二年不識兵革矣。」

想想看，一個皇帝死了，能讓本國黎民痛哭流涕已經不簡單了，還使曾經的敵國百姓和皇帝傷心流淚，實在是數千年以來世間罕有。

宋仁宗能如此得人心，主要在一個「仁」字，待人仁慈寬厚。

有一個小故事很能說明問題：某天，宋仁宗處理事務到深夜，又累又餓，想吃碗羊肉熱湯，但猶豫再三，終於忍著飢餓沒有說出來。第二天，皇后知道了，就勸他：「陛下日夜操勞，必須保重身體，想吃羊肉湯，吩咐御廚弄就好了，怎能忍飢受餓呢？」宋仁宗回答說：「吩咐御廚弄很簡單，但這麼一來，就會讓外邊看成慣例，御廚就會夜夜宰羊。為我一碗飲食，創此惡例，勞民傷財，實在於心不忍，因此，我寧願忍一時之餓。」

宋仁宗的宅心仁厚也許是與生俱來的，但，考慮問題縝密難得，竟能從一碗羊肉湯這麼小的事情想到這麼長遠、深邃的影響。

相較而言，大明朝宣宗皇帝朱瞻基也是一代明君，其在位期間，憑藉父親明仁宗打下的基礎，勵精圖治，使得經濟、農業得到空前發展，河清海晏、天下太平。

後世的史學家因此將明仁宗、明宣宗父子的統治時期稱為「仁宣之治」，媲美於漢朝的文景之治、唐朝的「貞觀之治」、「開元盛世」。

《明史》對明宣宗的評價很高，說宣宗即位以後，官吏稱職，政治穩定，法度修明，倉庫充實有餘，百姓安居樂業，民間顯示出安定美好之跡象。另外，雖有封藩起事，卻被很快治服。而且掃蕩邊境，震懾遠方的敵人。所以說，宣宗的深謀遠慮與雄才大略，幾乎能賽過先祖的武功。

明宣宗是個偉大的政治家外，也是個藝術家，「雅好詞翰」、「精於繪事」，詩詞寫得好，書法、繪畫水平也相當高。

就因為這種藝術家的氣質，明宣宗「酷好促織之戲」。

「促織」，就是蟋蟀。

將蟋蟀稱為「促織」，始於魏晉時代，也稱為「趨織」，從訓詁學角度考，「促織」、「趨織」，以及現在的俗稱「蛐蛐」，都是同音轉化來的。

從某個角度來說，鬥蟋蟀是一件很雅的事。

西湖老人的《繁勝錄》載，南宋時期的杭州城裡鬥蟋蟀活動十分活躍，「促織盛出，都民好養」。

南宋僧人道濟（即人們俗稱的濟公），就很喜歡鬥蟋蟀。道濟曾養有一隻善鬥的蟋蟀，兩根鬚子一根短一根長，百戰百勝，道濟愛得不得了，為牠取名叫做「王彥章」。王彥章是五代時期的一員猛將，曾有日不移影、連敗三十六將的打鬥紀錄，人稱「王鐵槍」。道濟的「王鐵槍」在霜降時節老死了，道濟悲痛萬分，專門寫了一闋〈鷓鴣天・瘞促織〉悼念，云：

促織兒，王彥章，一根鬚短一根長。只因全勝三十六，人總呼為王鐵槍。休煩惱，莫悲傷，世間萬物有無常。昨宵忽值嚴霜降，好似南柯夢一場。

道濟時代的富貴玩家，每當自己心愛的蟋蟀死去，往往用金銀薄片為其打造精緻的小棺材隆重下葬，還追封「大將軍」。

道濟無力為「王鐵槍」打造金銀棺材，但在下葬時，除作上述闋詞悼念外，在為「王鐵槍」火化時，作了〈把火文〉；在為「王鐵槍」撒骨前，又作了一篇〈撒骨文〉，全過程莊嚴肅穆，煞有介事。

南宋權相賈似道玩蟋蟀更是玩出了新境界，此公不但醉心把玩，還深入研究，寫出了中國古代第一部研究蟋蟀的專著《促織經》，分論賦、論形、論色、決勝、論養、論鬥、論病幾部分，對蟋蟀的各個方面都進行了詳盡的論述。

賈似道由此被冠以「蟋蟀宰相」之名。

南宋滅亡，賈似道有不可推卸的責任，「蟋蟀宰相」一名中的戲謔、貶損成分顯而易見。鬥蟋蟀之戲也成為了玩物喪志、誤國誤民的代名詞。

很不幸，明宣宗喜歡鬥蟋蟀，也被後人冠以「蟋蟀皇帝」之名。

明宣宗缺乏宋仁宗的細心，對鬥蟋蟀一事欠考慮，造成的後果很惡劣。

《明朝小史》記載了一件這樣的事：

宣宗酷好促織之戲，派遣使者到江南索取，使得蟋蟀身價大漲，每隻值數十金。楓橋一個糧長被郡督派遣去尋找，遇上有人叫賣一隻上乘佳品，他立刻用自己所乘的駿馬交換了過來。回到家，妻子聽說這隻蟋蟀是用駿馬換來，好奇心大起，就偷偷打開蟋蟀罐觀看。沒承想，這隻蟋蟀彈跳力驚人，金翅一振，竟然從罐中跳出逃走了。妻子自知闖了大禍，萬分恐懼，上吊自殺了。糧長既傷妻子之逝，又恐懼交繳不了蟋蟀任務而受到法律制裁，也上吊自殺了。

也許是受《明朝小史》所記的影響，蒲松齡在《聊齋志異》一書中也寫了一篇〈促織〉，開篇就說：「宣德間，宮中尚促織之戲，歲徵民間。」

如果明宣宗只是一個普通人，那麼，他喜好鬥蟋蟀只能看作個人喜好，但作為一國人君，一己私好，會因為大臣和地方官員的推波助瀾、變本加厲，演變成一項惡政，給百姓造成了極大負擔和深重苦難，甚至搞得百姓家破人亡。

這，真是人間悲劇。

當然了，明宣宗喜歡鬥蟋蟀之事僅見於野史，人們有理由懷疑此事的真實性。但還是有很多證據可以證明明宣宗的「蟋蟀皇帝」之名是名副其實的。

明人李賢在《天順日錄》中有記，明宣宗去世之後，其母張太后曾下令把宣宗的所有玩物全砸了。而在一九九三年，景德鎮出土了一堆青花殘片。經過復原，這些殘片就是宣德時期的蟋蟀罐，一共二十一件，且都是故意砸碎的。這說明景德官窯確實在宣德年間為皇宮燒製青花蟋蟀罐。顯然，索取這些蟋蟀罐的，就是明宣宗。

明人沈德符的《萬曆野獲編》卷二十四中也有載：「我朝宣宗最嫻此戲。曾密詔蘇州知府況鍾進千個（促織），一時語云：促織瞿瞿叫，宣德皇帝要。此語至今猶傳。」

恰巧，與沈德符同時代的王世貞在《王弇州史料》中就收錄了明宣宗要況鍾進千個促織的密詔，詔中明確說：「比者內官安兒、吉祥採取促織。今所進促織數少，又多有細小不堪者。已敕他末後自運，要一千個。」

鐵一般的事實證明，明宣宗就是個不折不扣的「蟋蟀皇帝」。

原本，在愛好鬥蟋蟀這件事兒上，明宣宗如果處理得當，根本不會授人口柄，他完全可以和宋仁宗一樣，以「完人」形象流傳於世。可惜，他沒有嚴格要求自己，人生中出現了一個無法抹去的汙點，身後也落下了千古罵名。

誰說帝王沒有真愛情？

臺灣名嘴李敖認為，在上下幾千年的中國歷史上，很難找得到可以歌頌的愛情故事、不病態的愛情故事。

為此，他做了一個生動而形象的類比：東方的盤古把四肢五體轉成四極五岳，而西方的亞當卻把肋骨奉獻給了女人。就是這種文化理念上的差距，當亞當的子孫瘋狂地把埃及皇宮的美女可李奧巴特拉（Cleopatra）往家裡搶的時候，我們盤古的後人，卻正把自己皇宮的美女王昭君朝外頭送！一句話，人家寧肯為女人惹起戰爭，我們卻甘願用女人換取和平！

還有，在權力與女人不可兼得的時候，西方的愛德華八世的表現是「不愛江山愛美人」，東方的唐明皇則是「江山情重美人輕」！一直以來，人們把《長恨歌》戀史錯誤地當成了偉大愛情的典範，「在天願做比翼鳥」、「在地願做連理枝」成了中國人掛在口頭上的宣言。實際上，當災難來臨，那個口口聲聲地說深愛對方生生世世的人既不能橫刀救美，也不願同生共死，反倒是「大難來臨各自飛」，逃難去了。

應該說，李大師的論斷還是比較準確的。

中國古代觀念向來是重男輕女，男女二者的社會地位不平等，要尋找一份平等互尊的愛情本身就難，要尋找可歌可泣的愛情更是難上加難。何況，李大師是把東西方愛情觀念的比較局限於自私觀念最強烈、權力欲望最迫切、性情最為冷酷帝王群體，則像樣的愛情就猶如麟毛鳳角了。

不過，話說回來，即便是佔有三宮六院七十二嬪妃的帝王群體，仔細查閱一下，還是可以找得到一些雖然不那麼偉大、卻極其溫暖的愛情故事的。

比如說，在漢朝，儘管漢武帝劉徹刻薄寡恩、冷血殘酷，在臨死前做出過殺死鉤弋夫人的髮指獸行，但在他的曾孫子漢宣帝劉詢身上，卻發生了一場雖然平淡，卻值得歌頌的愛情。

漢宣帝劉詢原名劉病已，是戾太子劉據的孫子、史皇孫劉進的兒子。劉病已才出生數月，就受到「巫蠱之禍」的牽連——所謂「巫蠱之禍」，是指丞相公孫賀之子公孫敬聲被人告發為巫蠱咒武帝，與陽石公主通姦，公孫賀父子下獄死，諸邑公主與陽石公主、衛青之子長平侯衛伉皆坐誅。漢武帝的寵臣江充又興風作浪，借治巫蠱為由，陷害太子劉據，致使皇后衛子夫和太子劉據相繼自殺。劉據的妻妾和三子一女全部被處死，只有襁褓中的劉病已逃過一劫，被收繫郡邸獄。

元平元年（前七十四年），漢昭帝劉弗陵崩，沒有兒子。權臣霍光等人就議立了昌邑王劉賀。但劉賀「荒淫無行，失帝王禮宜，亂漢制度」，只做了二十七天皇帝，就被霍光廢黜了。根據光祿大夫、給事中邴吉等人的建議，霍光將流落在民間的劉病已擁立為皇帝，改名劉詢。

霍光是漢武帝朝驃騎大將軍霍去病的異母弟、漢武帝的託孤重臣，權勢熏天，對漢天子已經達到了予取予求、予廢予立的程度——換一句話，只要霍光喜歡，他自己做皇帝也是可以的。

所以說，登上了帝位的劉詢對霍光是既感激又害怕，只要是霍光說的話，無不唯唯諾諾、千依百順。

但有一件事，他竟然拚著皇位、拚著性命不要，公開與霍光頂牛。

這是一件關於愛情的事：劉詢在落魄時得到宮廷監獄典獄官許廣漢的照顧，結識了許廣漢的女兒許平君，在十七歲那年和許平君結為夫妻。小夫妻在貧寒中互相支撐、同舟共濟，經歷了許多風雨，有了愛情的結晶，生下了兒子劉奭（即後來的漢元帝）。而劉詢做了皇帝後，群臣集體上書，要劉詢立霍光之女霍成君為皇后。在當時，幾乎所有人懾於霍家的威勢，都眾口一詞地要皇帝立霍成君為皇后，甚至昭帝的上官太皇太后也持同樣意見。劉詢情難自棄，無法忘卻與自己患難與共的許平君，下了一道「尋故劍」的詔書，稱：我在貧微之時曾有一把舊劍，現在我非常懷念它啊，眾位愛卿能否幫我把它找回來呢？這道尋故劍的詔書情真意切，重重地敲擊著每一個朝臣的心房：皇帝連過去用過的一把舊劍都念念不忘，又怎麼捨棄得了相濡以沫的女人呢？群臣被打動了，都改變了主意，聯合起來奏請立許平君為后。

這樣，許平君終於成為了大漢皇后。中國的語言詞庫裡，也增加了一個「故劍情深」的詞語。

可惜的是，「故劍情深」的故事結束後，又出現了一段「南園遺愛」的故事——霍光的妻子霍顯一心要讓女兒成君做皇后，最終買通了御用女醫毒死了許平君。劉詢悲痛欲絕，將之葬於杜陵南園（也稱少陵），被迫立霍成君為皇后。

不管怎麼樣，漢宣帝劉詢與許平君的愛情是真摯的，是值得世人所稱道的。

包括東漢在內的大漢王朝，可以與劉詢、許平君愛情比肩的還有漢光武帝劉秀與陰麗華的愛情。

劉秀在舂陵起事前，只是一個平民，曾在京城求學時立下壯志：「仕官當做執金吾，娶妻當得陰麗華。」

執金吾是京城負責治安大官，非常風光；陰麗華則是當時天下聞名的大美人。

劉秀在河北對抗反動勢力王郎，出於政治上的需要，娶了河北大軍閥劉楊的外甥女郭聖通，並在稱帝後立郭聖通為皇后。但等東漢王朝得到充分的鞏固，他還是義無反顧地廢黜了郭聖通，改立陰麗華為皇后，實現了自己的早年盟誓，與陰麗華一生相守。

劉秀與陰麗華的愛情雖然完美，卻嚴重傷害了另一個女人郭聖通。

特別值得一提的是，五代十國中梁太祖朱溫與張皇后的愛情，基本是劉秀與陰麗華愛情的複製。但朱溫是個流氓皇帝，殘暴、淫蕩、好色，情史穢亂不堪，晚年還霸佔兒媳婦，則在朱溫身上談及「愛情」簡直是對「愛情」兩個字的玷汙。

或者說，大凡從民間崛起的開國皇帝都會有一個糟糠之妻，這個糟糠之妻默默地站在丈夫的背後，無私地支持丈夫，丈夫的事業失敗了，她將會迎來滅頂之災；而丈夫的事業成功了，她也已人老珠黃，被許許多多後宮的新人所代替，只能空守後宮一隅，孤寂到老。

與朱溫同時代的後漢高祖劉知遠也有過一段傳說中的愛情——與民間女子李三娘相識相知，最後喜結良緣，世間流傳有關於他們愛情的戲劇《磨房會》、《井臺會》、《紅袍記》等。也就是說，劉知遠的故事不載於正史，僅見於戲說，不能當真。

與劉知遠的戲說故事不同，明太祖朱元璋與大腳馬皇后的愛情可是千真萬確。不過，明太祖功成名就後，又養了三宮六院，對愛情並不專一，他與馬皇后的愛情未免要大打折扣。

在這一點上，隋文帝楊堅倒是沒有什麼妃嬪，幾乎終生都是一夫一妻。

隋文帝上朝的時候，他的妻子——獨孤皇后也乘輦同行，稱得上是形影相隨、寸步不離。

朝臣羨慕皇上皇后恩愛，稱他們為「二聖」。

實際上，隋文帝並非真的愛情守護者，他是個典型的「懼內」皇帝，夫綱不振，受不了獨孤皇后的河東獅子吼，是有色心沒有色膽而已。

有一次，獨孤皇后病倒了，在仁壽宮休息。

就這一打盹的工夫，隋文帝如獲大赦，偷腥去也。

皇宮裡有的是宮女，文帝在一個名叫「珠璣樓」的藏書樓強姦了一個名叫尉遲珠兒的妙齡宮女。

這下闖大禍了！

獨孤皇后醒來，一看皇帝不在身邊，連日追查，查出了珠璣樓之事，大鬧皇宮，亂棍打死尉遲珠兒。

隋文帝瞠目結舌，自感無顏面對天下人，竟然連夜離宮出走。

大臣高熲和楊素好不容易在野外找到文帝，跪勸他回宮。文帝雙目一閉，流出兩行長淚，說了一句意味深長的話：「朕貴為天子，卻連個宮人也無力保護，太沒勁了！」

還好，高熲口才好，勸他說：「陛下為萬乘之尊，豈能因為一個宮人而不顧天下社稷呢？」

文帝終於吞聲忍氣，黯然回宮。

總算文帝耐性好，有韌勁，此事過了七年，獨孤皇后終於病死，文帝便迫不及待地選了兩名少女分別封為宣華夫人、容華夫人，娛老終年。

由此可見，隋文帝的愛情，殊不足稱道。

若論對愛情的忠貞和專一，中國古代皇帝中，當首推弘治皇帝。

明朝自公元一三六八年朱元璋稱帝立國始，僅僅過了八十年，就發生了舉世震驚的「土木堡之變」，明帝朱祁鎮被漠西蒙古瓦剌部擄去，大明帝國幾乎就此崩潰。所幸大英雄于謙挺身而出，獨撐危局，力排眾議，擁立朱祁鎮的弟弟、郕王朱祁鈺為帝，遙尊朱祁鎮為太上皇，粉碎了瓦剌以朱祁鎮要脅和勒索大明王朝的企圖，取得了北京保衛戰的最後勝利，延續了大明王朝的國運。

大明王朝的國運雖然得以延續，但大明王朝發展的軌道卻發生了重大改變。

原本，瓦剌南犯，兵逼大同，朱祁鎮銳意親征，曾按照皇太后的旨意，立兒子朱見濬為皇太子，留京監國。不過，朱見濬尚不足兩歲，所謂監國，不過說來好聽而已。

瓦剌人既擄去國君，又兵臨帝都北京城下，形勢危急，于謙為避免國無長君的情形出現，不立既定皇儲太子為帝而改立朱祁鈺，魄力雖大，卻已犯了大忌。

一年之後，在于謙等大臣不斷動用外交手段的斡旋下，太上皇朱祁鎮平安回來了。

然而，天無二日、國無二帝，已經坐穩了帝位的朱祁鈺是不可能讓出帝位的。朱祁鈺把太上皇哥哥軟禁在南宮，又把皇太子朱見濬廢為沂王，改立自己的兒子朱見濟為皇太子（朱見濟不久夭折，被朱祁鈺追封為懷獻太子）。

政治鬥爭從來都是殘酷無情的，早在朱祁鈺登位之初，朱祁鎮的母親、宣宗皇后孫氏就擔心皇太孫朱見濬會受到冷落，專門選拔了自己身邊的心腹侍女萬貞兒前去侍奉照顧太子，做朱見濬的保姆。

朱見濬的太子位被廢，跌落了性命朝不保夕的境地，人人見他如見瘟神，唯恐避之而不及。

在那一段黑暗的歲月裡，萬貞兒成了朱見濬身邊唯一可以依靠和依戀的親人。難得的是，萬貞兒也始終守護在朱見深身邊，呵護有加，關懷備至，不離不棄。

時間又過了八年，朱祁鈺病重。大臣石亨、徐有貞等人為竊取擁戴大功，發動了「奪門之變」，迎朱祁鎮復位。

朱祁鎮復辟後，廢朱祁鈺為郕王，改元天順，重立十一歲的兒子朱見濬為太子，改名為朱見深。

這樣，朱見深時來運轉了。

天順八年（一四六四年），朱祁鎮駕崩，皇太子朱見深繼位，次年，改年號為成化。

貴為天子的朱見深難以割捨萬貞兒多年相伴的依戀之情，將一腔戀母情結演化為轟轟烈烈的愛情故事，立年長了自己十七歲的萬貞兒冊封為妃子。

朱見深原本想立萬貞兒為皇后，但因萬貞兒出身低賤，不合禮法祖制，遭到了朱見深生母周太后和朝臣的反對。

後來被立為了皇后的吳氏卻大吃飛醋，以後宮之主的身分杖責萬氏。

朱見深知道了此事，二話不說，立刻廢掉了吳皇后。繼立的王皇后也由此洞悉了萬氏在皇帝心目中的地位，小心翼翼地做人，輕易不去招惹萬氏。

萬氏成為了後宮真正的主人。

朱見深駕崩於成化二十三年（一四八七年），該年，萬氏暴病身亡。朱見深傷感無限，哀嘆說：「萬氏長去了，我亦將去矣！」果然，不久就龍馭賓天了。

朱祐樘繼位後改年號為「弘治」，夙興夜寐，勵精圖治，著力收拾祖父、父親留下的爛攤子，終於力挽狂瀾，開創出了政治清明、經濟繁榮、人民安居樂業的和平鼎盛時代，國力蒸蒸日上，史稱「弘治中興」。

朱祐樘在位時間不是很長，做皇帝卻很成功，乃是一代明君、中興之主。

弘治皇帝是大明王朝的中興明君，勤政愛民，極具人格魅力。他的後宮只有皇后張氏一人，他和張皇后恩愛有加，兩人每天同起同臥，朝夕與共，雖然沒有什麼感天動地的故事情節，但身為一國之君，權力無限，他卻能始終如一地愛自己的妻子，這就難能可貴了。

弘治十八年（一五〇五年），朱祐樘駕崩於乾清宮，年僅三十六歲，廟號孝宗，諡號「建天明道誠純中正聖文神武至仁大德敬皇帝」。

明武宗朱厚照真的是混帳王朝中最混帳的皇帝嗎？

很多學者都認為，明朝是中國古代歷史上最差勁的一個朝代，明朝的皇帝是歷朝歷代的帝王中最混帳的皇帝。

某以寫武俠小說風靡海內外的作家就直截了當地說：「明朝是中國歷史上最專制、最腐敗、統治者最殘暴的朝代。」

臺灣某學術鬥士說：「看明朝歷史的人，必須特別注意明朝政治的鬧劇一面，他們是中華民族的大恥辱，中華兒女們別忘了老祖宗們作的孽！」

同樣是臺灣學術鬥士的柏楊先生也說：「漢民族最後一個政權明朝是人類歷史上絕無僅有的蠢材政權。」

歷史學家蕭功秦說：「明朝皇帝的道德素質、責任感甚至智商整體上都比清朝皇帝差很多。」

歷史教授易中天說：「有明一代的特點，是皇帝多混帳而朝臣無大惡。」（這句話，分明是針對李自成那一句「君非甚暗，孤立而煬灶恆多；臣盡行私，比黨而公忠絕少」以及崇禎哀嘆的「群臣誤朕」）

一位很有名的中學歷史老師更說：「這個明朝是中國歷史上最黑暗的王朝，二百七十六年裡有一百二十一年皇帝不上朝，上朝也不幹好事。明朝的皇帝一個賽著一個混蛋，一個賽著一個短命。」

……

這些明朝的混蛋皇帝中，最招罵的無疑又數明武宗朱厚照。

廣東社會科學研究院客座教授韋慶遠直斥朱厚照是「蕩子皇帝」、「混世魔王」、「淫蟲惡棍」。

誠然，從《明史》上的記載來看，明朝的皇帝確實都不是什麼好東西。

要不，偉人毛澤東也就不會說「《明史》我看了最生氣」了。

不過，他老人家接著還說：「明朝除了明太祖、明成祖不識字的兩個皇帝搞得比較好。明武宗、明英宗還稍好些以外，其餘的都不好，盡做壞事。」顯然，從這句話來看，明朝的皇帝雖然多混帳，但並不是全部，至少，明太祖、明成祖是「比較好」的，而明武宗、明英宗也「還稍好些」的。

這，就讓人比較奇怪了，大明三百年歷史，除去洪武之治、永樂盛世、仁宣之治、弘治中興、景泰中興、隆萬盛世等等幾個時期的皇帝，最不成器的就是頑劣成性的明武宗朱厚照了，人們要唾罵明朝的皇帝也都是先從朱厚照罵起，為什麼會出現明武宗、明英宗也「還稍好些」的評語呢？

還是讓我們先來簡略看看《明史》裡的〈武宗本紀〉都說了些什麼吧。

明武宗的在位時間只有十六年。而從弘治十八年（一五〇五）五月即皇帝位算起，一直到正德十二年（一五一七）二月，〈武宗本紀〉就沒提到有多少件與武宗個人有直接關係的事。

這長達十二年的時間裡，反覆出現的事件是有三類：

一、蒙古小王子犯邊。被侵犯的地方有宣府、大同、甘肅、延綏、固原、河套、寧武關、欣州、定襄、寧化、蔚州、薊州等等。

二、官軍與盜賊做鬥爭。兩廣、江西、湖廣、陝西、四川、直隸等地的盜賊連年此起彼伏，官軍一直為此疲於奔命（當然，最後也都一一平息了）。

三、賑災免稅。這十二年內，天災不斷，但武宗都是逢災必賑錢糧、逢災必免賦稅。被蒙古兵、盜賊塗炭過的地方也照賑照免。

除了以上這三類事，提到的與武宗有直接關係的事大致有：

正德元年（一五〇六）十一日，立皇后夏氏。十月，拒絕廷臣要誅殺內臣馬永成等八人的請求。

正德二年（一五〇七）六月，將修邊牆費用轉入京師。八月，修建豹房。

正德三年（一五〇八）二月，下令凡是在京官員休假超期及病滿一年的全部退休。七月，命天下推選樂工送到京師。八月，設內廠，由劉瑾領導。

正德四年（一五〇九）三月，採納了吏部侍郎張綵請求不定期考察在京官員的建議。八月，遣使核實天下各邊境屯田。

正德五年（一五一〇）八月，懲治劉瑾及劉瑾同夥，下詔從正德二年以後所更改的政策法令全部按原來的執行。

正德七年（一五一二）九月，賜義子一百二十七人姓朱。

正德八年（一五一三）正月，以邊將江彬、許泰帶領京師營兵，賜姓朱氏。

正德九年（一五一四）二月，第一次微服出行。九月，與虎狎戲受傷，不上朝辦公。十二月，興建乾清宮，增加天下賦稅一百萬。

……

從這些事兒看，武宗是做得不夠地道。

立皇后的事就不說了，但他怎麼可以拒絕廷臣誅殺內臣的請求呢？還以修邊牆的費用來修豹房！還選樂工、設內廠、大批認乾兒子，並賜他們國姓朱！甚至還與虎狎戲，不上朝辦公！最最讓人生氣的是，居然興建乾清宮，增加天下賦稅一百萬！

不用說，和明武宗的爹明孝宗朱祐樘比較起來，明武宗做得實在太差勁、太混帳了。說他一句荒淫無恥還是輕的！

明孝宗朱祐樘可是人們眼裡的曠古聖君，他的最大優點就是虛懷若谷，從善如流，對廷臣、對文官非常尊重。有時候，明孝宗明明什麼事都做得很好了，沒有什麼毛病。但作為監察系統而存在的言官集團，為了體現自己的存在價值，還是雞蛋裡挑骨頭，拚命地給明孝宗找茬、挑刺。明孝宗呢，對言官的進言一如既往地來者不拒。言官說什麼，他都會自我反省，回答說：對，對，您說得對，我馬上改。

有記載說，孝宗某次忙政事忙病倒了，第二天實在起不來，有言官就進言說皇帝您殆政了！他們危言聳聽地說，再這麼下去，國家就要亡了。孝宗只好咬咬牙，撐著病體上朝了。

看看明孝宗當年的表現，再看看現在的明武宗，他居然拒絕廷臣誅殺內臣的請求，跟廷臣頂著幹，昏君！十足的昏君！

不過，皇帝和廷臣頂著幹，在封建王朝裡並不是什麼新鮮事。

事實上，在封建王朝裡，皇帝和文官集團的權力之爭一直都沒有停息過。

朱元璋當初為了加強皇權，乾脆俐落地廢除了宰相制度。然而，但到了成化、弘治兩朝，皇權已經大為減弱，天下權柄，大部分已操持在文官手裡。

文官有了權力，就會出現腐敗。北宋王安石變法時，司馬光曾經意味深長地對王安石說，天下的財富就是這麼多，你為了增加國庫收入，一味與民爭利，最終會捅出簍子的。粗粗來看，司馬光這句話是對的。明孝宗可不願意與民爭利，凡是文官進諫請減免百姓錢糧賦稅，他都一律批准（注意，在這一點上，明武宗可是保持住了他爹的好傳統）。明孝宗本人也帶頭勤儉節約，不大修宮室，不廣招后妃宮女，專寵張皇后一人。但不管他怎麼節約，國家財政還是越來越緊張，入不敷出，導致了嚴重的邊防廢弛。明孝宗鬱悶極了，專門就此事和最信任的大臣劉大夏進行了討論，他問：「古人都說，天下財富不在官則在民。太宗皇帝的時候，又是遷都又是修長城，還下西洋、征越南，從未匱乏。現在我們百般節儉，但軍民卻窮困不堪，錢財都到哪裡去了？」顯然，明孝宗是陷進了司馬光式的思維中去了，把爭利者簡單地分為了國家（朝廷）和百姓。劉大夏呢，他是清楚錢財的去向的——瓜分天下財富的，除了國家和人民，還有各階層的大小官僚哪。但他不說，只嫁禍於太監集團，建議孝宗把各地的鎮守太監撤回來。

從〈武宗本紀〉看，明武宗已經意識到官員的貪腐問題了，他除了拒絕聽從廷臣的話而誅殺內臣外，於正德三年（一五〇八）二月，開始對官僚集團進行整頓，下令凡是在京官員休假超期及病滿一年的全部退休。正德四年（一五〇九）三月，又改革官員考核制度，改每三年一度的考核為隨時抽查方式。正德四年（一五〇九）八月，還遣使核實天下各邊境屯田。

實際上，武宗所做的這些，他只是總體主持，實際的操作者，還是他的心腹太監劉瑾。

從相關史料來看，劉瑾做得相當不賴。

劉瑾對國家各種財政收支進行了全面的審計，並格外嚴格地審計國家食鹽專營的收入，大規模清丈土地。

有明一代，大規模清丈土地的行動共有三次。第一次是朱元璋主持的，第二次就是這次，第三次是張居正主持的。

清丈土地的目的，就是要以行政權力緩解土地兼併問題，增加國家財政收入。

圍繞著土地兼併問題，封建王朝有一個循環週期，即發展到一定階段，官僚地主就會兼併大量的土地。以明朝著名的政治家徐階為例，此人做上內閣首輔後，家裡田產竟高達二十四萬畝之巨！而更令人噁心的是，官僚地主明明佔有了這麼多田產，他們還惡意瞞報，把交稅賦的責任推到了無權無勢的百姓身上，導致國家財政緊缺、人民困苦不堪，最終的惡果是社會大崩潰、王朝覆滅。

劉瑾這幾板斧嚴重地砍伐到了官僚集團的利益，也因此招致了權貴們的強烈反撲。甘肅的安化王正準備叛亂，就乘機以反對劉瑾為藉口，向明成祖朱棣學習，打起了「清君側」的旗號，起兵篡位。

於是，就有了正德五年明武宗懲治劉瑾及劉瑾同夥的舉措。

劉瑾被懲治了，清丈田地活動也就停止，連已經清丈出來的田地也不算了，正德二年以後所更改的政策法令全部恢復成了正德二年以前的陳規。

在這場皇帝與文官集團的權力鬥爭中，明武宗是個失敗者。

我們也就可以理解明武宗營造豹房的另一層用意了。

明武宗移居豹房並不完全是為了玩樂，《明武宗實錄》裡面顯示，在豹房裡面，明武宗每天都在不停地批閱大臣的奏章。

選擇在豹房裡處理政務，就是不想過多被文官羈絆，可以自主做出一些決策。

正德八年（一五一三）正月，明武宗以邊將江彬、許泰帶領京師營兵，賜姓朱氏。江彬是一個很有能力的武將，明武宗賜姓朱氏，讓他帶領京師營兵，再結合一下前面明軍在屢次與蒙古小王子作戰的敗績來看，明武宗其實是想從訓練京師京兵開始，強化大明軍事力量，進而改變這種被動挨打的局面。

而從正德九年九月武宗與虎狎戲受傷一事來看，武宗是有這種熱血，有這種激情，更有這種膽魄的。

誰不知道猛虎是百獸之王？誰不知道老虎的屁股是摸不得的？

武宗敢與狼共舞、與虎「狎戲」，說明他是一個天不怕、地不怕的主，豪氣比天高。

至於說他興建乾清宮，增加了天下賦稅一百萬，比較起來，這一百萬和他之前累年減免掉的賦稅相比並不是什麼大不起的數目。

明武宗最精彩的人生是從正德十二年開始的。

我們再來看看《明史》裡〈武宗本紀〉從正德十二年後的紀錄：

> 正德十二年（一五一七）正月，武宗去南海子打獵，半夜回到宮中，在奉天門接受朝賀。
>
> 八月一日，扮成民裝到昌平。六日，到居庸關，巡關御史張欽閉關拒絕，武宗只好回京。
>
> 二十三日深夜，扮成民裝出德勝門，到居庸關。二十八日出關，巡幸宣府，命令谷大用守衛居庸關，京朝官不准出關。
>
> 十月一日，暫住於順聖川。
>
> 十月二日，蒙古小王子侵犯陽和，搶劫應州。
>
> 十月五日，武宗親督諸軍接戰，激戰五天。
>
> 十月九日，小王子引兵而逃，武宗遂進住大同。
>
> 正德十三年（一五一八）正月十一日，武宗回到宮中。
>
> 二月十日，巡察宣府。
>
> 三月二十九日，到昌平。
>
> 四月一日，拜謁六陵，巡幸密雲。
>
> 五月十日，親自巡察喜峰口。

正德十四年（一五一九）六月十四日，寧王宸濠謀反。
八月二十六日，武宗臨時住涿州，王守仁擒獲朱宸濠捷報傳到，密不發佈勝利消息。
十一月十五日，漁於清江浦。
十一月二十二日，冬至日，在太監張陽住宅接受朝賀。
十二月一日，臨時住揚州。
六月十八日，臨時住鎮江，巡幸大學士楊一清住宅，親臨原大學士靳貴喪事。
九月十五日，漁於積水池，舟覆，得救免難，但是身體從此不適，次年駕崩。

武宗在正德十二年扮成民裝出宮，是收到了相關情報，知道蒙古騎兵將有大規模進犯行動，一心想到邊鎮與蒙古人過過招。

不過，在文官集團的鉗制下，八月的離京行動流產了。

半個月之後，武宗總結了失敗的原因，於半夜扮成民裝悄悄出了關，留下谷大用堵截京朝官員出關追躡。

十月五日，武宗親自率領軍隊與蒙古小王子在應州展開對砍。

這場對砍，參考《明武宗實錄》，武宗的軍事調度是頗有見地的，並且，他還在真刀真槍的生死搏殺中親自操刀上陣，成功斬殺了一名蒙古騎兵。

明朝十幾位皇帝中，能做到親自統兵、並拎刀子上陣搏殺的，也就是明太祖、明成祖、明武宗三位了。

應州之戰以明軍勝利而告終。

雖然《明武宗實錄》的評論是：「是役也，斬虜首十六級，而我軍亡者五十二人，重傷者五百六十三人，乘輿幾陷。」但不可否認的是，這一仗打出了十年和平。我們因此有理由懷疑《明武宗實錄》所記載的雙方傷亡數並不可靠。畢竟，雙方共十多萬人展開了五天的激戰，傷亡數目不應該只有這麼一點，而且，從這一仗所打出的效果來看，已然震懾了蒙古十多年，則其過程一定驚心動魄、其傷亡一定慘重。

要知道，這個所謂的蒙古小王子，其實就是巴蒙圖克的達延汗，他十六歲繼承汗位，後來統一了整個漠南，被蒙古人稱為中興之主。此人從明憲宗朝起就一直在明朝邊境鬧騰，和武宗對陣時，他的年齡並不小了，所謂「小王子」，不過是明朝人對他的慣稱罷了。

蒙古人吃了這次大虧後，在此後十多年間再也沒有發起過較大規模的入侵，中國北方邊境相對安寧。對於應州之戰，黃仁宇先生在《萬曆十五年》中是這樣描述的：「雖然前方官軍的圍困因為御駕親征而得以解除，而且終正德一朝，小王子也沒有繼續入侵，但是持懷疑態度的文官卻堅決不承認這次勝利。他們強調說，我軍傷亡達六百人，而韃靼卻僅僅有十六人戰死。」

從宣府回來後，正德十三年（一五一八），武宗又巡察了宣府、昌平、密雲、喜峰口等地。《國榷》描述說：「自宣府至西陲，往返數千里，上卻輦乘馬，佩弓矢，衝風雪，歷險阻，寺人病憊，上不以為勞也。」

正德十四年（一五一九）朱厚照想去巡視江南地區，但遭到了文官集團的一致反對。

朱元璋出身於貧苦家庭，當上了皇帝後，恆念天下物力維艱，專門在《皇明祖訓》裡面告誡後世兒孫：「凡諸王宮室，並不許有離宮、別殿及臺榭遊玩去處。雖是朝廷嗣君掌管天下事務者，其離宮、別殿、臺榭遊玩去處，更不許造。」

所以，明朝成為了唯一一個皇帝從來不在京城以外給自己修建行宮、離宮、避暑山莊、皇家圍場的大一統朝代。

文官集團要求皇帝必須老老實實待在紫禁城裡面，帝國的所有信息就要以文官系統提供的奏章為準。在強大的文官集團的干涉下，明朝的大部分皇帝也只能一輩子窩在皇宮裡面哪裡也不去了。

講真的，從明太祖朱元璋到明思宗朱由檢共一十六帝，也只有明太祖、明成祖、明英宗、明武宗四位皇帝走出過京城的城門了。

這，也許就是偉人毛澤東認可這四位皇帝的原因之一吧？

文官集團要這麼做，表面上是出於愛護皇帝，實際上是為了架空皇帝，把皇帝變相地禁錮了。

可是，讓人感到驚奇的是，臺灣學者柏楊竟然在他的大作《中國人史綱》裡這樣說：「人的感情反應，有時候竟會恰恰相反。朱祁鎮、朱厚照之類的活寶，把皇宮當做不快樂的地方，總是到外面遊蕩。而朱厚熜、朱翊鈞之類癟三，又把皇宮當做最快樂的地方，連片刻都不肯離開。對於後者，我們真不瞭解，在那個範圍有限（不過三四十個院子）的皇宮中，每天所見的都是同一的面孔和同一的景色，怎麼能自我關閉三十年，而不感到單調煩悶。」

什麼叫「自我關閉」？可不都是讓文官們給逼的？

就連到了崇禎十七年，李自成揮兵北上，在這生死關頭，明思宗朱由檢想離開北京，遷都南下，也都遭到了文官的反對，最後含恨縊死於煤山。

原本，在文官的圍追堵截下，明武宗也是沒有機會下江南的。

但由於江西的寧王造反，武宗找到了南下的理由：皇帝親征。

寧王叛亂很快就被南贛巡撫王守仁平定了，武宗密不發佈勝利消息，繼續南下。

中國歷史上以遊江南著名的皇帝有三位：隋煬帝、明武宗、清乾隆帝。

不過，與其他那二位相比，明武宗遊江南是最寒酸的，沒有規模浩大的龍舟船隊，更沒有金碧輝煌的行宮，一路行來，主要是借宿於官員或太監的住宅裡。

從〈武宗本紀〉記載的「漁於清江浦」等寥寥幾字來看，武宗卻很是過了一段愜意舒適的時光。

《明武宗實錄》還記了幾件瑣事：武宗在保定巡撫都御史伍符府上借宿時，和伍符及巡按御史管糧主事一同喝酒，武宗知道伍符的酒量奇大，就故意和伍符賭賽猜拳、藏鬮之類的遊戲，想好好灌醉伍符。哪料，武宗屢賭屢輸。武宗就故意要起賴來，把手裡的鬮丟了，捉弄伍符，最終得償所願地連罰了伍符數瓢酒。看著伍符頹然醉倒的模樣，武宗鼓掌大笑。

在臨清，山東諸鎮巡官前來見駕，吃飯時，碗具粗糙，沒什麼講究，武宗見了，只是淡淡說了句：「慢我何甚？」

從這些事情來看，武宗是一個喜歡開玩笑，卻又對臣下非常寬容的人。

《明武宗實錄》也因此說：「蓋上巡幸所至，事每有容。」

應州之戰的那段時間，武宗就與官兵同吃同住，全然沒有皇帝架子。武宗的祖母王皇太后死後，武宗非常悲傷，親自安排了葬禮的一切細節。但出殯時，因天降大雨，他當即就免去了隨行大臣的跪禮。

如果說明武宗是明朝最差勁的皇帝，那麼，由此看來，明朝皇帝的整體素質還是很不錯的。

在揚州，武宗釣了一條魚，他故意與太守蔣瑤開玩笑，出五百金的天價，要蔣瑤買下來。蔣瑤當真了，氣呼呼地把妻子的首飾、衣物拿出來了，說：「臣沒錢，只有這些了。」

武宗被搶白後，也不生氣，提出要看看揚州的瓊花。

蔣瑤回答說，自從宋徽宗北狩以後，瓊花就已經滅絕了，哪還有得看？宋徽宗是亡國之君，蔣瑤拿武宗與他相比，那是對武宗莫大的譏諷。

武宗聽了，只是一笑了之。

自從喜歡上了釣魚，武宗就樂此不疲。

可是，由於武宗此前一直生活在紫禁城裡，是個十足的旱鴨子。正德十四年（一五一九）秋天，明武宗在積水池釣魚時，不幸落水，被溺後患上了肺炎，次年不治身亡。

雖然《明史・武宗本紀》對武宗的評價不怎麼樣，但很多明朝人還是很贊同武宗的。

萬曆朝的何喬遠在《名山藏》武宗本紀裡就說：「帝留意戎事，慨然有肅清海宇、鞭笞夷虜之志。」

歷經成化、弘治、正德、嘉靖四朝的名相楊一清誇讚武宗，說：「主上之剛斷，又豈近代人主之可及哉！」

歷史上絕無僅有由清一色少女發動的起義

明朝的嘉靖皇帝朱厚熜絕對算得上是一個幸運兒。

首先，他一共有四個兄弟姐妹。他的哥哥在人世存活的時間只有五天，也就是說，才出生五天就夭折了。他的大姐姐命運要好一點，是在人世存活了四年，即四歲時才死掉的。他的二姐姐命運更好一點，是在人世存活了十年，即十歲時才死掉的。

大哥哥和大姐姐死的時候，朱厚熜還沒出生；二姐姐死的時候，朱厚熜的年紀是六歲。

而到朱厚熜十三歲時，他的父親也病死了。

注意，朱厚熜的父親並不是皇帝，只是大明宗室的一個藩王。

說朱厚熜是幸運兒，那是指他命好，得到老天的眷顧。試想想看，父親、兄弟姐妹都死了，說明他的家庭成員身體體質都很差，生命很脆弱，稍有點風吹草動，就會閉上眼睛離開人世，而朱厚熜仍能全須全尾地活下來，難道不是一種幸運嗎？

但朱厚熜的幸運遠不止於此，十五歲那年，他的堂兄、當朝皇帝正德帝朱厚照病死了。正德帝的母親張皇太后和內閣首輔楊廷和通過討論決定，由近支的皇室、同為弘治帝孫子的朱厚熜繼承皇位。

就這樣，朱厚熜撞上了大運，名正言順地當上了皇帝，是為嘉靖皇帝。

當上了皇帝的朱厚熜特別注重保養自己的身體，畢竟，和他那些死去的哥哥姐姐一樣，嘉靖皇帝也是個病秧子。

嘉靖皇帝有兩個專門幫助他保養身體的私人醫生。

其實，這兩個私人醫生的本職工作並不是行醫，他們是兩個捉鬼驅邪的道士，一個叫邵元節，一個叫陶仲文。

嘉靖皇帝寵信他們，是因為他們的確有兩下子。

比如說，嘉靖皇帝即位後，擁有後宮佳麗三千，卻沒能使其中一個孕育出皇家新生命。服了邵元節和陶仲文配製的藥物，後宮的妃嬪就恍如母雞下蛋一樣，不斷誕下皇子皇女。

既有後宮佳麗三千可供淫樂，又有兩位「法術」高強的醫生兼道士為自己的身體保駕護航，嘉靖帝幸福極了。

可是，就在這樣的幸福中，一件詭譎無比的事件發生了……

嘉靖二十一年（一五四二年）十月二十一日的夜晚，嘉靖皇帝在服用了邵元節和陶仲文配製的丹藥後，來到了一個封為「端妃」的曹姓寵妃的住所安歇。

曹妃的這個住所名叫「翊坤宮」，和皇后居住的「坤寧宮」相距不遠。

曹妃長得花容月貌，深討嘉靖帝歡心，是嘉靖帝現階段的枕邊紅人。

當夜，曹妃侍奉皇帝歇息了，便去沐浴更衣。

一群窺伺已久的宮女們悄無聲息地潛了進來，她們看嘉靖皇帝已經睡熟，就一擁而上，按手的按手、抱腳的抱腳，死死地將嘉靖帝控制住。

燭光搖曳中，嘉靖帝猛然從夢中驚醒，睜眼看到這一張張殺氣騰騰的俏麗面孔，驚呆了，大聲地呼叫了起來：「救——」只一個「救」字出口，他的嘴巴就被一塊黃綾抹布給塞上了，只發出呼呼的聲音。

嘴巴雖然被塞住了，但嘉靖帝的眼睛看得清清楚楚，這些對自己要動粗的人竟然是皇宮裡那些向來低眉順眼的宮女！

她們……她們想要幹什麼？

嘉靖帝又驚又怒，全身毛孔擴張，兩眼驚恐萬分地看著旁邊一個宮女將一條大繩索套到自己的脖子了——啊？她們是要勒死朕啊！嘉靖帝嚇得一魂升天、二魂出世，眼球一翻，當場昏厥了過去。

嘉靖帝的判斷一點兒也沒錯，對他動粗的全是宮裡的宮女。

按住嘉靖帝前胸的宮女名叫邢翠蓮，按住嘉靖帝上身宮女名叫王槐香，按住嘉靖帝左右手的宮女名叫蘇川藥、關梅秀，按住嘉靖帝兩腿的宮女名叫劉妙蓮、陳菊花，用布塞住嘉靖帝嘴巴的宮女名叫姚淑皋，將繩索套到嘉靖帝脖子上的宮女名叫楊金英。

姚淑皋用布塞住了嘉靖帝的嘴後，又用手緊緊地掐住嘉靖帝的脖子，待楊金英拴好繩套，姚淑皋放開嘉靖帝的脖子，正在按嘉靖帝右手的關梅秀則放開嘉靖帝的手，兩人一左一右，用力去拉繩套。

繩套一寸寸收緊，嘉靖帝即將就此歸天！

就在繩套收緊到嘉靖帝的脖子附近時，現場所有宮女的心臟都劇烈地跳動起來。

可是，眼看就要大功告成，繩套卻拉不動了！

怎麼回事兒？

原來，由於過於緊張，楊金英將繩子繫成了死結，怎麼也收不緊。

不行，重來重來！

眾宮女趕緊七手八腳地去解那繩結，可是，姚淑皋和關梅秀拉繩時用力過猛，繩結打得太緊，一時半會竟然又解不開。

眾宮女急得團團轉，豆大汗珠從額頭上滾下。

這解繩的過程，不過是短短的一瞬，但對於這些宮女來說，卻像是過了一個世紀。

有人開始動搖了，認為繩結拉不緊、解不開，全是天意，這皇帝是真龍下凡，命不該絕。

有一個名叫張金蓮的宮女越想越怕，竟然自亂方寸，乘亂溜出，直奔皇后住的坤寧宮自首去了。

實際上，從翊坤宮到坤寧宮還有好長一段距離，如果張金蓮不去自首報案，一時半分，根本無人得知翊坤宮裡面的情況。

何況，明朝皇帝的寢宮是紫禁城內的乾清宮，又有誰會預料得到皇帝今晚是睡在翊坤宮呢？又更會有誰會想得到翊坤宮的宮女正在發動了一場雖小卻足以致皇帝於死命的起義呢？

住在坤寧宮的是嘉靖皇帝的第三位皇后方皇后。方皇后聽說一群宮女謀殺皇帝，大吃一驚，連忙帶人趕往翊坤宮救駕。

聽到外面嘈雜聲起，正在忙著解繩的宮女急了，紛紛拔下自己的金釵、銀簪，沒頭沒臉地往嘉靖皇帝的身上亂扎亂刺。

嘉靖皇帝痛醒過來，看了這個陣勢，瞠目結舌，嘴裡只發出呵呵的聲音，動彈不得。

姚淑皋回頭看見方皇后搶身進來，倒吸一口涼氣，跳起來，劈頭一拳打去。

王秀蘭和陳菊花分頭吹滅燈燭，寢宮內陷入短暫的漆黑之中。

過來把燈撲滅。

跟隨在方皇后身後的總牌宮女陳芙蓉取出火摺子點上了其中一盞宮燈，徐秋花、鄭金香兩人同時搶身過來把燈撲滅。

陳芙蓉見勢不妙，轉身呼叫宮中內侍。

楊金英等人知事不可為，只得拋下皇帝，四處奔逃。

但在這皇宮內院之中，根本無可逃遁，不多一會，全都一個不漏地被抓了起來。

方皇后一面讓人解開套在皇帝脖子上的繩索，一面派人召來御醫。

此時的嘉靖皇帝，被宮女的一頓亂捅亂戳所嚇，又昏了過去。他的身上雖然布滿了斑斑血跡，但傷勢並不太重。

方皇后隨後著令司禮監審訊楊金英等人。

司禮監對楊金英等人進行嚴刑拷打，得出的結論是：嘉靖二十一年十月二十一日，奉懿旨（方皇后的命令）：「好生打著問！」得楊金英，係常在、答應（低級宮婢）供說：「本月十九日，有王、曹侍長（指寧嬪王氏、端妃曹氏）在東梢間點燈時分，商說：『咱們下了手罷，強如死在手裡！』（「手」字前可能漏一個「他」字，指嘉靖皇帝，錄供時或有意避諱）楊翠英、蘇川藥、楊玉香、邢翠蓮在旁聽說，是楊玉香就往東梢間去，將細料儀仗花繩解下，總搓一條。至二十二日卯時分，將繩遞與蘇川藥，蘇川藥又遞與楊金花拴套兒，一齊下手。姚叔皋掐著脖子。楊翠英說：『掐著脖子，不要放鬆！』邢翠蓮將黃綾抹布遞與姚叔皋，蒙在面上。邢翠蓮按著胸前，王槐香按著身上，蘇川藥拿著左手，關梅秀拿著右手，劉妙蓮、陳菊花按著兩腿，姚叔皋、關梅秀扯繩套兒。張金蓮見事不好，去請娘娘（方后）來。姚叔皋打了娘娘一拳。王秀蘭打聽（當作發）陳菊花吹燈。總牌陳芙蓉說：『張金英叫芙蓉來點著燈。徐秋花、鄧金香、張春景、黃玉蓮把燈打滅了。』芙蓉就跑出叫管事牌子來，將各犯拿了。」

司禮監的最終提議是：「楊金英等同謀弒逆。張金蓮、徐秋花等將燈撲滅，都參與其中，一併處罰。」嘉靖帝昏迷未醒，方皇后代行傳旨：「這群逆婢，並曹氏、王氏（指寧嬪王氏、端妃曹氏）合謀弒於臥所，兇惡悖亂，罪及當死，你們既已打問明白，不分首從，都依律凌遲處死。其族屬，如參與其中，逐一查出，著錦衣衛拿送法司，依律處決，沒收其財產，收入國庫。陳芙蓉雖係逆婢，阻攔免究。欽此欽遵。」

刑部等衙門領了皇命，執行後回奏：「臣等奉了聖旨，隨即會同錦衣衛掌衛事、左都督陳寅等，捆綁案犯赴市曹，依律將其一一凌遲處死，屍梟首示眾，並將黃花繩、黃綾抹布封收官庫。然後繼續捉拿各犯親屬，到時均依法處決。」

按照錄取的口供和處理結果來看，這次宮女起義的主謀應該是寧嬪王氏和端妃曹氏。

究其原因，嘉靖帝自嘉靖元年大婚後，身體一直虛弱，長達十五年沒生有皇子。嘉靖十五年，服用了道士邵元節、陶仲文配製的藥後，寧嬪王氏為嘉靖帝生了一個兒子。按慣例，嘉靖帝應該將她由嬪晉升為妃，可嘉靖帝卻選擇性地遺忘了，既沒有獎賞，也沒有給予晉封。這就構成了寧嬪王氏的殺人動機。

但是，這個理由並沒有太多的說服力。要知道，一個生有皇子的妃嬪不可能為了爭寵而甘冒慘遭滅族的風險鋌而走險，而十幾位宮女也不可能為給主人爭寵不顧一切謀害皇帝。

相對這個官方給出的判處結果，人們更願意相信另一種解釋：嘉靖帝聽信道士讒言，認為將處女月經和藥粉經過拌和、焙煉，可以煉成長生不老藥。嘉靖帝為了採得足夠的煉丹原料，強迫宮女們服食催經下血的藥物，常常使宮女失血過多甚至血崩，當場喪命。楊金英等目睹死者慘狀，兔死狐悲，自知此災難早晚落到自己頭上，決定放手一搏，與嘉靖帝拚個同歸於盡。此次事件，史稱「壬寅宮變」。

宰相張璁與楊一清本是匡扶社稷的戰友，為啥友誼的小船說翻就翻？

一九一〇年秋，十六歲的毛澤東在湘鄉東山高等學堂信筆摘錄了一首以青蛙為題的詩，該詩將一隻小小的青蛙寫得氣魄宏大、虎虎生威，與少年毛澤東抱負和胸懷非常貼切，既嘲諷和蔑視了那些富豪子弟，又充分地表達了一種敢為天下先的勇氣和領導群倫的英雄意識。

這是一首七言古風，詩云：

獨坐池塘如虎踞，綠蔭樹下養精神。
春來我不先開口，哪個蟲兒敢作聲？

湖北省毛澤東詩詞研究會副會長何聯華先生在《毛澤東詩詞新探》一書中特別注明，這首詩原作者其實是明代張璁，個別文字上出入，原詩為：

獨蹲池邊似虎形，綠楊樹下養精神。
春來吾不先開口，那個蟲兒敢作聲！

璁，原意是明亮光潔。張璁，人如其名，是一個畢生都追求高風亮節的人。他是明代的大文學家、大史學家，更是一個大政治家，著有《禮記章句》、《大禮要略》、《羅山文集》、《杜律訓解》、《諭對錄》、《欽明大獄錄》等，曾官至內閣首輔，在位期間清廉奉公，又被賜稱為太師，卒謚文忠，為明朝大改革的開啟者。

寫這首詩的時候，張璁還是一個頑劣少年。

據說，那是某天午間，乘講學的老師出去了，張璁便偷偷從學堂跑出，逃課，到池塘邊玩水。老師回來後得知，非常生氣，趕到池塘邊揪住張璁的耳朵，罰跪，讓他跪在草地上。

池邊樹下有一隻青蛙鼓著眼呆呆坐著，張璁目不轉睛地看著青蛙，看得趣味盎然，殊無罰跪之苦。

老師又好氣又好笑，對他說：「就以青蛙為題，你做一首詩，做得好，就讓你起來。做不好，就繼續跪。」

小張璁略加思索，張口就來，一口氣吟出了上面那首〈詠蛙〉古言。

老師聽了，驚得下巴差點掉下在地，情不自禁地摸摸張璁的小腦袋，讚嘆說：「做得真不錯，雖說押出韻了，三個韻腳押了三個韻部，但你小小年紀，有這等氣魄，他年定有所作為，快起來吧，以後要好好學習！」

張璁也很聽老師的話，發憤讀書，對《三禮》（《周禮》、《儀禮》、《禮記》）造詣頗深。

弘治十一年（一四九八年），張璁中舉人。

不過，中舉人後，張璁的科舉之路就開始停頓了，連續考了七次都不得第。

當然，我們可不能因為這個而對張璁的學識和智商產生懷疑。

自古以來，文無第一、武無第二，單憑科舉考試的一篇八股文而全面評定一個人的能力，那肯定是有失偏頗的。

舉個例，比張璁稍後一點的大散文家歸有光，被黃宗羲推崇為明文第一人，是「唐宋八大家」與清代「桐城派」之間的橋樑，被稱為「唐宋派」，他的文才學識是世所公認的，可是他比張璁更慘，嘉靖十九年舉人，會試落第八次，六十歲方成進士，難道也因此說歸有光是一代蠢才？

所以，有人拿科場得意的楊廷和、楊慎父子和張璁相比較，認定楊氏父子的能力、智商和才幹都要甩張璁好幾條街，這是不對的。

科考的評判標準不夠客觀、不夠科學，學非所用，所選非人等種種缺陷，也就成為了張璁入閣後不遺餘力地對科考進行整頓的重要原因。

張璁第七次落第後，一度對科舉不再抱希望，準備到吏部去等候選派。御史蕭鳴鳳善鼓勵他說：「你再考一次，一定可以中進士，用不了幾年，你就會飛黃騰達的。」懷抱濟世治國之志的張璁聽從了他的勸告，於正德十六年（一五二一年）再考，終於榮登黃榜。

這一年，張璁已經四十七歲了。

也在這一年三月，正德帝朱厚照病死了。

正德帝無子，遺詔迎取堂弟朱厚熜為帝。

十四歲的朱厚熜驀登大寶，有心追尊生父興獻王朱祐杬為皇考，從而引發了明朝歷史上著名的「大禮儀事件」。

張璁在該事件中脫穎而出，最後順利入閣。

很多人很不屑張璁在這場事件中的表現，認為他是譁眾取寵、媚上、藉機上位，是一場處心積慮的投機行為。

其實，張璁面對以首輔楊廷和和內閣一班老臣為首的強大文官集團，挺身而出，強挑橫樑，替年幼的朱厚熜抱打不平，仗義執言，一方面是他耿直不屈的性格使然，另外，在舉進士第之前，張璁在家鄉溫州大羅山的東麓瑤溪創辦了羅峰書院，和心學創建人王守仁有一定交往，受王守仁思想影響較深，認為強行制止別人認父、認母是在根本上有違人情、人性的，這樣，即使張璁只是一個連正式官職都沒有的「觀政進士」，他也無法保持沉默。

退一步說，即使張璁是有意藉這機會上位，動機沒那麼純粹，但他本身就有「臥龍」式的抱負，能抓住機會上位，進而在政壇上大施拳腳，實現自己的政治抱負，為國家、為天下蒼生造福，這也沒什麼不對。

張璁在十三歲時，曾作〈題族兄便面〉詩，詩云：

> 有個臥龍人，平生尚高潔。
> 手持白羽扇，濯濯光如雪。
> 動時生清風，靜時懸明月。
> 清風明月只在動靜間，肯使天下蒼生苦炎熱。

而在創辦書院時，他也作有〈羅峰書院成〉寄託情懷：

> 蒼生有望山中相，白首願觀天下平。
> 青衿登進樂相與，日聽滄浪歌水清。

從這些詩作所反映出的情懷和心態來看，張璁本質上就是一個一心為國為民的高士。

而從他在大禮儀中勝出、入閣執掌治理天下大權後的所作所為來看，他也的確是棟樑之材，有擎天的魄力與能力。

蔡美彪主編的《中國通史》第八冊說：「張璁以進士而入居內閣，始終清廉自守，博學明辨，而又勇於革新，可謂嘉靖朝難得的賢相，也是明一少有的閣臣。」

那麼，我們來看看，張璁入閣後，都做了哪些有影響的大事呢？

前面我們提到過張璁有對科舉制度進行改革的事。

科舉發源於隋唐，經過數百年發展，到了明朝，該制度可謂日臻完善。但也暴露出越來越多的弊端。正德時期的國子監祭酒陸深就不無憤慨地說過「舉天下之人才皆誤於科舉」之類的話。

張璁自小才學過人，但受科舉制度的限制，白白耗費了二十多年的時間和精力在科考上，人生的青春和黃金年華就在尋章摘句中不知不覺地流逝，感慨更多。

從政後，他決心整治流弊，著手對該制度進行多方改革，重新規定考試文體，強化學校的教育功能，重在考察應試者素質，推行三途並用之法，改革用人制度。

在張璁的苦心運作下，一時間，「人思奮庸，賢才輩出而無滯」。

明代名臣張居正在萬曆三年（一五七五年）對張璁整頓學政的成就給予了極高的評價，稱讚嘉靖年間的學政風氣是「士習儒風，猶為近古」。

而經張璁改革的科舉制度，不但終有明一代再無改變，到了清代，統治者仍然沿襲奉行，一直沿用了四百多年。

另外，明代到了嘉靖時期，土地兼併問題已經很突出了，皇宮、王府及勳戚佔有了大量的土地，許多權貴豪奴和地方惡棍，妄指民田為官田，奪取農民田地，使得大批農民淪落為流民，造成了巨大的動盪因素。

張璁深知其中危害，大規模清田，一舉消除了明代百年積弊的勳戚莊田，緩和了社會矛盾，解決了國計民生，使社會秩序趨向穩定。

《明史・本傳》因此稱「海內大治」，張璁功不可沒。

《明經世文編》也稱張璁：「功在社稷，莫大於是。」

明人黃光昇的《昭代典則》更稱張璁的功勞「萬世不可泯也」。

張璁在閣十年，任首輔六年，以身許國，在其所進行的一系列轟轟烈烈的政治改革中，最令人稱道的是對宦官和貪官汙吏的整治。

莊田膨脹、宦官干政、貪官汙吏，是明代正德期間三大弊政。張璁入閣後以「獨坐池塘如虎踞」的氣勢，在「綠蔭樹下」養足「精神」，然後採取了不事聲張的剝洋蔥方式，在浙江、兩廣、福建、獨石、永寧、萬全等處一層層剝奪鎮守中官的權勢，先裁革掉分布於內地的鎮守內官，再後革除邊鎮鎮守中官，最終清除了長期以來鎮守太監亂政害民之弊，使地方政治趨於清明。

史家有口皆讚，縱觀明朝三百年，也只有大明開國之初和嘉靖期間沒有出現過太監弄權把持朝政的局面。

明朝人李樂對張璁裁革中官之舉給予較為全面、客觀的評價，稱：「蓋自漢唐宋元以來，宦官斂戢，士氣得伸，國體尊嚴，未有如今日者，誠千載一時哉！」

其實，裁革中官和大規模裁革冗官是同步進行的。

張璁出身平民草根，對貪官汙吏的種種為非作歹行為再清楚不過。故此，他在掌管都察院時，就嚴監察制度，重法司之權，先後兩次罷黜、更替了不稱職的御史和巡按御史二十五人，致力於嚴肅風紀，整頓官員作風，主張任用官吏不應受資歷限制方面，只要廉潔愛民，就可以不拘一格，重點培養，推舉任用。

這其中，有兩件事頗值一說。

其一是吏部侍郎徐縉因徇私舞弊經舉發受都察院勘問，徐縉為了逃脫法律制裁，在一個大酒罈子裡裝滿了黃澄澄的金子，外書「黃精白蠟敬壽」六字送給張璁。張璁當然知道他內心的小九九，先不點破，而等賓客聚齊，這才當眾敲開酒罈，公開暴露徐縉的行賄行為，由法司審問，依照犯罪證據的事實，將其削職為民。

這件事幹得乾淨漂亮，朝野頓時震肅，京官和地方官的貪汙納賄行為，大為收斂。

可以說，張璁居朝十載，不進一內臣，不容一私謁，不濫蔭一子侄，唯才是用，堪為百官之楷模。

張璁就是這種出於汙泥而不染的人。

在五十歲的大年三十晚，張璁還作詩嘆息：「一飯還三嘆，黎民正阻飢。」心憂民間疾苦，眼中根本容不下貪官汙吏的作威作福，所以，他處理起問題官員來雷厲風行、不留情面。

而與張璁形成對照的是首輔楊一清的表現。

楊一清是南直隸鎮江府丹徒（今屬江蘇）人，成化八年進士，歷經成化、弘治、正德、嘉靖四朝，為官五十餘年，官至內閣首輔，號稱「出將入相，文德武功」，人們常拿他和唐代名相姚崇相提並論，稱「其才一時無兩，或比之姚崇云」。

楊一清最大的功績就是在正德五年平定安化王朱寘鐇的反叛，並且在平亂中勸動了宦官、監軍張永剪除大權奸劉瑾。

說起來，張璁能在「大禮儀事件」中崛起，其背後是離不開楊一清的支持的。

試想，新科進士張璁無權無勢、人小言微，拿什麼跟重量級的人物楊廷和等人鬥？是楊一清的參與，使得勝利的天平傾斜向了張璁這一邊。張璁本人也承認：「當群議喧騰之時，得老成大臣贊與一言，所助亦不少矣。」

不過，從另一個方面來說，誠如張璁在回憶中所說：「議禮之初，一清家居，見臣〈大禮或問〉，極稱為正論，以釋群疑。」「大禮儀事件」前，楊一清賦閒在家，明顯屬於政治失意狀態，偶然看了張璁的〈大禮或問〉，拍案叫絕，對門人喬宇說：「張生此議，聖人復起，不能易也。」因此堅決站在張璁一邊，與張璁並肩作戰——這又何嘗不是楊一清政壇復出的一項投機行為？

《明史・張璁傳》言：「一清再相，頗由璁、萼力。」嘉靖六年（一五二七）二月，費宏被趕出內閣，楊一清成為了首輔。

在政治改革中，與張璁堅決標本兼治的決然、毅然精神不同，楊一清與舊勢力有許多說不清、道不盡的聯繫，「只緣身在此山中」，他只能從枝葉而非根本上進行整治，而且，與張璁的激進、實幹作風不同，楊一清生性好「清靜」，一生倡導「宥過」，顯得溫和、保守。還有，楊一清與宦官張永等關係很深……也就是說，政見的分歧，政治主張和政治舉措以及所處政治環境的不同，曾幾何時，這對並肩戰鬥、匡扶社稷的合作者，不可避免地進行了決裂，最終勢成水火，反目成仇。

嘉靖八年（一五二九年）九月，楊一清罷相，張璁為首輔。

不過，在嘉靖帝準備嚴懲貪賄的楊一清時，還是張璁三上密疏，請求寬宥，說了一些「保全一清，實所以促使臣等也」的話。這也是張璁忠恕仁厚之風的表現。

嘉靖十三年（一五三四年），張璁進少師兼太子太師、華蓋殿大學士。

嘉靖十四年（一五三五年），張璁體疾，屢疏致仕，嘉靖不批准，「為之親製藥餌」。最後出現了張璁在朝房值班時昏暈過去不省人事的險情。

這樣，嘉靖在不得已的情況下才同意張璁致仕回家調養。

這之後，嘉靖多次派人去溫州瑤溪貞義書院看望張璁，並幾次下旨召張璁到京復任，但都因張璁身體不好未能到京。

嘉靖十八年（一五三九年）二月，張璁病歿於溫州，卒年六十五歲。

嘉靖傷悼不已，下詔祭葬有加，贈太師，謚文忠。

明朝第一大奸臣嚴嵩真有《明史》描述的那麼奸嗎？

關於《明史》的撰修，明清史專家顧誠認為，清朝統治者是非常重視的，只不過，他們的著眼點與其說是編纂前朝信史，不如說是首先為自己的政治利害考慮。康熙皇帝深知自古無不亡之國，所以指示《明史》官臣特別要注意避免把明朝皇帝說得太壞，以免「本朝」傾覆之後，史家秉筆直書，落個千古罵名。負責纂修明史的官員遵照了這一旨意，儘量對明代皇帝的過失點到為止，而把明朝覆亡的責任推到大臣、太監身上。列名於《明史‧奸臣傳》的有胡惟庸、陳瑛、嚴嵩、周延儒、溫體仁、馬士英。把這些人物同當時的政局聯繫起來考察，不難發現他們在很大程度上是一批替罪羊。

原本，「人」是一個很複雜的個體，作為政治人物，往往會集是非功過於一身，很多東西並非都是像想像中那麼黑白分明、忠奸立判。政治人物所做的事、所說的話，很難一言以蔽之其好壞對錯。就因為簡單武斷地把他們列入專門開闢的〈奸臣傳〉中，把他們臉譜化了，非常不利於後世研究歷史的人開展研究工作。

再有，誰是好人、誰是壞人，誰是忠臣、誰是奸臣，當界線模糊時，就完全取決於撰史者的主觀意願和感情取向了。

另一個明清史專家謝國楨直言，《明史》出於東南文人之手，於江浙文人尤其是東林黨人多立佳傳。自明嘉靖以後，內閣柄政大臣，多為東南縉紳所操持，一脈相承，當時謂之「傳衣缽」。

這種「一脈相承」不但體現在東林黨誕生之後，也可以上溯到東林黨誕生以前。像周延儒、溫體仁、馬士英這些人之所以成為臭名昭著的大奸臣，就完全是拜「東南文人」所賜。

關於周延儒，清朝趙翼的評論是，周延儒的能力是欠缺了點，但要說他是奸臣，那就太過了。關於溫體仁，曾任崇禎、弘光兩朝給事中的李清認為，溫體仁長於心計，決斷能力一流，不足之處就是為人太過圓滑了點。

關於馬士英，其實，馬士英的本質和史可法是相同的，他們的結局也都一樣壯烈，可一入了《奸臣傳》，就被永遠釘在恥辱柱上了。

眾多明朝「奸臣」中，名聲最臭的，則又非嚴嵩莫屬。

而嚴嵩之所以高居奸臣榜之首，主要是他的政敵除階，以及明代文壇領袖和著名史學家王世貞搞的鬼。

編著《明史》，就肯定會參考官修的《明實錄》。

而《明實錄》中《明世宗實錄》的檢修大權就掌握在徐階的手中。

徐階踩倒了嚴嵩繼任首輔，當然要抹黑嚴嵩。

而王世貞是和嚴嵩有生死過節的。王世貞的父親王忬為嘉靖二十年進士，嘉靖三十八年，在總督薊遼右都御史兼兵部左侍郎任上，以灤河失事論死。王世貞為救父親性命，與弟王世懋每天在嚴嵩門外跪求嚴嵩出手幫忙，以得寬免。但王忬的失職，責任就在於平日疏於練兵，而當時朝廷對待督撫邊將失守律法極嚴，嚴嵩雖然出面求情，世宗仍是親自指示將之處斬。王世貞不管三七二十一，硬是把這筆帳記在嚴嵩的頭上，認定是嚴嵩害死了自己的父親。

徐階看中王世貞「能以毛錐殺人」的手段，給他提供方便，「盡窺金匱石室之藏」，助他作《嘉靖以來首輔傳》，讓他在其中的〈嚴嵩傳〉中配合自己給嚴嵩潑髒水。

王世貞的《嘉靖以來首輔傳》影響力巨大，《明史・嚴嵩傳》就沿襲了王世貞所作《嘉靖以來首輔傳》中的〈嚴嵩傳〉舊文。

王世貞抹黑嚴嵩，主要是從如下幾方面入手：

一、誣陷嚴嵩「竊國權柄」

其實，嚴嵩並非大權獨握，當時掌權的還有勳臣朱希忠、都督陸炳。再說，內閣的首輔一旦擁有了人事任免權，當然會是收羅人才以待己用的。此前的張璁、夏言和此後的徐階、張居正莫不如此。而嚴嵩在安插人才的時候，就遭到了吏部許贊等人的彈劾。大家都說趙文華是嚴嵩的親信，趙文華要推薦胡宗憲總督倭事，也遭到了吏部尚書李默的阻撓。即使是在嚴嵩在朝後期，他不遺餘力地援引自己的親戚歐陽必進做吏部尚書，但也只是幹了幾個月就被辭退了。所以，說嚴嵩「竊國權柄」，其實是誇大其詞了。

二、誣陷嚴嵩只知道討好世宗、不作為

嘉靖朝屬於大明王朝中期，天下承平日久，衛所軍隊的訓練素質大為下降，而邊防設備多已陳舊不堪，東南的海防更是形同虛設，財政方面也不容樂觀。

嘉靖二十七年，邊將曾銑曾向世宗提出要統兵十二萬，用三年時間收復河套。曾銑自己的財政預算是，如果進展順利，則花費四百五十萬兩白銀就可以成就這不世之功業。注意，曾銑說的是在進展順利的前提下的，如果遇到挫折，或者打成了爛仗、敗仗，後果就不好說了。

另外，這所謂的「不世之功業」，只是把蒙古人驅逐到陰山以北。由於河套地區太大，即使收復了，大明軍隊也不可能全面防守，而要沿陰山修建新的長城防線，一來工程量過大，二來防線過長，後勤補給難於跟上，那麼收復河套只能是暫時，不能長久。

而由於葡萄牙人佔據了浙江舟山附近的雙嶼島，將東南亞國家到中國參加朝貢貿易的船隊納入自己的管理，已對中國海防構成了威脅。

也就是說，南北同時發生了邊患。

嚴嵩經過反覆權衡，否決了曾銑的提議。

這一年（嘉靖二十七年），右副都御使朱紈進剿雙嶼島。

可是，世宗還是念念不忘曾銑的提議，第二年（嘉靖二十八年）二月，他對嚴嵩說，朕要效法太祖、成祖和武宗親率大軍前去北方巡邊。

嚴嵩的回答是，偶有侵犯之患，不足構成大害。

一個月之後，世宗再次向嚴嵩說起同樣的話。

嚴嵩只好明確回答，南方已經全面展開平倭戰爭，國家軍事重心已經南移，不宜再在北邊開展軍事行動。

嘉靖三十年，發生了庚戌之變。

這場變故其實是證實了嚴嵩的正確判斷。

但在這場變故中，大明被迫接受了城下之盟，答允和韃靼人通市。

一時間，天下眾口一致唾罵嚴嵩喪權辱國，罪該萬死。

嚴嵩卻很沉得住氣，仍然堅定貫徹此前制定的抗倭戰略，在北方戰場採取堅守措施，而把大量的資源源源不斷地投到南方戰場。

在嚴嵩的堅持下，倭寇最終被徹底消滅了。

南方戰事結束，軍事重心重新北移，蒙古人也老實了。國家很快恢復了先前的太平。

憑什麼說嚴嵩只知道討好世宗、不作為呢？

西苑萬壽宮失火被焚，世宗打算重修，嚴嵩也有苦口婆心地規勸世宗不要大興土木，要世宗居住在以前英宗居住過的宮殿。

三、誣陷嚴嵩屠害忠良

大家都認為，夏言、張經、李天寵、楊繼盛等人是忠良，他們被嚴嵩害死了，那嚴嵩當然就是大奸臣了。

不妨先來看看這幾個人的「被害」過程。

夏言擔任首輔的時候，嚴嵩擔任次輔。嚴嵩並不是品格高尚的人，坐在那個位置，他是很想扳倒夏言以取代之的。當夏言的岳父蘇綱和曾銑的兒子出現了私通賄賂問題，嚴嵩就與邊將仇鸞合作，告發了夏言。世宗處理夏言的手段很果斷明快，以「邊將結交近侍」罪下令將之殺掉。嚴嵩大出意料，這個並不是他想要的結果，他也因此連續六次上書，請求皇帝赦免夏言的死罪。但「邊將結交近侍」自古以來就是大罪，沒有起到效果。

至於張經、李天寵之死，按《明史》的說法，是趙文華要搶奪張經在王江涇大捷的功勞，因而將誣劾他們，致使他們被殺。

事實果真如此嗎？

張經和李天寵手掌江南地區兵權，卻在很長一段時間毫無作為。

其實，張經和李天寵內心是很想有一番作為的，但他們認為沿海地區的軍隊不能打，就一心等著從湖南調來的土家族狼兵。前來督戰的趙文華催促他們出戰。但他們不但拒絕執行命令，也拒絕向趙文華做任何解釋。

這就是不做死就不會死了。

倭寇橫行東南大地，你們不但熟視無睹，還對督戰官員的命令置若罔聞，到底什麼意思？無論是誰，都會選擇上疏彈劾。

趙文華的彈劾奏章一上，張經和李天寵要等待的去援兵就到了，王江涇大捷就出現了。在世宗看來，不彈劾你們就不作為，一彈劾，馬上就有作為，這不是玩寇避戰是什麼？

於是，張經和李天寵就這麼告別人世了。

楊繼盛為了「邀譽賣直」，上〈請誅賊臣疏〉，歷數嚴嵩有「十大罪、五奸」，儼然有你無我、有我無你，其勢不共戴天。面對咄咄逼人的楊繼盛，嚴嵩也主動引退，一再請示休致。但世宗認為楊繼盛所奏空疏無實，挽留了嚴嵩，回頭把楊繼盛投入牢獄拷打問罪，最後以詐傳親王旨令判了絞罪。

四、誣陷嚴嵩貪汙

嚴嵩雖然沒有倒在楊繼盛的彈劾之下，但在嘉靖四十一年五月（一五六二年六月）被徐階等人成功整倒了。

徐階是一個很有手段的人物。大禮儀中，他看到楊廷和勢大，就站在楊廷和一邊，所上奏章措詞激烈，讓世宗恨得牙痛。在那段時間，世宗曾命人在皇宮的柱子上刻上「徐階小人，永不敘用」八個字。嚴嵩當權，徐階為了討好嚴嵩，把自己的孫女嫁給嚴嵩的孫子做妾。為了得到世宗的重用，他又投其所好地玩命撰寫青詞。這不，多年的努力沒有白費，他竟然成功地讓世宗忘了柱子上刻的那八個字，登上首輔之位。

徐階做事很絕，不給嚴家有任何復起的機會，誣捏嚴嵩的兒子嚴世蕃謀叛，把嚴世蕃往死裡整。結果，嚴世藩被殺和嚴嵩被抄家。

徐階上報朝廷查抄嚴家的結果是：金三萬兩千九百多兩，銀兩萬兩百多兩，田塘兩萬七千三百餘畝，甲第六千六百餘楹，還有不少的珍珠玉器鑲金杯盤等東西。

可是，搜查到的贓款只有十幾萬兩而已。世宗大為不滿，問徐階抄了幾百萬兩銀子都到哪裡去了。徐階很無恥地回答說，資財都被嚴嵩家人散逸轉移了，我奉詔徵追，搞得雞飛狗跳，江西全省鼎沸，這事，最好還是不要再追究下去了。

實際上，徐階是做賊喊捉賊。

要論貪汙腐敗，徐階就是天字號第一特大貪汙犯。他用他貪汙來的錢財在北京差不多買下了半條街，開了幾十間店，又在老家巧取豪奪了海量土地，後來海瑞查其家產，驚嘆其「產業之多，令人駭異」，田產高達四十萬畝，富甲天下。

說起來，嚴嵩當二十年首輔所積累的財富，還不到徐階當五年首輔積累的財富的十分之一。

若以貪汙論忠奸，那徐階絕對是個比嚴嵩奸得多的大奸臣。

徐階當上內閣首輔以後，除了引誘世宗修道造廟外，毫無建樹。

不難想像，如果徐階早上二十年取代嚴嵩，北方會不會發生類似「土木堡之變」的悲劇不好說，但東南倭亂一定會糜爛下去。

在「己未春闈案」被傷得最深的其實不是唐伯虎

明清科考分三個等級：鄉試、會試、殿試。

不過，讀書士子要參加科考，就先通過院試。

院試屬於縣級考試，考上了就取得參加科考考試資格，被稱為生員，也就是秀才。

科考中的第一級考試為鄉試，在各省省城（包括京城）舉行，屬於省級考試，每三年舉行一次，因在秋八月舉行，故又稱秋闈。由生員參加，考上為舉人，第一名叫解元。

鄉試後第二年，京城舉行會試，屬於國家級考試，因在春季舉行，故又稱春闈，由舉人參加，考上為貢士，第一名叫會元。

會試結束，被錄取的貢士就可以參加科舉制最高級別的考試——殿試，由皇帝在殿廷上親自策問，考上者為進士，第一名稱狀元（鼎元），第二名稱榜眼，第三名稱探花。

明弘治十二年己未（一四九九年），是三年一考的會試時間。

這次會試似乎有些不同尋常。

這不，會試結束，考試結果尚未出來，戶科給事中華昶突然給被公認為帝王典範的明孝宗上了一道奏疏，奏疏內容大致是：

> 國家以科考求賢，講求公平公正。今年會試，我聽文武官員公議於朝、私議於巷，都說翰林學士程敏政藉科考做黑暗交易，把考題出賣給考生。江陰縣舉人徐經、蘇州府舉人唐寅等狂妄考生，天奪其魄，得到考題後，或炫耀於眾，詢問於人。這種科考，乃是盛世所不能容。我身為言官，既知悉了此事，請求陛下特敕禮部重新核查考生答卷，凡經程敏政批閱過並擬取中的，必須由主考大學士李東陽會同五經同考官重加翻閱，以還天下一個公正。

此疏一上，舉朝譁然。

因為，華昶在奏疏中檢舉和彈劾的翰林學士程敏政是一個很有來頭的人。程敏政，南直隸徽州府休寧人，名臣程信之子。

程信為正統七年進士，曾在英宗北征時上疏諫止；英宗在土木堡被俘，瓦剌太師也先率大兵侵犯京師，程信督軍退敵有功。憲宗成化三年，四川、貴州發生叛亂，程信任兵部尚書，提督軍務，率師平蜀，也屢建奇功。程信晚年優遊山水之間，卒年六十三歲，贈太子少保，謚襄毅。

程敏政自幼聰敏，讀書過目成誦，人們把他比作東漢神童孔融和唐朝神童李泌。他在十歲時，被四川藩郡參政羅綺以「神童」薦舉入朝。明英宗喜其聰穎，供他在翰林院就讀。成化二年，程敏政參加會試，中一甲二名進士，為同榜三百五十餘人中年紀最少者。

弘治十二年這年，程敏政遷詹事府事禮部右侍郎事兼翰林院侍講學士，與太子少保禮部尚書文淵閣大學士李東陽擔任會試主考官。

當時，「學問該博稱敏政，文章古雅稱東陽」，程敏政和李東陽齊名，學問文章同為一時之冠。但是，程敏政自負學識過人，平日高步闊視，不把其他人放在眼裡，在朝中人際關係非常緊張。

華昶這一參劾，很多人幸災樂禍，靜看孝宗如何處置。

孝宗雖然敬重程敏政，但科考取士是國家重要舉措，也不敢怠慢，立即著令禮部從速處理此事。

禮部提供的意見是：華昶上這份奏疏，肯定是有所耳聞。但耳聞未必就是實，而且現在還沒有放榜，不知華昶所說從程敏政手中買考題的江陰縣舉人徐經、蘇州府舉人唐寅是否在中第之列。要深入調查，就需要時間。由此，請求推遲放榜時間，或二月二十九日，或三月初二日，同時令主考大學士李東陽會同五經同考官重加翻閱程敏政所看中的朱卷。

孝宗答允了禮部所請，定於三月初二日放榜。

於是，李東陽奉命會同五經同考官審查程敏政看過並擬取中的場中朱卷，同時又利用覆核的職權，黜落可疑的十三份卷子。

不日，李東陽與五經同考官奏報複查結果：華昶所提到從程敏政手中買考題的江陰縣舉人徐經、蘇州府舉人唐寅的彌封卷並不在中第之列。

既是這樣，事情已經很清楚了，華昶所劾，純屬捕風捉影、子虛烏有。

但那些平日看不慣程敏政的言官和某些朝中大臣提出了新的質疑，說，程敏政之前的閱卷與李東陽之後的閱卷二者之間有無作弊的地方，還得讓原考試官直接具奏，才能辨明是非，平息物議。

孝宗只好下令錦衣衛將華昶、徐經、唐寅三人執送鎮撫司，要求從公對問，審查明白。

徐經、唐寅一開始死活不肯承認買題之罪，在獄中受盡了毒打。

最終，徐經不得不鬆口，供稱程敏政嘗受其金幣，出賣試題。

這個時候，曾為同考試官的工科都給事中林廷玉上疏，說，我也知道程敏政是一雅士，但朝廷公道所在，我身為同考試官，認為程敏政在出題、閱卷、取人等重要關節上有六大疑點，不敢不言。本來嘛，諫官的職責就是得風聞而言政事，華昶的措詞雖有所不當，但為了公道人心，不為身家性命計。現在程敏政被彈劾，安然無事，彈劾者卻慘遭下獄；以後再有類似的事，誰還肯出面發言？不如將言官華昶、舉人唐寅和徐經釋而不問，將程敏政罷歸田裡。

林廷玉此疏一上，給事中尚衡、監察御使王綬等蜂擁而上，一致要求釋放華昶而逮捕程敏政。於是程敏政被詔逮下獄。

程敏政大呼冤枉，說，華昶所說徐經、唐寅皆不在中第之列，而李東陽覆核所黜落的可疑十三卷也沒有都經過我批閱，我要求召集全部同考試官及禮部掌號籍的官員當面對質。

孝宗沒有全部批准他的奏請，只同意他與華、徐、唐三人在午門前置對。

在這場置對中，程敏政與華昶展開辯論，華昶語塞不能言。

華昶參劾程敏政，原是受要奪程敏政職位的傅翰指使。

而華昶所謂程敏政「鬻題」的消息不過來自於一次酒後閒談。

華昶到一個馬姓侍郎邸寓喝酒，席中有來自蘇州府的舉人都穆。都穆，字元敬，原本是唐寅的朋友，卻對唐寅很不服氣。這次考完試，尚未出榜，都穆從道聽途說中得知唐寅考了第一，便心生嫉恨，乘著幾分醉意，對華昶說，徐經賄買程敏政的家奴，事先得到了考題，並曾告知唐寅，徐、唐二人考前演練作文，所以一舉高中。

俗話說，無風不起浪。

都穆之所以會這樣說，是因為唐寅和徐經、程敏政也的確走得很近。

唐寅，字伯虎，是蘇州府出了名的才子，於弘治戊午南闈獲中解元。主考官梁儲看他是個好苗子，還朝後，將他的文章出示給程敏政觀看，相與嘆賞。程敏政愛才惜才，就招唐寅往還門下。

徐經則是程敏政於弘治乙卯南闈所取舉人，本有師生名分。唐寅這次上京應考，就在程敏政的家裡，結識了徐經。

徐經其人「美而好學」、「富而能文」，家中多金，富甲一方，普通追求廉名的士子都不敢和他搞在一起。偏偏唐寅為人疏狂，不拘小節，和徐經天天廝混。徐經這次上京趕考，居然帶了一個家裡豢養的戲班子同來，招搖過市，成為了焦點人物，讓人側目。

徐經在置對中辯稱：「我來京應考，傾慕程大人的學問，曾出錢出物請求拜在他的門下學習。這期間，程大人偶爾講到可能會從三處地方出題。我因此與唐寅就以這三處地方練習作文章，不想這文章竟傳揚到了外界。恰好遇上了程大人主持本次考試，所出考題有他過去曾經提及過的相類，所以有人懷疑他賣題。實際上，我從未賄賂過程大人。此前不勝拷治，只好自誣。」

由此可見，徐經、唐寅只是「預作文與試題合」，而徐經並未賄程敏政，程敏政亦無「鬻題」之事。

但是，朝廷議論鼎沸，旬月不能平息。

孝宗只好以程敏政身為主考官，不知避嫌疑為由，勒令其致仕；而斥責徐經、唐寅抱僥倖之心求進，下令將之黜充吏役。華昶言事不察實，降職到南京任太僕寺主簿。

這種處置方式，等於是各打八十大板，公平公正。

但人們多感不平。

在結案之初，吏部左侍郎兼翰林院學士吳寬就說：我鄉友人唐寅只是到程敏政處往來幾次，有妒忌其名盛的小人，大加毀謗，終於落此下場。

該科殿試讀卷官王鏊後來也說唐寅「橫遭口語，坐廢」，語氣中飽含著深深的惋惜。

名士祝允明為唐寅大鳴不平，說唐寅有過人之傑，有高世之才，卻遭此不測之禍，可謂世間奇冤。

誠然，唐寅遭此打擊，被絕於仕途，妻離子散，生活潦倒，自甘墮落，讓人唏噓慨嘆。

但深究唐寅在這場災難中所蒙受的損失，實難與程敏政、徐經相較。

弘治十二年（一四九九）六月，剛出獄四天的程敏政，因悲憤於心、抑鬱於懷，患癰毒不治，憤恚而死。

程敏政原本身居高位，在治學上隱成一代文宗，在政治上躊躇滿志，可望有更大作為，卻因這場冤案丟掉了性命，還斷送了一世清名，豈不更可悲？

徐經也沒好到哪兒去。終其一生也沒能走出「黜充吏役」的陰影，到了正德二年，還上京奔走翻案，結果客死途中，時年僅三十五歲。曾是江南鼎甲的梧塍徐氏，也因這場變故，漸漸衰落。

名相張居正做過的噁心事

隋唐以降，科舉考試是政府選拔官員主要形式，隨著歷朝歷代的不斷補充、完善，科舉取士漸漸成為了國策之一。

為了保證取士的公平公正，當政者基本都會對作弊者處以嚴酷的懲罰，清代尤甚。

在清代，對作弊手法如臨場槍手、冒籍、頂替、夾帶、抄襲、傳遞之類，一般的懲處方式是枷號、斥革、刑責。而對於賄賂考官，或買考題、或請關照者，則會被判處死刑。

其中比較血腥的例子是雍正年間，河南學政俞鴻圖在鄉試前的洩露考題案。該案經查明，雍正帝判斬立決。據說，俞鴻圖死於腰斬，行刑時形狀甚為淒慘，上半截身體在地上打滾，口不能言，只用手指蘸上身上的血在地上連續寫了七個「慘」字，在痛苦中煎熬死去。

此外，順治年間，順天、江南、河南、山東、山西發生的「五闈弊案」，也是以江南闈十六名主考全部被斬決，數十人被判流放到遼寧尚陽堡、黑龍江的寧古塔告終。

相較而言，其他朝代的處置方式就溫和得多了。

比較嚴厲的，是發生在唐高宗龍朔三年（六六三年）主考官董思恭的「鬻題案」。在該案中，董思恭收受考生賄賂，洩露進士策問考題。醜事敗露後，三司會審初判朝堂斬決，但因董思恭認錯態度好，被免除一死，僅僅流放嶺南了事。

賄買考官之風因此在唐代科舉中最為盛行。考生的貴族官僚家庭無不行賄託請，從而導致唐代科考幾近有名無實。

晚唐詩人杜荀鶴才高八斗，卻屢試不第，因此作詩譏諷道：「空有篇章傳海內，更無親族在朝中。」

在這種風氣下，達官顯宦利用手中權勢強行干預科舉取士的事也屢見不鮮。唐玄宗朝的寵臣外戚楊國忠為了讓兒子楊暄高中，竟然公開對知貢舉者達奚珣進行迫脅，致使楊暄順利中第。

明朝的情形與唐朝有幾分相似，雖說在明初的「南北榜案」中，鐵腕人物明太祖朱元璋曾將有舞弊行為的主考官張信、白信蹈等人處死，在很長一段時間內震懾人心，嚴肅了考風。但隨著內閣制度的出現，內閣大學士具有特殊的權勢，卻又缺乏有力的監管部門，賄買考題一類弊象也就應運而出。甚至出現了更多的「楊國忠式」的無賴、無恥，又匪氣十足的作弊行為。

景泰七年（一四五六年），輔臣陳循、王文兩人的兒子在順天鄉試中落榜，他們便向景帝施加壓力，誣衊和詆毀主考官太常寺少卿兼翰林院侍讀劉儼、左春坊左中允兼翰林院編修黃諫，說這兩人出題乖僻，犯宣宗御諱，要景帝從嚴查辦。景帝不堪其擾，最後和稀泥，補錄了陳循、王文兩人的兒子。

正德三年（一五〇八年），輔臣焦芳的兒子焦黃中不學無術，但焦芳對兒子的期望值很高，「廷試必欲得第一」。也就是說，非狀元不可。考官不知好歹，將焦黃中排名在二甲第一。焦芳氣炸肺了，利用手中權勢，將參與會試的翰林官員進行降職處理。這回，出來和稀泥的是大太監劉瑾。劉瑾將焦黃中破格任為翰林檢討，隨後又升為編修，待遇跟狀元一個樣。焦芳還是不依不饒，認為有狀元之實而無狀元之名，不解心頭之恨，一天到晚詛咒主考官李東陽不得好死。劉瑾實在聽不下去了，塞了他一句：「你的兒子焦黃中昨天在我家做了一首詠石榴詩，平仄不協，狗屁不通，你怎麼只知道恨人家李東陽呢？」得，因為這一句，焦芳終於消停了。

明朝科考，最讓人詬病的是萬曆前期張居正三子中第案。

萬曆二年（一五七四年），張居正的長子張敬修參加會試，主考官是張居正同僚呂調陽。呂調陽平日唯張居正馬首是瞻。京城因此紛紛傳言：張敬修必中狀元！剛正不阿的海瑞海剛峰不信邪，寫信給呂調陽，要呂調陽老老實實秉公辦事，「勿失天下士人之心」。結果，這場考試張敬修遭落榜。則張居正失望之情，可想而知。

萬曆五年（一五七七年），張居正的次子張嗣修參加會試，成績不錯，是二甲第二名。張居正卻不滿意，在神宗欽定名次時，他通過神宗的母親李太后和專權太監馮保向神宗遞話，要求把自己的兒子置於一甲。神宗唯命是從，將原定為狀元的考生宋希堯和原定為榜眼的考生陸可教分別降置二甲，賜張嗣修為一甲第二名，即榜眼。另將與張居正關係密切的才子沈懋學定為狀元。

神宗是這樣對張居正說的：「先生大功，朕說不盡，只看顧先生的子孫。」

皇帝與內閣首輔共同參與科場作弊，足見考試風氣敗壞到了何種程度。

這還不算，下科會試，即萬曆八年（一五八〇年），張居正長子張敬修和一年前剛剛中舉的張居正三子張懋修同時參加。

值得一提的是，次輔張四維的兒子張泰徵，也是這一科的考生。

有了三年前張嗣修中榜眼的先例，好些衝著狀元、榜眼、探花來的飽學之士心涼了，還沒等到開考，就先行退出了。

這次，為了辦事方便，神宗直接免去讀卷官，親自把排在第三位的張懋修封為狀元。張敬修則名列二甲十三名，張四維的兒子張泰徵為二甲第四名。

二子同科中第，張居正喜不自勝，上疏謝恩。

神宗也喜孜孜地說：「先生忠孝傳家，朕心甚是喜悅。」

張居正後來在寫給山東按察使徐元氣的信中也坦承：「小兒冒竊高第，實出御筆親題。」

張居正的三子張懋修具備考上探花的實力，其實也很牛了，但通過這種方式霸佔了狀元，就很讓人瞧不起。

明人徐復祚《花當閣叢談》中說，殿試揭曉唱名的傳臚之日，張居正從閣部回來，全家舉杯痛飲，彈冠相慶。突然兵部送來緊急塘報，展報看時，卻是南宋人譏諷秦檜兒子中狀元之語：「老牛舐犢愛子誰無？野鳥為鸞欺君特甚！」這是專門噁心張居正的。

身為狀元的張懋修和身為榜眼的張嗣修同入翰林任史官，同僚都冷眼看待和孤立這兄弟二人，在背後指指點點，甚至寫譏諷的文字到處張貼。

京城還流傳起了一首打油詩：「狀元榜眼俱姓張，未必文星照楚邦。若是相公堅不去，六郎還作探花郎。」

詩的意思顯而易見，即狀元、榜眼都是你張居正的兒子，這並非天上的文曲星下凡到你家了。如果你一直在位不退，你家的老六還會做個探花郎吧。

張居正一共六個兒子，老六張靜修當時年紀還小。

萬曆十年，還沒等老六張靜修參加鄉試，張居正病逝了。

不久，神宗下詔抄了張居正家，老大張敬修上吊自殺，其他子弟全部被發配到煙瘴之地。

俗話說，虎毒不食子，古往今來到底是哪位大將斬殺了違軍令的兒子

自古名將治軍，無不明法申紀、令行禁止。

《孫子兵法》把「法」列為兵者五事之一，指出：「善用兵者，修道而保法，故能為勝敗之政」，要求軍隊「其疾如風，其徐如林，侵略如火，不動如山」。

《吳子》明確提出軍隊「以治為勝」，《司馬法》則要求禮法同質、刑兵一體，《尉繚子》有「凡兵，制必先定」的要求。

所謂刑起於兵，師出以律，凡是能征善戰的雄師勁旅無不把嚴明法紀作為治軍通則，軍必有制、以治為勝、賞罰必信。

中國古代歷史上也因此流傳有孫武斬寵姬、穰苴斬監軍、孔明斬馬謖等等嚴肅軍法、軍紀的故事。諸如此類的故事中，最震撼人心的，莫過於「楊六郎轅門斬子」！

河北梆子《轅門斬子》的演唱，數百年來不知感動過多少人。該故事講述的是楊六郎之子楊宗保正在穆柯寨娶親，違反了楊六郎「禁止陣前招親」的軍令，被楊六郎綁在轅門，準備斬首以振軍威。

這個故事純屬虛構。

首先，楊六郎只是宋初戍邊的一個偏隅之將，並非故事中的三軍主帥；其次，歷史上並無楊宗保、穆桂英其人。被人們稱為「楊六郎」的楊延昭有四子，長子楊傳永，次子楊德政，三子楊文廣，四子楊充廣。再次，「禁止陣前招親」的軍令是小說家想像出來的，所有軍隊都不可能制定這樣一條出現此類情況為萬分之幾機率的禁令出來。

就是這樣一則虛假的故事，由導演衛翰韜改編為古裝動作電影《楊門女將轅門斬子》在二〇〇一年上映時，仍然緊緊揪住了觀眾的心。

其實，「楊六郎轅門斬子」的故事是從《薛丁山征西》一書中「薛仁貴轅門斬子」的故事演化而來，原故事是薛仁貴的兒子薛丁山擔任先鋒官征討西涼國，在寒江關與西涼女將樊梨花結緣，違反了薛仁貴「禁止陣前招親」的軍令，被薛仁貴綁在轅門，準備斬首以振軍威。

由此可見，從「薛仁貴轅門斬子」到「楊六郎轅門斬子」，只是故事的主角簡單變換了一下，情節大同小異。

而無論是「薛仁貴轅門斬子」還是「楊六郎轅門斬子」，都是沒影的事，歷史上並不存在，薛仁貴根本就沒有一個叫薛丁山的兒子。

除了「薛仁貴轅門斬子」和「楊六郎轅門斬子」，民間還流傳有「岳飛轅門斬子」的故事。

故事說的是岳飛被兀術圍困牛頭山，兀術的兒子金禪子力大無窮、武藝超群，宋軍無人能敵。岳飛無奈，只好掛出免戰牌。剛剛從家鄉到前線效力的岳飛之子岳雲到了山上，看了免戰牌，勃然大怒，用手中大錘一將牌錘得粉碎。岳飛認為岳雲藐視軍紀，將岳雲綁在轅門，準備斬首以振軍威。

同樣，這則「錘震免戰牌」風波也是子虛烏有之事。

不過，岳飛要斬岳雲，卻是史有記載的事。

岳飛在宜興治軍的時候，岳飛的弟弟岳翻攜母親姚氏，岳飛的長子岳雲、次子岳雷來投。當時的岳雲才十二歲，從軍習武。岳飛對將士的訓練要求很嚴格。有一次，岳雲身披重甲騎馬進行「注坡」訓練，從高山上俯衝下來，到了半山，要求突然勒馬停駐，因為衝得太急，馬的前足陷入了一個小坑窪了，馬失前蹄，岳雲一個倒頭蔥，身體越過馬頭，狠狠地摔了下來。岳飛當場斥責道：「難道上陣殺敵，也會這樣嗎？」當即下令將他推出去斬首。眾將士大驚，紛紛求情，最後打了一百軍棍了事。在岳飛的嚴格訓練下，岳雲練得銅皮鐵骨，《金佗稡編》卷九《諸子遺事》載稱其「手握兩鐵椎，重八十斤」，每次打仗，都是一馬當先，衝鋒在前。

也就是說，相對「薛仁貴轅門斬子」和「楊六郎轅門斬子」，「岳飛轅門斬子」才是確有其事。但岳飛最終也只是打一百軍棍了事，並沒真正「斬子」。

史有記載，真正大義滅親，斬子以整肅軍紀的，是明朝抗倭英雄戚繼光！

關於戚繼光斬子，最有權威的記載無疑是比戚繼光出現稍晚的沈德符在《萬曆野獲篇》卷二十八「戮子」條所記，其條文大致意思是：本朝大將戚繼光之所以斬殺了自己的兒子，是因為他的兒子作戰不利，軍法不能容，迫不得已。

清代《四庫全書總目提要・子部・兵家類存目》中收錄有戚繼光著作《紀效新書》，編者在撰寫的提要中也稱：第四篇中一條規定：「若果違犯軍令，即便是我的親生子侄，也要依法施行。」在一次戰後，因為他的長子在作戰中臨陣後退，違反軍紀被斬，可以說得上是言出必踐。難怪他的軍隊後來所向無敵了。

福建《仙遊縣志》也記：戚大將軍初到莆田，準備出兵，逢大霧天，伸手不見五指，他的兒子戚印為先鋒官，自作主張，勒馬回頭，要求取消行動。戚大將軍惱怒他違反軍令，殺之。

……

戚繼光斬子以明軍紀，在民間影響巨大。浙江臨海縣至今還有紀念戚印的「太尉廟」，福建福清縣也有「思兒亭」、「相思嶺」等古跡。

似乎，「戚繼光轅門斬子」是一件鐵板釘釘的歷史事實了。

可是，查遍正史、以及記錄關於戚繼光的事蹟的第一手材料的其他史書，如《明史》、尹璜《罪惟錄》、《明書》、《閩書》中的《戚繼光傳》、董承詔的《戚大將軍孟諸公小傳》、汪道昆的《孟諸戚公墓誌銘》、戚繼光長子戚祚國等編纂的《戚少保年譜耆編》等等，並沒有任何戚繼光斬子的紀錄。要知道，戚繼光斬子是一件彰顯將軍治軍嚴明的表現，這些典籍不予收錄並非因為要隱諱什麼，而是壓根就不存在這件事。

還有，除了福建《仙遊縣志》的說法，民間也有多種戚印被斬緣由的說法，但這些說法的發生背景應該要麼就是發生在戚繼光在臺州（今浙江臨海縣）防禦倭寇戰鬥中，要麼就是發生在援閩戰役中，時間是在一五六一年和一五六二之後。

這，就與戚繼光長子戚祚國等編纂的《戚少保年譜耆編》不符了。

《戚少保年譜耆編》編於天啟壬戌年（一六二二），書中對戚繼光的事，無論巨細，幾乎都是有聞必錄，但是卻沒有有關斬子的片言隻語。其中記錄的一件事可以旁證在一五六三年之前戚繼光還沒有兒子：一五六三年，朝廷升戚繼光署都督同知，可蔭一子任正千戶。戚繼光因為無子，把這一蔭職讓給了弟弟戚繼美。

另外，根據《止止堂集・橫槊稿下》所記，戚繼光在福建抗擊倭寇時，曾在一五六三年到興化九鯉湖祈禱九鯉仙，祈禱的四件事之一就有「續嗣之憂」，說明戚繼光當時還沒有兒子。

《止止堂集・愚愚稿上》還記，當時有人安慰戚繼光：「不要太過擔心沒有兒子。」（「無虞不弄璋也。」）

還有，戚繼光在死前半年，曾經建立孝思祠祭祀其歷代祖妣，在他自己撰寫的〈祝文〉中，有「今有五子一侄奉承蒸嘗」之語。這「五子」是指祚國、安國、昌國、報國、興國，五子中的長子祚國是在一五六七年出生的。

因此，可以確認：戚繼光在南方抗倭的過程中是沒有兒子的。「戚繼光轅門斬子」的故事同樣只是一個傳說而不是歷史事實。

那麼，為了嚴肅軍紀而斬殺自己親子的事，在中國古代歷史上是否有出現過呢？有的。

南唐的大將、清淮軍節度使劉仁贍在壽州（今安徽省六安市壽縣境內）抵抗後周世宗皇帝柴榮的征討。當時，壽州周邊的滁州、泰州、揚州、光州、舒州等地已失，壽州已成一座孤城，內乏糧草，外無救兵。劉仁贍卻不為形勢所動，仍然據城堅守。

可是，壽州城只在早晚之間，不少人棄城而去，或投降了周營，或悄悄做了逃兵。

劉仁贍的兒子劉崇諫看見父親病重，也開小號想溜，卻被城中的巡防隊抓了個正著。

劉仁贍在病中驚起，下令將劉崇諫腰斬。

帳中將領紛紛跪地求情。

監軍使周廷構也苦苦相勸。

劉仁贍義不容情，堅持要斬子以肅軍紀。

周廷構便向劉夫人求救。

劉夫人堅定地站在丈夫一邊，說，軍法不能徇私，名節不能虧損。如果饒恕劉崇諫不殺，那麼劉家就成為了不忠不義之家，再無面目立於天地之間。

由此，劉崇諫終遭腰斬身亡。

劉仁贍下令將劉崇諫的首級巡視三軍，眾軍皆哭。

不久，壽州城破，劉仁贍含恨而死。

周世宗對這位對手滿懷敬意，命人將之厚葬，並率全軍為其送葬。將原劉仁贍的壽州守軍命名為忠正軍，並且追封劉仁贍為彭城郡王。

面對別人的指責，明清兩位帝王的處理方式天差地遠

萬曆十七年（一五八九年）十二月，冬寒歲暮，新年將至。大明帝國四海昇平，空氣中悄然瀰漫起一種迎春接福的喜悅。然而，就在這種喜悅中，貴為天下之主的明神宗皇帝卻像吞了一隻臭蒼蠅，又噁心，又恚憤。這隻「臭蒼蠅」，其實是大理寺左評事雒于仁寫的一份〈酒色財氣四箴疏〉。〈酒色財氣四箴疏〉寫得相當過分！

原文大致如下：

臣到朝廷任職有一年多，總共卻只見過陛下三次。此外，只聽說陛下貴體欠安，一切傳免，即使是祭祀宗廟也是派遣官員代辦，政務不親自處理，經筵、日講也已停止了好久。臣知道陛下有病，所以要向陛下分析分析病源和癥結。臣聽說，嗜酒就會損胃，戀色就會亂性，貪財就會喪志，尚氣就會傷肝。陛下每日山珍海味，小酒不斷，大酒不停，白天歡飲不夠，繼以長夜。這就犯了「嗜酒」之忌。陛下寵溺鄭貴妃，忠言不納，良語不聽，儲位久虛。這就犯了「戀色」之忌。陛下傳索帑金，搜刮錢財。逼迫宦官徵收礦稅，徵收到還好，徵收不到便咆哮不已。甚至還收受張鯨等人的賄賂。這就犯了「貪財」之忌。陛下今日拷打宮女，明日呵斥太監，很多人罪狀未明，立斃杖下。陛下還把怒氣撒向如范俊、姜應麟、孫如法等忠直之臣。這就犯了「尚氣」之忌。「酒、色、財、氣」四病纏繞身心，不是服用藥物能夠奏效的。臣如今敢以四箴獻上，希望陛下臨朝務正，勿貪酒、色、財、氣，否則夏桀、商紂、隋煬等人便是榜樣。如今陛下春秋鼎盛，尚且長年累月不上

朝，長此以往，國將不國。假若陛下肯聽臣言，即使立即誅殺臣，臣雖死猶生！

就是這份奏疏，讓神宗怒急攻心，偏偏又遇上歲末，不能處置，一腔怒氣無處發洩，奏疏在宮中存留了十日，肝火越燒越旺。

好不容易到了第二年正月初一，首輔申時行等內閣大臣到毓德宮賀元旦、慶新春，神宗這才把雒于仁的〈四箴疏〉摔給申時行，氣呼呼地說：「朕的病症更加嚴重了。」

申時行笑吟吟地應對說：「皇上春秋鼎盛，神氣充盈，只要加意調攝，也能無藥自癒，不必過多憂慮。」

神宗沒好氣地說：「朕去年心肝二經的火氣時常併發，致使頭目眩暈，胃隔脹滿，但稍經調理，便可以消除。現在，雒于仁這份該死的奏本，肆口妄言，觸起朕怒，以致肝火復發，至今未癒。」

申時行仍是笑容可掬地答：「聖上龍體最為重要，無知小臣狂戇輕率，不必太過介意。」

神宗按捺不住，又從申時行手裡奪回雒于仁的奏疏，激動地指著上面的字給申時行看，說：「先生請看這裡，他這樣編排誣衊朕，說朕酒色財氣四樣俱全，先生為朕評評理。」

申時行放眼去讀奏疏上的文字，還未回答，神宗又噴著粗氣說：「他說朕好酒。試想天下誰人不飲酒？又說朕好色，偏寵貴妃鄭氏。朕只是因鄭氏勤勞，朕在宮中行走，她必定相隨，朝夕間小心勤勞侍奉。而恭妃王氏有長子要照顧，朕也要她小心調護照管，他們母子相依，所以不能朝夕侍奉，朕何嘗有偏心？他說朕貪財，收受了張鯨的賄賂。朕為天子，富有四海，天下之財，皆朕之財，朕若貪張鯨之財，何不抄沒了他家？又說朕尚氣。古人說，少時戒色，壯時戒氣。朕豈有不知？但人怎麼可能沒有氣？即使像先生家，也有童僕家人，難道他們做了錯事也不能責治？如今內侍宮人等有觸犯了法令或及誤事的，朕是曾有杖責。但怎麼可以把宮中生病死去的說成是杖責死的？先生務必拿這奏本回去詳加研究，票擬從重處罰雒于仁！」

申時行聽了他最後一句，趕緊把目光從奏本上收回，替雒于仁求情，說：「這等無知小臣，誤聽道路之言，輕率讀奏。」

神宗憤憤道：「他這是想博出位、沽高名！」

申時行藉坡下驢，說：「他既是想博出位、沽高名，皇上如若從重處罰了他，正好成就了他的高名，而損害了皇上聖德。只有寬容不較，才彰顯聖德之盛。」說完，把雒于仁的奏疏交還到御案前。

神宗一聽，愣了愣，自言自語地說：「這也說得是。即使不至於折損了朕的德行，也折損了朕的氣度。」

申時行乘機讚嘆說：「聖上聖度如天地，還能有什麼不能相容的！」

不行，不能受你的忽悠！神宗回過神來，把申時行交還到御案的雒于仁奏疏再塞給申時行，要他全文詳加閱讀，說：「朕還是氣他不過，必須從重處罰！」

申時行稍閱奏疏大意，說：「這份奏本原是輕信訛傳，如果要票擬處分，就會傳出外界，四方人士反以為實。依臣等愚見，皇上還是留中不發為好。到時，臣等載之史書，傳之萬世。使萬世頌皇上為堯舜之君。」說完，仍把雒于仁的奏疏交還到御案前。

神宗面露不悅之色，說：「先生到底怎麼樣處罰他？」

申時行搖頭說：「這份奏本既不可發出，也沒有什麼辦法處罰他。還望皇上寬宥。臣等傳語本寺堂官，讓他辭職就可以了。」

神宗神色稍舒，語氣也溫和了許多，抱怨說：「只因先生是朕親近之臣。朕所有舉動，先生們都知根知底。他憑什麼誣衊朕酒色財氣四樣俱全？」

申時行安慰道：「九重深邃，宮闈祕密。臣等也不能詳知。何況雒于仁輩疏遠小臣。」

神宗嘆息道：「人臣侍奉君主，該知道些規矩。如今朝廷群臣沒個尊卑上下，信口胡說。早年的御史黨傑，也曾奚落我。我也容忍了。如今雒于仁又這樣汙辱我。定是因為我不曾懲治黨傑，所以雒于仁才敢如此放肆。」

申時行答道：「人臣進言，即使出忠愛之心，也應該從容和婉。臣也是到了事體到不得不言之時方敢陳奏。臣又豈敢不與皇上同心？像雒于仁這等小臣，臣豈敢迴護？只是以聖德聖躬為重。」

神宗頷首同意，說：「先生尚知尊卑上下，雒于仁這等小臣卻如此跋扈。近來只見群臣議論紛紛，顛倒黑白，以正為邪，以邪為正。這一份奏本所論還未來得及看，又有一份奏本呈上，使朕應接不暇。朕如今在夜裡掌燈看字，字跡不清。如何能一一遍覽？這樣下去，終不成個朝綱！先生作為朕的股肱之臣，也要替朕做個主張。」

申時行趕緊答道：「臣才薄望輕，只會借鑑前人覆轍。所有事體，向上就稟告皇上由皇上獨斷，向下就交付給外廷由廷臣公開討論，不敢擅自主張。」

神宗擺手說：「不應該是這樣。朕是心臟，先生是四肢。心臟不是四肢，怎麼能行走運動？朕既將國事委任給先生，有什麼要畏避的？先生還要替朕主張，任勞任怨，不要推諉！」

申時行叩頭謝恩，說：「皇上這樣優待臣等。臣等豈敢不盡心圖報？任勞任怨四字，臣等當作為座右銘，朝夕服膺。」（以上明神宗與申時行等召對紀錄譯自《神宗實錄》卷二一九）

過了幾天，雒于仁稱說有病，請求辭職。

雒于仁上〈酒色財氣四箴疏〉一事就此拉倒。

有意思的是，清高宗乾隆帝也遭到過與明神宗皇帝類似的指責。

康熙、雍正兩朝對朝野的文化思想禁錮極嚴極酷。雍正帝收拾年羹堯那會兒，由於無聊墨客汪景祺著有《讀書堂西征隨筆》大拍年羹堯的馬屁，雍正大為震怒，指責《西征隨筆》一書：「悖謬狂亂，至於此極！」喝令將汪景祺處斬、梟首示眾，其妻子兒女發配黑龍江給披甲人（滿洲軍士）為奴，其兄弟叔侄輩流放寧古塔，其疏遠親族凡在官的都革職，交原籍地方官管束。

汪景祺的頭骨懸掛在菜市口風吹雨淋了將近十年。

雍正十三年（一七三六年），雍正暴斃，二十五歲的乾隆皇帝繼位。

乾隆皇帝一上臺，就下令刑部取下汪景祺的頭骨，「製竿掩埋」。

乾隆這麼做，是在向天下士人釋放出這樣一個訊號：本朝要刷新前朝弊政，開放言路。

在這種背景下，肅殺的政治風氣稍稍舒緩。

乾隆十六年（一七五一年）七月初三，雲貴總督碩色給乾隆上了一份密奏，稱是安順府提塘官吳士周於六月初八從入滇客商的身上查獲一紙抄錄傳播的密稟。

乾隆展卷一看，裡面的內容竟是假託本朝工部尚書孫嘉淦之名來指責朝政的，說當今皇帝有「五不解，十大過」，南巡之舉是「失德」之舉，勞民傷財，搞得怨聲四起。

乾隆氣得鼻子都歪了，他用不著跟任何人商量此事的處理方式，立刻傳諭步軍統領舒赫德及直隸、河間、山東等省督撫嚴查此事。

很快，舒赫德等人就把大清帝國查了個底朝天。案件波及京師、山東、山西、江西、江蘇、安徽、浙江、福建、湖南、湖北、貴州、廣東、廣西以及邊遠土司地區，可謂雞犬不寧。被無辜牽涉查拿下獄的人犯高達兩千多人，其中四川一省就捕獲了二百八十餘人。

一年又七個月後，被乾隆欽定為「主犯」的盧魯生慘遭凌遲處死，另外被欽定為「從犯」的劉時達等人俱定秋後斬決，親屬照律緣坐。

最讓人唏嘘不盡的是，被冒名的孫嘉淦竟然被活活嚇死。

明神宗和乾隆帝對這類事情的處理方式不同，導致他們在歷史上得到的評價也不同。

正如明神宗自己說的，因為他對「雒于仁式」的詆譏和汙辱處理不夠嚴酷，後來像雒于仁這樣「博出位、沽高名」的官員就層出不窮，這些官員絡繹不絕上書，對神宗進行肆意謾罵，把神宗罵得狗血噴頭、體無完膚。

俗話說，謊言重複了一千遍就成了真理。

明神宗於是就成了歷史上有名的昏庸之君。

而清高宗乾隆下得了狠手，殺人不眨眼，自「孫嘉淦偽稿案」之後，沒有誰再敢妄議一句朝政，充斥朝野的都是「聖明天子」阿諛頌揚之聲。乾隆也因此成為了歷史上有名的「聖明天子」。

明朝的皇帝多怠政，清朝的皇帝多勤政？

萬曆二十年，因為在冊立皇太子問題上，明朝大臣執意要明神宗立皇長子朱常洛，而明神宗卻意屬寵妃鄭氏所生的朱常洵，內閣首輔王家屏和明神宗鬧掰了。

為了逼迫明神宗就範，王家屏稱病，撂挑子，不理政事，甚至提出辭職。

明神宗的怠政作風是史上有名的，一聽，慌了神，趕緊寫了一份手諭，派文書官登門懇請王家屏回來上班。

手諭中誠意拳拳地說：「愛卿燮理贊襄，輔佐朕處理國家大事已經多年了，如今國務多艱，愛卿怎麼可以忍心拋棄朕而撒手高臥？愛卿既有病，朕批准愛卿告假數日，靜心休養，病好了，就入閣辦事。」（見《萬曆邸抄》萬曆二十年壬辰卷）

終因明神宗不肯妥協冊立皇長子，王家屏還是連上了五道〈乞罷歸以全臣節疏〉，堅持退休回家。但他對明神宗的殷殷眷顧之情還是感激於心的。臨行前，他詳詳細細地向神宗條陳君德時政安攘大略，並揮淚用飽含深情的筆觸寫下了一首送別詩：

情依依而戀主，猶回棄婦這頭。
心輟輟以憂時，橫灑孤臣之淚。

萬曆三十年，明神宗患重病，自認去日無多，於二月初七召輔臣沈一貫入啟祥宮後殿西暖閣叩見面。沈一貫步入暖閣，看到皇太子朱常洛和福王朱常洵等諸王羅跪於地，而沉疴多日的明神宗皇帝冠服席地，面帶倦容，心頭就驀然沉重起來，三步趕作兩步，趨前叩頭行君臣禮。

明神宗聲音略帶沙啞，說：「沈先生來了，朕體弱多病，享國時間也算長久了，別無遺憾，佳兒佳婦今日託付與先生，先生務必輔佐他做個好皇帝。有事還須諫正他講學勤政。至於礦稅事，朕因三殿兩宮尚未完工，權宜派員開礦、採礦。如今宜傳諭及各處，織造、燒造一律停止。鎮撫司及刑部此前逮捕的犯人全部釋放；向朕建議得罪的諸大臣一律官復原職，行取科道，也全部批准補錄採用。朕見先生這一面，或許捨先生去也。」

沈一貫聽了，不由得失聲痛哭：「聖壽無疆，何乃過慮如此？望皇上寬心靜養，自然會龍體安健。」

皇太子朱常洛和福王朱常洵等諸王聽了，也一齊痛哭（以上情節和對話詳見《明神宗顯皇帝實錄》卷之三六八）。

這，就是一個怠政昏庸之主與其臣子間的感人情懷。

相比較明朝的皇帝，清朝的皇帝個個勤政。

其中，最為勤政的又有康熙、雍正、乾隆三帝。

康熙、乾隆關心民間疾苦，多次下江南。

大學士紀曉嵐認為乾隆南巡是勞民傷財的活動，委婉勸阻。乾隆勃然大怒，呵斥道：「朕因為你文筆還過得去，所以讓你做總領四庫書館。實際不過是將你當做妓娼、戲子一類玩物來蓄養，你居然敢妄談國事！」（原文：「朕以汝文學尚優，故使領四庫書館。實不過倡優蓄之，汝何敢妄談國事！」）

乾隆還曾公開諭示：「其派出之紀昀，本係無用之腐儒，原不足具數。」（見《東華續錄》卷一〇一）

自此之後，紀曉嵐認清了形勢，擺正了自己的位置，夾起尾巴做人，專門做自己的《閱微草堂筆記》，對朝政之事，不敢再置一喙。

乾隆之後的嘉慶朝，又出過一個喜歡表現的編修洪亮吉，此人上書對朝廷建設做了一些建議。結果惹得嘉慶龍顏大怒，嚴旨立斬，臨刑改戍伊犁。

從此朝廷震肅，再無逆耳之聲。

清人所著《暝庵雜識》一書記，身歷乾、嘉、道三朝的顯宦曹振鏞一生榮華富貴，覺得皇上恩寵。晚年，有人問他討教其中奧妙。曹振鏞微微一笑，說：也沒什麼，只要多磕頭、少說話就行了。

明清史專家孟森先生因此在《明清史講義》中慨嘆說：「（明代）求為正人者多……論劾蒙禍，瀕死而不悔者，在當時實極盛，即被禍至死，時論以為榮。不似後來清代士大夫，以帝王之是非為是非，帝以為罪人，無人敢道其非罪。」

第四章
晚明比你想的更精彩

在軍事上差強人意卻在朝鮮被敬奉為神明的明朝大臣？

萬曆四十六年（一六一八年）四月十三日，野心勃勃的後金「英明汗」努爾哈赤以明朝政府辦事不合理，偏袒女真葉赫部為由，悍然頒佈「七大恨」，傾巢略明。

四月十五日，努爾哈赤率軍攻陷撫順，接著又連下東州、馬根單等五百餘城堡，掠明帝國人畜三十萬，編降民一千戶，隨後又擊敗明遼東總兵官張承胤、副將頗廷相的一萬多援兵，殺總兵、副將、參將、遊擊及千把總等官五十餘員，獲馬九千匹、甲七千副。

消息傳到北京城，大明朝野震驚。

百病纏身的萬曆敏銳地感覺到，兩百多年來，大明王朝的遼東的防禦體系已經面臨崩潰的危險，遂決定在遼東打一次大規模的戰役，澈底摧毀後金軍事力量。他鄭重交代兵部、戶部等大臣措處兵馬糧草，共圖捍圉，並要九卿科道會議薦舉征剿指揮人選。

應該說，萬曆是非常重視這場戰鬥的。

參與九卿科道會議的人員經過反覆權衡，最後薦舉出商丘（今河南商丘）人楊鎬為遼東經略，全面負責征剿努爾哈赤。

大家都對楊鎬寄予了深切的希望。

可是，結局很悲慘：薩爾滸之戰，五天之間，明軍三路覆沒，一路敗退，共陣亡軍官三百一十餘人，陣亡士卒四萬五千八百餘人，損失騾馬兩萬八千六百餘匹，遺棄的軍用物資堆積如山。

對大明王朝而言，這是一場完敗，所謂「覆軍殺將，千古無此敗衄」，大明的軍事實力遭到了毀滅性的打擊。

也無怪乎後來的乾隆皇帝眉飛色舞地說：「由是一戰，而明之國勢益削，我之武烈益揚，遊行克遼東，王基開，帝業定。」

薩爾滸敗後不久，開原、鐵嶺又相繼失守。言官紛紛上書彈劾楊鎬，楊鎬因此下獄，被判死刑。除了付出生命的代價外，楊鎬也由此身敗名裂，臭名昭著。

明亡後東渡定居日本的朱舜水老先生憤然說：「賊臣楊鎬、袁崇煥前後賣國，繼喪遼陽、廣寧，滋蔓難圖。」

後來以身殉國的大名士夏允彝在自己的文集《倖存錄》說：「鎬固庸人，且老矣，治兵年許，無所經理。」

計六奇則在《明季北略》說：「鎬貪功自用。」

然而，和中國史料形成鮮明對比的是，朝鮮史料卻自始至終都對楊鎬敬若神明。

之所以這樣，與楊鎬於萬曆二十五年（一五九七）六月赴朝鮮指揮了抗日援朝有關。

楊鎬赴朝指揮抗日援朝事，中國史料記載很少。

谷應泰《明史紀事本末》有《援朝鮮》一卷，但對楊鎬著墨不多。

《明史・楊鎬傳》僅有「會朝鮮再用兵，明免鎬罪，升右僉御史，經略朝鮮軍務」一筆帶過，且其結論竟是：「朝鮮多怨。」夏燮的《明通鑑》也沿襲了這一評論。

事實上，朝鮮非但不怨恨楊鎬，還對楊鎬感恩戴德，崇敬有加。

萬曆二十六年（一五九八）七月，楊鎬被劾從朝鮮撤職回朝，朝鮮上至國王，下至平民百姓，無不痛哭流涕，士民男女重髻戴白，牽衣攔道，一送再送，直出郊外，大臣紛紛贈詩為別。

《李朝宣祖實錄》中記，楊鎬辭歸之日，宣祖幸弘濟院餞慰。楊鎬布衣、布巾，形容枯槁，一身素服，孝子打扮。所謂：「來時起復，去時回籍，孝子衰麻。」宣祖對楊鎬說：「小邦唯大人是仰，大人不意旋歸，小邦何所依賴？今日無以為懷，不知所言。」說完，情難自抑，「嗚咽梗塞，涕淚橫流，左右侍臣，莫不掩面」。

楊鎬乘轎出漢城，「坊市父老，遮道號哭，經理於轎上慰勉之，垂涕而去」。行到開城，「城中男女，訴於轎前請留，經理含淚有不忍之色」。

楊鎬在朝鮮停留的時間不過一年零一月，竟贏得了朝鮮上上下下的一致崇敬。楊鎬回國後的當年，朝鮮君臣就商議為楊鎬立碑，以頌其功。

萬曆二十六年（一五九八），朝鮮建成楊公去思碑、楊公墮淚碑，宣揚楊鎬功績。

宣祖國王對楊鎬一直非常關心，每接見來自明朝的使臣或將領，都會迫不及待地詢問楊鎬的情況。他還多次上疏萬曆為楊鎬鳴不平。

萬曆二十七年（一五九九），朝鮮建宣武祠於漢城南郊，宣祖提出應以楊鎬配享，並親書「再造藩邦」匾額懸於祠內，供奉楊鎬畫像。

為了得到楊鎬的畫像，宣祖國王專門派使臣到北京乞請。由於楊鎬家居河南商丘，使臣便輾轉到了商丘，歷盡波折，這才摹得楊鎬畫像。

這年十月，宣祖國王接見明遊擊茅國器，獲悉「楊經理有官矣」，確認楊鎬官復原職了，這才笑逐顏開。《李朝宣祖實錄》在該年附有一段關於楊鎬的評語，說：「名鎬，為人清儉，撫恤殘氓，出臨外國，恩威並施。丁酉之亂，都城賴而鎮靜者，無非此人之功也。」

光海君二年（一六一〇），楊鎬畫像奉安於武安祠。

崇禎二年（一六二九），朝鮮君臣得知楊鎬被正法，無不痛哭流涕。

他們並未因楊鎬的失敗和不光彩的死而對楊鎬的稱頌和感恩有所減少。

肅宗三十年（一七〇四），楊鎬畫像改為位版。當時，有朝臣還上疏說：「壬辰再造之恩，尚忍忘哉？神宗皇帝，赫然東顧，動天下兵，復我疆土。天將之受命來戰，如提督李如松諸人，其功烈豈不偉燁，而猶不若經理楊鎬之血心我東事也。」

此外，朝鮮君臣頌揚楊鎬的詩文比比皆是。

李廷馨稱：「鎬勇於徇國，長於料敵，御下有紀，號令風生，東人賴安，稱頌不忘焉。」

李廷龜作〈都御史楊公鎬去思碑〉云：「是其一戰之功，實我東韓再造之基。不幸為人所構，遭誣而歸，此東民之所以悲咤扼腕，愈久而愈不能忘也。」

十九世紀朝鮮北學派大師朴趾源在〈楊經理鎬致祭文〉中還稱頌道：「再造我東，係誰之功？天子攸命，蒼嶼楊公。」把「再造」之功全歸於楊鎬一人。

朝鮮對楊鎬感恩戴德長達百年，充分說明了楊鎬對他們恩重如山，一如再生父母。

日本壬辰侵略朝鮮，萬曆皇帝詔令時任右僉都御史的楊鎬經略援朝軍務。

彼時，日本國內的戰國之亂剛剛結束，國家完成了統一，軍隊總數達到三十多萬人。而由於長年混戰，士兵多為百戰之兵，戰鬥力空前強大，堪稱虎狼之師。豐臣秀吉因此喊出了「三年滅朝鮮，五年滅明朝，進軍安南，滅亡印度支那，稱霸世界」的口號。

也在豐臣秀吉口號的激勵和蠱惑下，日軍攻勢如潮，他們由南往北猛攻，連戰連捷，勢如破竹，銳不可當，「入王京，毀墳墓，劫王子、陪臣，剽府庫，蕩然一空，八道幾盡沒」，漢城岌岌可危。

有關楊鎬入朝後的所作所為，明清史料記載不多，且語焉不詳，《李朝宣祖實錄》的記載卻十分詳盡。

楊鎬還沒踏上朝鮮半島，國王宣祖就對楊鎬充滿了好奇，使盡一切辦法打聽楊鎬的為人。有人告訴他：「中原人謂：『其性快而無慈祥仁厚之意，故所在地方，人皆苦之』云爾。」顯然，楊鎬可不是好打交道的人。

果然，楊鎬在前往漢城的路上，就以天朝大臣涖臨藩屏小邦的優越感自居，不斷派人諮詢和干涉朝鮮內政。《李朝宣祖實錄》中記：「近日，連見楊經理、張參議諮文，其問中國兵數、船數、糧數、器械數，極詳極官，中國一不明白查報，朦朧酬答。今又張參議核計水營諮內，又問我船若干，每船水兵若干，船上某樣器械若干。指一窮問如此，更不可模糊報答。」

楊鎬來勢凌厲，做事雷厲風行，朝鮮方面不得不打起十二分精神應對。

也正是楊鎬這一行事風格，使得中方很快就摸清了朝鮮的一切情況，更好地統一指揮，統一號令。

朝鮮南原失守，漢城形如累卵。

楊鎬率偏師從平壤直抵漢城。

宣祖早已將宗社遷至城外，做好了棄城逃跑的準備。他在慕華館接見楊鎬時，方寸已亂，倉皇問計：「大兵未集，賊勢如此浩大，今賊已到公州，將有直衝之患，未知前頭防備，何以為之？」

楊鎬氣定神閒，分析了敵我形勢，要求宣祖「出公私帑簿，犒賞士卒，以作背城借一之氣」。

正是楊鎬的到來，迅速穩定了局勢。隨後而至的明軍與日軍連番血戰，終於化解城下之危，遏止了日軍的北進，取得稷山大捷。

這場大捷，明清史料竟罕有涉及。只有談遷的《國榷》輕描淡寫地記錄說：「時倭入朝鮮公州，犯稷山，副總兵解中生等拒卻之，參將彭友德等追至青山，共斬百五十二級。經理楊鎬馳赴王京，擊斬二十九級。」

好傢伙，這麼大一場戰役，僅限記「擊斬二十九級」，且對解漢城之圍不著一語。

而在《明史》中，無論是〈神宗本紀〉，還是〈楊鎬傳〉、〈楊朝鮮傳〉，都找不到與之相關的片言隻語。

著名明清史研究家李光濤先生在深入研究了中朝日三方史料後，寫了一篇〈丁應泰與楊鎬——朝鮮壬辰倭禍論叢之一〉，還原了楊鎬在抗日援朝戰爭中的歷史功績和肯定了他的歷史地位，讚稱：「稷山大捷，由丁酉倭禍言之，乃明人再度援韓第一功。而是役立功人物，又應以經理楊鎬為第一。」

就是這個原因，楊鎬被朝鮮人視為民族大救星。

宣祖直言不諱地對楊鎬說：「頃者賊逼畿輔，都城幾不守，人民散亡，無以為計，不得已奉宗社，遷於外，姑避寇虐矣。今則天兵大至，凶鋒少退，故奉還宗社，再安京城。此莫非皇靈之遠暢，又實由大人威德之致，不勝感激皇恩，仰拜大人之賜也。」

繼稷山大捷之後，楊鎬乘勝再戰，擬將日軍主力圍殲於蔚山。

可惜，謀事在人，成事在天。

連接的十數日暴雨使日軍躲過了一劫，明軍屢攻不下，士氣漸沮，功敗垂成，未能使戰果進一步擴大，反被後來趕來的水陸兩路日本援軍所敗。

楊鎬因此遭到了以丁應泰為首的明朝大臣的彈劾，指責他「貪猾喪師，釀亂欺罔」。

楊鎬由是落了個革職撤回的下場。

老實說，楊鎬的確是個優秀的後管理者，智商和情商都極高，有著非常出色的協調能力。但軍事並不是他的強項。

強攻蔚山，在連日風雨作戰不利的情況下，一味貪功戀戰，致使好局成為了爛局。

薩爾滸之敗，更充分證明了楊鎬在軍事上無能，可大明王朝卻也為此付出了慘重的代價。

明朝歷史上，除了有抗日援朝，還有抗金援朝

自古以來，朝鮮半島國家和中國都是唇齒相依的關係。而從地理上說，它對中國有屏蔽保護緩衝作用。歷史上，中國曾有多次無私的援朝活動，其中，規模巨大、影響至深的有明萬曆年間的抗日援朝戰爭和解放後的抗美援朝戰爭。

自一三九二年，朝鮮王朝太祖大王李成桂稱王，明太祖朱元璋賜予其「朝鮮」國號，中朝兩國便建立了宗藩關係。

一五九二年，日本侵略朝鮮，朝鮮眼看就要發生亡國滅種之災。是明萬曆皇帝力排眾議，毅然發起了抗日援朝行動，並於一五九八年徹底擊敗日軍，這才把朝鮮從死亡線上拉了回來。

也就是說，彼時的中國已對朝鮮有「再造之恩」。

不過，中國除了對朝鮮有過抗日援朝和抗美援朝外，還有過抗金援朝，戰況慘烈，雖然不大為後人所知，卻也同樣令朝鮮人感念不已。以至於大明王朝滅亡後，朝鮮王朝此後仍然心向明朝，使用崇禎年號直至清末，懷念明朝三百餘年！

下面我們就來說說這場抗金援朝的戰爭。

抗金援朝戰爭中的「金」，是指出身明朝建州女真的努爾哈赤在中國東北地區建立的後金政權，也就是後來的清朝。

一五八三年，努爾哈赤襲封為指揮使，以十三副甲起兵，馳騁沙場、四方征戰，相繼兼併海西四部，征服東海女真，統一了分散在東北地區的女真各部。一六一六年，努爾哈赤在佔領了明朝撫順等地後，在赫圖阿拉稱汗，建立了後金。

努爾哈赤建立的八旗騎兵殺法兇悍、來去如風，被史學家稱為「同期世界上最悍勇的騎兵」，基本上是所向無敵。

一六一八年，努爾哈赤公佈「七大恨」的討明檄文，開始公開起兵反明，其在薩爾滸（在今遼寧省新賓縣西面渾河南岸）一舉擊敗了明朝大軍，極大地摧毀了明朝的軍事力量，進而攻下瀋陽、遼陽、廣寧（今遼寧省北鎮縣），對山海關以內地區構成了巨大的威脅。

為了挽救遼東局勢，大明王朝走馬換將，先後換了熊廷弼、袁應泰、王在晉、孫承宗、高第、袁崇煥等等一批牛人、猛人上場。

由於大明朝內黨爭嚴重，這些牛人無論能力大小，全都受到了朝內黨爭的影響，以致掣肘無功，抵擋不住努爾哈赤的凌厲攻勢。

按照《明史》的記載，袁崇煥是大明王朝倚若長城一般的人物，在寧遠「憑堅城、恃大炮」，打敗了努爾哈赤的進攻，取得了寧遠大捷。

實際上，袁崇煥只是有一股子不怕死的蠻勁，並無將略之長，他所堅守的寧遠沒被攻下，主要功勞還是靠東江鎮的悍將毛文龍。

毛文龍為浙江杭州府錢塘縣（今浙江省杭州市上城區）人，在瀋陽、遼陽連續失守的背景下，帶了一百九十七個人，從海路出發，繞過遼東半島，航程兩千餘里，在朝鮮登陸上岸，突襲位於後金和朝鮮交界處、鴨綠江西岸的鎮江堡（今遼寧丹東附近），取得了「鎮江大捷」。隨後以這一百九十七人為班底，擴軍至四千多人，連續發起突襲戰，一口氣攻下了寬甸、長甸、永甸、靉陽、鳳凰城等多個後金城堡，殺敵五千多人。

像毛文龍這樣率孤軍長途奔襲兩千里，奇襲敵人後方，取得如此輝煌的戰果，古往今來，似乎只有西漢的班超堪可與之媲美。

此後，毛文龍退守皮島。

皮島又叫東江，在登、萊沿岸的大海中，全長八十里，不生長草木，遠離海岸，靠近北岸，北岸與後金界只相隔八十里的海面，其東北海則屬於朝鮮。

毛文龍以這個不毛之地作為根據地招募遼東難民，在朝鮮從鐵山、義州到寬甸這一帶進行屯田，建立了敵後根據地，不斷對後金進行襲擊，取得了「董骨寨大捷」、「牛毛寨大捷」、「烏雞關大捷」等等勝利，成為了努爾哈赤的腹心之患。

為此，袁可立、熊廷弼和孫承宗都曾給予毛文龍高度評價，說他「以孤劍臨豺狼之穴，飄泊於風濤波浪之中，力能結屬國，總離人，且屯且戰，以屢挫梟酋」、「有心機，有識見，有膽略，有作為」。

這次，努爾哈赤從寧遠撤兵，正是毛文龍在後面出擊和牽制所收到的奇效。

努爾哈赤正月底從寧遠撤兵後，該年五月下旬，率大軍越過義州、寧遠，準備繞道攻打山海關。又是毛文龍指揮其屬下官兵分路進兵，向後金挑戰，雖然傷亡極大，但終於澈底粉碎了努爾哈赤的計畫。

八月，努爾哈赤身患惡瘡，於十一日早上不治身亡。

繼承了努爾哈赤汗位的皇太極對毛文龍深以為患，決意要盡一切辦法將之除去。

為了避免兩面作戰，皇太極故意向寧遠的袁崇煥拋出橄欖枝，表示出要議和的意向。

袁崇煥也深知「憑堅城、恃大炮」的方式不能進攻，只能防守，這其實是一種「不求有功但求無過」的消極策略，那麼，和議當然是最好不過的選擇。於是，就傻呼呼地落入了皇太極的圈套，興致勃勃地和皇太極討價還價，全身心投入到虛無的和議活動中去。

穩住了袁崇煥，皇太極即於登基以後三個月，即次年正月初八，派二貝勒阿敏、岳托、阿濟格帶領八萬大軍，殺氣騰騰地撲向皮島，逕取毛文龍。

迫於後金的淫威，朝鮮方面充當了後金的嚮導，使得後金大軍只用一天時間就從鴨綠江殺到了皮島旁邊的雲從島。

後金大軍來勢奇快，毛文龍措手不及，只得且戰且退，撤退途中傷亡慘重。

由於是冬天，大海結冰，後金騎兵肆無忌憚，策馬踏冰渡海。

毛文龍退到雲從島的關口，穩住了陣腳，用火器堅守，雙方在關口你來我往地攻防了一天。

入夜，乘後金軍隊疲憊熟睡，毛文龍又組織起一千多人發動夜襲，給敵人以重大殺傷，震懾住後金的士氣。

接下來的四天，後金八萬大軍輪番向雲從島發起猛攻。

毛文龍部只有兩萬餘人，以少抗多，以弱擊強，倚仗有利地形與敵人展開廝殺，堪堪頂住了敵人的進攻。

在這危急關頭，毛文龍不斷向朝廷發出求救文書。

可是，袁崇煥拒絕出兵救應，只是派遣使者送書信給皇太極，指責他不該破壞和議，強烈要求其迅速撤犯朝鮮之兵。

皇太極當然不會因為袁崇煥這封書信而停止了醞釀已久的大型軍事行動，置若罔聞，不覆一字。

朝廷一再嚴令袁崇煥「以關寧之師直搗虎穴」，袁崇煥卻鐵了心不發兵，上疏抗辯，稱：敵人有十萬人劫掠朝鮮，十萬人居守遼陽，我軍出擊，乃是正中敵人下懷。

袁崇煥不發兵，使毛文龍幾乎遭受到了滅頂之災。

不過，與毛文龍作戰的後金統帥阿敏，是努爾哈赤的弟弟舒爾哈齊的兒子。舒爾哈齊被努爾哈赤囚禁至死，阿敏表面雖然不敢說什麼，內心一百個不服。

阿敏這次的主要任務是除掉毛文龍，滅亡朝鮮只是一個捎帶任務，但他卻起了佔領朝鮮、在朝鮮稱王、進而脫離皇太極的心思。

強攻了四天都沒能佔領雲從島，阿敏便以損失太重為由，轉攻朝鮮首都平壤去了。

朝鮮國王李倧嚇得棄城逃跑，浮舟海上，不斷遣使向明朝和毛文龍求救。

大明既是朝鮮的宗主國，藩屬國有難，焉有不救之理？

天啟皇帝下詔給毛文龍，要毛文龍「相機應援，無懷宿嫌，致誤大計」。

毛文龍忠肝義膽，接到詔書以後，以德報怨，拋棄所有成見，更不顧自身兵微將寡、糧餉短缺，毅然率部進入朝鮮，進擊後金大軍。

朝鮮半島乃是苦寒之地，又值在大雪紛飛的冬天，毛文龍部士將的處境異常艱苦，不但衣不蔽體，而且很多人沒有鞋穿，打著赤腳。沒有吃的，就割死屍肉果腹，不屈不撓，殊死搏殺。

朝鮮的宣州、晏庭、車輦、義州等地處處閃現著明軍浴血奮戰的身影。

隨著天氣逐漸轉暖，河水、海水開始解凍，戰事逐漸向有利明軍的方面轉變。

明軍依靠朝鮮境內的大小河流，將以騎兵為主的後金困住。在銀杏江畔，毛文龍三次打敗後金騎兵，並在千家莊、瓶山一帶與後金主力展開決戰，斬敵六千餘級。

眼看佔領朝鮮已成畫餅，阿敏只好收起在朝鮮稱王的念頭，和朝鮮簽署了一個寬鬆的和平條約，匆匆撤兵。

這一場由毛文龍領導的抗金援朝戰爭，是明軍在內無糧草、外無援兵的絕境下的喋血之戰，戰況慘烈，然「令人舌咋心驚，色飛神動」。

在中國的義大利傳教士衛匡國向歐洲人介紹說：「此次戰役之激烈為中國所未曾見。」對於毛文龍，衛匡國說：「抗拒韃靼人最有力的要數英勇蓋世的大將毛文龍。」

無才、無德、性急、殘暴、刻薄寡恩——這些標籤，屬於崇禎帝嗎？

說起大明王朝的滅亡，按照以前的老說法，那是腐朽的王朝已經走向了沒落，新興的滿洲政權充當了它的掘墓人，明亡清興，新陳代謝、王朝更替，中華民族完成了一次華麗蛻變，又重新煥發了新的生命力、新的光芒和色彩。

近年來，隨著眾多歷史愛好者對這一段歷史進行深挖，發現並不是那麼回事，大明王朝並沒顯示得多麼腐朽，只是西北地區遭受到了前所沒有的旱、蝗大災，東南一帶的生產力異常蓬勃，手工業、海上貿易的發展如火如荼。而在政治體制上，明朝皇帝的權力已有所弱化，權力結構出現了皇帝與言官、內閣分權制衡的合理分工，政治清明、言論自由，海瑞之流可以指著皇帝的鼻子破口大罵，萬曆皇帝可以幾十年不上朝而國家機器也運轉如常，種種跡象表明，大明王朝的政治制度已經很接近伏爾泰所說的「開明君主制」了，如果沒有誰來打攪，照這個趨勢發展，中國政體走向民主也不是什麼不可能的事。

可是，大明王朝在天災（旱、蝗大災）、人禍（李自成、張獻忠等人的起義），以及滿清勢力的合力作用下，全盤崩潰，泱泱大中華，陷入了災難深重的亂局。

持以上所提老觀念、老傳統，對明亡清興過程歡呼喝彩的人，對於明朝亡國之君崇禎的悲慘結局，要麼是拍手稱快，要麼是嘲諷不斷、白眼有加；即使是同情明朝滅亡、惋惜明朝滅亡的人，也覺得崇禎的下場是自找的，活該。

反正，在大家的印象裡，崇禎都不是什麼好人。

他無才、無德、性急、殘暴、刻薄寡恩……

一句話，除了沒有桀紂荒淫無度，崇禎基本占盡了亡國之君所應該具備的特點。

真是這樣的嗎？

鑑於篇幅原因，這篇小短文沒法詳加分析，那就專門針對人們對崇禎詬病非議最多的殘暴、刻薄寡恩之說來說上幾句。

說崇禎殘暴、刻薄寡恩，源頭主要來於袁崇煥被殺。

實際上，袁崇煥被殺，才真正是自找的。

袁崇煥一案的審理時間足足用了八個月，輔臣並五府、六部、都察院、通政使司、大理寺、翰林院記注官，吏科等科、河南等道掌印官及總協、錦衣衛堂上等官經過反覆審核，給袁崇煥予定罪有九：

> 付託不效、專恃欺隱、市米資盜、謀款斬帥、縱敵長驅、頓兵不戰、遣散援兵、潛攜喇嘛、堅請入城。

注意，該九條罪名與清朝御用文人編撰《明史》裡皇太極的智用「反間計」沒有半毛錢關係（實施「反間計」事其實是並不存在的胡編亂造），這九條罪名條條坐實，無可辯駁。

袁崇煥最終被判處的結果為：磔示。

「磔示」之刑是太過了，慘無人道、慘絕人寰。

但袁崇煥被處死刑，一點都不冤。

畢竟，以正統史書的面目現世的《明史》給人們的影響太巨大了。在《明史》裡，袁崇煥是一個悲劇英雄。

悲劇英雄必定會讓人流淚、痛心和扼腕長嘆。

武俠小說家金庸專門寫了一部《袁崇煥評傳》來紀念悲劇英雄袁崇煥。

金庸在流淚、痛心和扼腕長嘆之餘，對崇禎發出了憤怒的控訴：「崇禎在位十七年，換了五十個大學士，十四個兵部尚書。他殺死或逼得自殺的督師或總督，除袁崇煥外還有十人，殺死巡撫十一人、逼死一人。」

金庸怒斥崇禎是個喜怒無常、兇狠殘暴的嗜血獨夫。

不過，金庸只是一個小說家，不是史家，他並不瞭解明朝的政治制度，並不知道殺一個人要經過多少道法律程序，殺誰不殺誰，並不是皇帝一個人說了算的，他的指責顯得很無知，也很無力。

有一部名為《明朝那些事兒》的網路通俗史，裡面有一個專門的章節，比較詳細寫了明朝要處決一個普通犯人所必須經歷的種種程序，從這一點說，《明朝那些事兒》的作者史學功底要比金庸深厚多了。

試想，一個普通的百姓犯了法，要判處死刑，也要走足這麼多道法律程序，那麼，要處決一個朝廷大員，還能馬虎，還能兒戲？（老實說，袁崇煥私斬毛文龍，實在是太過馬虎、太過兒戲和太過草菅人命了。）

所以說，把處死袁崇煥的責任完全推到崇禎身上，並不合適。

按照金庸的說法，「崇禎在位十七年，換了五十個大學士，十四個兵部尚書。他殺死或逼得自殺的督師或總督，除袁崇煥外還有十人，殺死巡撫十一人、逼死一人」，那麼，袁崇煥之外，被殺死或逼得自殺的十個督師或總督，還有十一個巡撫，都有誰呢？他們又是怎麼被崇禎殺死或、逼死的呢？金庸沒有明確說，但我們可以通過史料查究一下，時間就從崇禎初年開始。

崇禎初年，巡撫都御史畢自肅自殺。自殺原因是寧遠前線欠餉，士兵譁變。畢自肅和總兵官朱梅、通判張世榮、推官蘇涵淳等人被捆綁囚禁於譙樓。值得說明的是，時任戶部尚書的畢自嚴就是畢自肅的哥哥，據畢自嚴核計，該年，國庫應入銀三百二十六萬兩，實際收入不滿兩百萬兩，邊餉銀三百二十七萬兩，入不敷出，赤字太大，邊餉銀不夠。官兵情緒失控，對畢自肅等人惡語謾罵，手捶棍打，畢自肅滿臉流血。事情過後，畢自肅認為自己治軍無方，出現了兵變，在憤懣與羞愧交加中上吊自殺。

崇禎二年，九月，楊鎬被斬。楊鎬是萬曆四十七年薩爾滸大戰的總指揮，該戰失敗，楊鎬受到言官的瘋狂彈劾，下獄，經過反覆審核，到了崇禎朝執行死刑。

同年十月，大清兵入遵化，巡撫都御史王元雅、推官何天球等戰死。

崇禎三年正月，大清兵克永平，副使鄭國昌、知府張鳳奇等戰死。

同年二月，大清兵由大安口入內地，總督薊遼都御史劉策不能禦敵，遭到言官彈劾，下獄，被判處死刑。

同年八月，袁崇煥被處死。

崇禎五年，孔有德發動叛亂，攻陷登州，巡撫登萊的都御史孫元化被問責，判死刑。

崇禎七年，陳奇瑜圍困車箱峽不力，李自成從裡面竄出，連破寶雞、鳳翔、麟遊，州縣告急。各省巡撫、朝廷言官交章彈劾。陳奇瑜被除名、戍邊。

崇禎九年，張獻忠攻陷安徽鳳陽，焚皇陵樓殿，燒龍興寺，連陷州縣。總督漕運尚書楊一鵬被文官彈劾、下獄問斬，淮揚巡按吳振纓等亦逮刑部治罪。

崇禎九年，大清兵繞道長城喜封口侵入關內，進逼昌平，兵部尚書張鳳翼和兵部右侍郎兼右都御史梁廷棟不堪言官彈劾，服慢性毒藥自殺。

崇禎十一年，熊文燦招降張獻忠、劉國能，反被張獻忠等人騙去餉銀無數，崇禎十二年五月，張獻忠再起，時局大壞，熊文燦被問責，下獄，次年被斬。

崇禎十四年，因鄭崇儉撤兵太早，導致張獻忠躲過一劫，朝廷問責，鄭崇儉下獄，被斬。

同年，早已身患絕症的楊嗣昌驚聞張獻忠襲襄陽、襄王被殺，深愧辜負了崇禎厚恩，病情加重，不治身亡。

同年，河南總督傅宗龍、汪喬年與李自成作戰失利，不屈身死。

同年，因松山、錦州失守，兵部尚書陳新甲屢遭言官彈劾，章至數十，下獄，不久被斬。

崇禎十六年，清兵攻下海州、贛榆、沭陽、豐縣之後北進，兵部左侍郎並督師范志完觀望不敢馳援，遭到言官猛烈彈劾，後議罪下獄。

同年，兵部尚書並督七省軍務的孫傳庭師出潼關，慘敗於李自成手下。孫傳庭與監軍副使喬遷高戰死陣中。

平心而論，上述這些人，是不是崇禎一意孤行所處死的還另一說，就算是，他們也都死得不冤。作為軍隊的負責人，戰事不利、失地瀆職，總不能沒事人一樣吧？

像傅宗龍、汪喬年、孫傳庭等戰死沙場的就不說了，而畢自肅、張鳳翼、梁廷棟、楊嗣昌等人，有尊嚴、有良知，覺得自己在其位不能勝任其事，白白消耗了納稅人的錢、辜負了國家的託付，選擇了自動自覺離開這個世間，實在不應該把他們的死記在崇禎頭上，並冠以「逼死」之名。

其實，崇禎對於楊嗣昌的死深感痛惜，不但親自為楊嗣昌寫了祭文，還頂住言官的彈劾，追贈楊嗣昌為太子太保。

陳新甲同樣也是一個有尊嚴、有良知的人。松山大敗後，言官彈劾陳新甲的奏章多達六七十份，而陳新甲本人請罪的奏章也有十幾份。至於這些彈劾，崇禎壓都壓不住，緊接著，陳新甲又洩露了和談祕密，最終只有死路一條了。

而從陳新甲和崇禎偷偷摸摸地策畫和清人和議這件事上，也不難看出，明朝皇帝的權力其實也很有限，在得不到言官支持的情況下，和談不可能光明正大地進行。當然，不能光明正大地進行，也就不可能成功。那麼，既然沒有成功的希望，崇禎為什麼還要策畫呢？很多人以為是崇禎死要面子，這種想法，太幼稚了。這麼做的真實原因，樊樹志在《晚明史》中分析得相當清楚：「按照思宗的本意，是想祕密達成協議，造成既成事實，減輕北邊壓力，集中力量對付中原的李自成、張獻忠」。

看看，明朝的皇帝，想做什麼、不做什麼，並沒有太多自主權，實際上，和議之事洩密後，在言官的大力反對下，和談之事就此泡湯。

其實，非但和議之事是這樣，後來，李自成兵逼北京，崇禎帝想遷都、想召山海關並關外吳三桂的兵回師勤王，都是因為沒獲得文官集團的支持而泡湯，最後，崇禎帝只好困坐愁城，自縊殉國。

所以，那種認定崇禎一遇到失敗就想殺人解氣、要想處你「磔示」就「磔示」、要想迫你喝毒藥就得喝毒藥的想法，完全是錯誤的。

至於把「換了五十個大學士」、失德、無行、殘暴等等屎盆子都往崇禎頭上扣，甚至把亡國的責任都到他身上，更是荒謬已極！

最後提一下，「換了五十個大學士」，此事確不確呢？

確，但並不能說明什麼問題。

崇禎即位之初，他接手的明朝領導班子是魏忠賢時代遺留下來的，多是阿諛奉承之徒。對這些人，難道還要崇禎像舊時的出嫁婦女一樣，堅持「從一而終」？恩養他們到老、到死？

話說回來，剛剛登位的崇禎不過才十九歲，相當於今天的高中畢業生，一下子就面臨著一個全新的工作環境，什麼也不熟悉，他倒是想恩養這些人的，但這些人都有自知之明，懂得「一朝天子一朝臣」的道理，在受到文官彈劾後，紛紛請辭，崇禎留都留不住。

這樣的大學士，換了就換了，能怪崇禎嗎？

因為這些人的請辭，內閣為之一空，崇禎初來乍到、人生地不熟，不知選誰入閣補缺，只好舉辦了一個飽受後世非議的「金瓶抓鬮」方案——以抓鬮的方式擬定內閣人選。

「金瓶抓鬮」的無奈，已足現體現崇禎所面臨的尷尬。

而「金瓶抓鬮」所選出來的、包括後來陸續上臺的閣臣，像李標、錢士升、成基命、何如寵、錢象坤、鄭以偉、黃景昉、王應熊、張至發、薛國祥、范復粹等等，才能平庸，無力勝任，混不下去了，就一個個請辭而去，崇禎該挽留也挽留了，且大明王朝內憂外患，已到了亂象四起之期，需要的是「扶危定傾」人物，這些人換了就換了，又有什麼好大驚小怪的？

至此，那些貼在崇禎身上的標籤「無才、無德、性急、殘暴、刻薄寡恩」，可以休矣。

魏忠賢真的是崇禎皇帝的可怕對手嗎？

崇禎皇帝在上臺之初，就乾淨俐落地幹掉了權傾朝野的魏忠賢。

為此，贏得了一片叫好聲。

名士夏允彝甚至因此大讚崇禎皇帝是「神明自運」。

歷史學家如談遷等人，也稱崇禎皇帝大智大勇，面對強敵，臨危不懼，有節有制，收放自如地化解了敵人的攻勢，進退之間，迅速將對手消滅於無形之中。

那麼，魏忠賢真的是那麼強大，真的是那麼可怕，崇禎皇帝鬥倒他真的那麼值得稱頌嗎？讓我們來看看魏忠賢其人。

魏忠賢，直隸（河北）肅寧人，形質豐偉，言詞佞利，有膽氣，能擔當，沉猜狠忍，凜然一大丈夫模樣，實則不過市井間一無賴耳。

其目不識丁，性多狡詐，喜事尚諛，出身雖然貧賤，卻喜歡尋花問柳，豪賭海飲，既有「家無擔石而一擲百萬」的慷慨，也有「邀人豪飲，達日不休」的豪情，即使囊中洗盡，身無分文，也恬不以為意，「唯聞其叫嘯狂躍之聲，罕見其悲愁戚鬱之態」，堪為沒心沒肺沒頭腦一類人士的傑出代表。

正因如此，鄉里的無行浪子，爭相與之交遊。

其若偶贏得一點小錢就迷戀青樓翠袖之間，擁妓而眠，醉不歸宿，家中雖有妻女，卻從不過問，遊手好閒，以窮日月。

按照《玉鏡新譚》上的說法，這種以青樓為家、以賭飲為業的生活使他患上了瘍毒，「身無完肌，迨陽具亦糜爛焉，思為閹寺，遂以此淨身者」。《明史》則說：「與群惡少博，少勝，為所苦，恚而自宮。」

不管是哪一種說法，反正是因為胡混亂混，為生活所迫，閹割淨身了。

河北人多地少，農民生活貧困，憑著畿輔之地的優勢，民間多有閹割入宮「以博富貴」之人，「為人父者，忍薰腐其子」之事屢見不鮮。

閹割的人員過多，而宮中的需求量有限，供大於求，就會有很多閹割過的人淪為無業人員，只好以行乞或偷盜為生，成為了影響社會安定的閒雜分子。

初為閹人的魏忠賢也很是過了一段「敝衣襤褸，懸鶉百結，穢氣熏人」的行乞生活，其「晝潛僻巷乞食，夜投破寺假息，昕夕晏如，不自為辱」。

也算他運氣好，瞎混了一段時間，有幸進入某內宦府中做伙夫，做些煮飯做菜的粗活，因為會來事，懂得諛媚逢迎，得到主人的特別關照，肯替他打點，於萬曆十七年變名為李進忠入宮為「小火者」。

所謂「小火者」，為宦官中的最低級別的者，「執宮禁灑掃負荷之役」，負責掃地搬運。

這種生活一過就是三十多年，一個字，慘。

不過，魏忠賢竟然能保持其當年即使身無分文也恬不以為意的優良品質，一天到晚臉上掛副傻乎乎的笑容，「人多以傻子稱之」。

難得的是，這個傻子每月領到工錢，還能豪氣干雲地跟人賭博。有一次，因為輸了錢，被人吊在空中餓了三天。

魏忠賢生活的轉折點是在萬曆末年，天啟生母王氏「無人辦膳」，缺少一個做飯的，魏忠賢有多年的做飯經歷，神差鬼使，這份「美差」就落到了他的頭上。

說是美差，那是相對其之前做清潔工和搬運工而言，在其他人眼裡，這並不是什麼炙手可熱的差使。因為那時天啟的父親朱常洛還過著朝不保夕的生活，而且王氏出身低賤，備受朱常洛的冷落，這才出現「無人辦膳」的情況。

誰也沒有想到，替王氏做飯的這份工作，竟然會成為魏忠賢日後一步登天的雄厚資本。

因為這份工作，魏忠賢有機會接觸到了天啟小朋友，其常常以「辦膳為名，於十庫諸內臣如蘗張等，皆騙其食料，醯醬或財物、玩好，以至非時果品、花卉之類，必巧營取之，而轉獻先帝以固寵也」。在天啟那幼小的心靈裡留下了不可磨滅的好印象。

另外，因為這份工作，他還有緣結識了朱常洛的心腹太監王安手下的紅人魏朝、以及天啟的奶媽客氏。

魏朝和客氏當時是一種「對食」關係。

所謂「對食」，原指搭夥共食。後指宮女與宮女之間，或太監與宮女之間結為「夫婦」現象。

也就是說，客氏可是魏朝的「妻子」。

魏忠賢不管，橫刀奪愛，第三者插足，將客氏占為己有。

就是這個客氏，使魏忠賢「逾年由小火者躐進司禮監」，成了他命中的一大貴人。

客氏，河北保定府所屬的定興縣侯田兒之妻，為天啟的乳娘。

天啟的父母一直活在憂懼中，沒有什麼心思照看他，是這位乳娘，讓他擁有了一個溫暖的懷抱，餓的時候有人餵，哭的時候有人哄。

漸漸地，天啟有一天看不見客氏都不行，而客氏也把天啟當成了自己的心肝兒疼著寵著供著。天啟一年年長大，不用吃奶了，客氏就義不容辭地擔任他的保姆。

而按照宮規，皇子六七歲，保姆就必須出宮了，可天啟離不開客氏。

這時的客氏是一個很稱職的奶娘、保姆。

她照顧天啟可謂無微不至，凡「起居煩躁，溫飢暖寒」，都「業業兢兢，而節宣固慎，艱險備嘗」。大明宮內，皇子皇孫滿百日就必須剃髮，一連剃到十多歲才能留髮。這事兒本來由專門的「篦子房」來管，但客氏事必躬親，每年都由她親自給天啟剃髮，非但如此，她還很小心地把天啟的胎髮、瘡痂、落齒、指甲，都搜集好，用帕子包起來，珍藏在一個小匣子裡。

真是個不可多得的保姆啊！

不過，客氏入宮的第三年，她的丈夫病逝，她的生活就開始偏離了原來的軌道。

《稗說》上說，客氏「年少艾，色微頳，豐於肌體，性淫」，《玉鏡新譚》則說：「客氏淫而狠」，《明鑑》也說她「性淫而很（狠）」，丈夫健在時，客氏就經常往家裡跑，名為照料兒子，實是與丈夫相會。

丈夫死了，她出入宮中的次數更多，行蹤詭異，個中緣由，無人得知。

但想想，一個女人，青春年少，性欲旺盛，如狼似虎，可以理解。

和諧畫面已被破壞。

隨著天啟進入少年期，性方面開始發育，客氏出入宮中的次數又略有收斂。

咦？為什麼會有這種轉變呢？

清人抱陽生在《甲申朝事小紀》中一語道破玄機：「傳謂上甫出幼，客先邀上淫寵矣。」

這真是駭人聽聞。

看過《紅樓夢》的人也許都會對警幻仙子教導少年賈寶玉學會男女之事的情節印象深刻，按照抱陽生的說法，客氏在天啟跟前充當了警幻仙子的角色。

這事兒雖說是宮闈祕聞，但也並非空穴來風。

客氏出入有數十名穿紅蟒衣窄袖的太監在前面步行引路，「老祖太太千歲」的呼聲不絕於耳，八抬大轎，轎前轎後有數百人隨行，相隨燈燭兩三千支，轎前提爐數對，燃沉香如霧，「呼殿之聲遠在聖駕遊幸之上，燈火簇烈照如白晝，衣服鮮美儼若神仙，人如流水，馬若游龍。天耶！帝耶！都人士從來不見此也」！

客氏既有這種權勢，自然是宮中太監趨之若鶩的追求對象。

魏朝捷足先登，將她獵取為與自己「對食」的女人。

魏忠賢雖傻，卻也深知客氏的非凡價值。

他仗著自己優勢，成功擠走了魏朝，獲取了客奶媽的芳心。

魏忠賢的優勢就是：「雖腐餘，勢未盡。」

這句話的意思就是，魏忠賢雖然做了閹割手術，但手術做得不澈底，還有性能力。

是的，還有性能力。

據《玉鏡新譚》記，魏忠賢入宮後，還經常外出嫖妓呢。

他既有性能力，而且早年又是風月場上的老手，對處於性飢渴的客氏來說，無疑有著無窮的吸引力。

他「挾房中術以媚」，讓客氏欲仙欲死，從此「客氏遂薄朝而愛忠賢，兩人深相結」。

魏朝剛發現客氏另有所愛那陣子，也哭過，也鬧過，甚至找魏忠賢論理，兩人經常「醉罵相嚷」。

有一次深夜，又鬧起來，鬧得驚天動地，驚動了天啟。

天啟將他們召到跟前，「並跪御前聽處分」，當他知道了事情的原委後，就命人找來客氏，對她說：「爾只說，爾處心要著誰替爾管事，我替爾斷。」

客氏羞答答地一指魏忠賢。

好，那就是他了！天啟雙手合擊，當眾宣布，以後誰也不得干涉客氏和魏忠賢兩個人的生活。

從此，魏忠賢「始得專管客氏事，從此無避忌矣」。

魏忠賢是天啟童年的玩伴，老熟人，本來就深得天啟喜歡，其既得客氏，就「表裡為奸，事權一旦把握」了。

天啟執政的日子裡，他對朝內那批自命不凡的文臣看不下去。

這批文臣在暗中拉幫結派，每天都在為了爭吵而爭吵，爭吵的內容大都是對人不對事，因為反對某人，只要是這個人的觀點，不管是對還是錯，都必須反對。

可是，這些文臣的自我感覺良好，絲毫沒覺察到天啟的憤怒。

特別是東林黨人，一個個人五人六，牛氣哄哄。

魏忠賢曾經主動向東林黨的領袖人物，如趙南星、劉一　、周嘉謨、楊漣等人示好，給他們送錢送物，並在公開場合高聲讚揚東林黨人的為人行事。

可是這些清高的東林黨表現得很不屑，一口一句「魏閹」，將送上門的禮物悉數退回，要上門拜訪，直接用棒子轟。

東林黨人的這種做法，造成的惡果就是：「閹黨」從此橫空出世。

魏忠賢對東林黨人死了心，在天啟有意無意的支持下，將周嘉謨、劉一燝、孫慎行、鄒元標等重量級朝臣驅逐下臺，而援引顧秉謙、魏廣微等人入閣，成立了以自己為中心的「閹黨」。

看著「閹黨」的壯大，天啟有了一個大膽而瘋狂的計畫：借助「閹黨」的力量，逐步替換掉現有的文官班子，重新組建一套班子。

我不便出面處理的事，魏忠賢，你來！

我不便出面處理的人，魏忠賢，你來！

於是，在這種背景下，魏忠賢以結乾親拜把子的方法，在朝廷中遍植勢力，使得浙、齊、楚、宣、昆各黨派的黨人都聚集到他的麾下以與東林黨抗衡。

一時間「自內閣、六部至四方總督、巡撫，遍置死黨」，在高層文武官員中出現了有名的「五虎」、「五彪」、「十狗」、「十孩兒」、「四十孫」嫡系群體，此外，還有「二十孩兒」、「四十猴孫」、「五百義孫」，澈底控制政局，搖身成為了「九千九百九十九歲」。

對這個「九千九百九十九歲」，天啟並沒顯示出太多諸如「尾大不掉」的擔心。

因為，他十分清楚，魏忠賢本質上就一個傻子，雖然有兇狠殘忍的一面，但內心怯懦，膽小，受不得驚嚇。

事實也是如此，楊漣要上疏彈劾魏忠賢，魏忠賢就嚇得體弱篩糠，兩腿發軟，像個受了委屈的婦人一樣，跑到天啟面前一把鼻涕一把淚地哭泣。

那天，魏忠賢把楊漣那封彈劾有自己二十四條罪狀的奏疏上呈給天啟，戰戰兢兢地安排掌印太監王體乾負責唸，又鄭重其事地請出客氏在旁邊，動用她那些三寸不爛之舌替自己打掩護。

一方面，王體乾的唸讀掐頭去尾，去重就輕，「多方曲庇之」；一方面，客氏絮絮叨叨地在一帝「彌縫其罪戾，而遮飾其回裡」。

其實，這一切都是不必要的。

天啟的心裡雪亮得跟明鏡似的，他只是淡淡地說了句：「爾聞言增惕，不置一辨，更見小心。」再無下文。

魏忠賢畏懼天啟，卻又必須依賴於天啟，他希望天啟長命百歲

偏偏，天啟卻是一個短壽之人。

天啟五年五月十八日（一六二五年六月二十二日），天啟和兩名宦官在西苑（今中南海）划船遊玩，水面忽然狂風大作，船翻了，落水。

雖然被救起來，但從此身子落下了病根，經常咳嗽、氣喘，一蹶不振。

斷斷續續，撐了兩年，天啟七年的五月突然轉重，從五月初捱到八月中旬，眼看就要掛，魏忠賢和客氏慌了手腳了。

天啟的皇后妃嬪為他生下「皇子三位，皇女二位，皆保衛不得法，以致嬰年蕘夭，良可悲痛」。

天啟一旦駕崩，連個繼位的子嗣都沒有，怎麼辦？

要不，篡位？將大明天下改姓魏？

魏忠賢一哆嗦，這動作太大了吧？

他不光現在想起打哆嗦，之前的無數個夜裡想起也打哆嗦。

雖說自己有義子、義孫無數，但畢竟沒一個是親生的，現在自己也年紀一大把了，整這麼大，先不說成功不成功，就算成功了，百年之後這皇位也不知傳給誰合適。

唉，這天啟死得太不是時候了，人家一點心理準備也沒有！

八月二十二日，天啟快不行了，魏忠賢大急，滿頭大汗地連使十餘人傳呼時任兵部尚書的崔呈秀，說是有要事相商。百官相顧錯愕，攘臂大呼道：「如果有公事相商，就應該公開由大家一起本記，天下事豈是崔呈秀一人所可擅與耶？」

在這種情形之下，崔呈秀做起了縮頭烏龜，不敢應命。

崔呈秀不來，魏忠賢就顯出了其傻子的本色，沒有了主意。

那邊的張皇后不敢怠慢，乘著丈夫還清醒，力勸他趕緊傳位給信王朱由檢。

天啟一共有七個兄弟，夭折了五個，現在，他身邊就只有五弟朱由檢了。

天啟也知道自己留在這個世上的日子已經不多了，必須做出決定。

他聽從了張皇后的勸告，最終認定將皇位傳給五弟朱由檢是最好的選擇，命五弟入內。

朱由檢懷惴著心事來了，忐忑不安。

天啟倚靠在病榻上，遠遠看見五弟來了，掙扎著要起來，嘴裡說道：「來！吾弟當為堯舜。」

堯和舜是傳說中的賢君，天啟這麼說，等於是宣布了將帝位傳給了朱由檢。

天啟七年八月二十二日，天啟駕崩，張皇后馬上傳旨，令司禮監派人迎信王入宮。

中午時分，朱由檢被迎進文華殿，文武百官前來拜見，並上表勸進。朱由檢再三推讓，直到下午太陽平西，朱由檢才同意即位。

內閣提出了四個年號，分別是：「乾聖」、「興福」、「咸嘉」、「崇禎」。

朱由檢認為，乾聖，乾為天，聖字壓力太大，自己擔當不起；而福興寓中興之意，自己以難以勝任；咸嘉，咸字右邊有一「戈」字，而現今國事維艱，生靈塗炭，息止乾戈是當務之急，故咸嘉也不可取；最終選擇了崇禎。

崇禎，從此也成了後人對他的代稱。

儘管天啟曾經叮囑過：「善視中宮。魏忠賢可任也。」

而崇禎本人也是由魏忠賢派人迎他入宮的，可是，他對魏忠賢始終警覺有加。

他覺得，魏忠賢就是一條毒蛇，對待毒蛇，絕不能心慈手軟，否則，你將會葬身蛇腹。

入宮的時候，他悄悄藏了一些乾糧在袖中，「不敢食宮中物」；當晚，「秉燭獨坐」，不敢稍有懈怠。

事後證明，他的擔心完全是多餘的。

魏忠賢表面雖然強大，其骨子裡卻依然是一個傻子，並不是同一個級別的選手。

崇禎對付他的方法是溫水煮青蛙，想讓他在不知不覺中死去。

他真的是無知無覺、傻呵呵地接受了這種安樂死。

他的親信被崇禎一個個地趕走了，他還傻不拉嘰的在那兒看著，一副很享受的樣子。

這樣，他終於等來了崇禎叫他滾蛋的那一天。

走的時候，他也不是特別沮喪，雖然不能在京城待了，可手裡頭不是還有很多錢嗎？他組建了一個規模龐大的車隊，將自己搜刮來的財產全部打包，浩浩蕩蕩，拉了十幾里路，趾高氣揚地啟程。

這樣的表現，我們只能感嘆，這人，太傻了，實在傻得超出了我們的想像。

如果不是歷史的惡作劇，如果不是因為他遇上了天啟，這個傻子又怎麼會有這麼大的權勢呢？

而事實就擺在人們眼前，這人，就是一個純粹得不能再純粹的傻子。

對付他，崇禎從頭到尾都沒遇上到哪怕一丁點兒的反抗，要說有，也就是私下裡的一些牢騷話、怨言——當然，這樣的反應是傻子也該有的。

崇禎一直擔心他會有什麼厲害的後著，所以絲毫不敢大意，小心翼翼地走好每一步，等他動身離京，在去鳳陽的路上，才追發處死他的命令。

崇禎之所以這麼做，是擔心在京城發難會觸發起他的反彈，而事實上，所有擔心都是多餘的。

魏忠賢知道了是崇禎要他死，只是長長嘆了口氣，就乖順得不能再乖順地上吊了。

整個除閹過程波瀾不驚，乏善可陳。

沒有起伏，沒有鬥爭，沒有驚心動魄，一切都那麼水到渠成，順其自然。

魏忠賢一死，客氏也遭到了最後的清算，「發淨樂堂焚屍揚灰」，落了個挫骨揚灰的下場。

應該說，大明政府在魏忠賢之流的合力摧毀下，已經千瘡百孔，崇禎要將之起死回生，還有很多工作要做。

一句話，魏忠賢並不是什麼可怕或強大的對手，可是，剷除了魏忠賢，崇禎變得極度自信，極度迷戀自己的能力，最後變得自負、剛愎自用，將一個千瘡百孔的大明帝國帶入了深淵。

吳三桂是不是天生「反骨」？

吳三桂，字長白，祖籍徽州（安徽徽州），先遷居高郵州（江蘇高郵），後又遷至遼東中後所。父親吳襄，識文能武，尤善養馬，曾在相當長一段時間以販賣遼東馬匹為生。其於天啟二年（一六二二年）中武舉進士，任遼東總兵李成梁部騎將，算是進入了軍界，從而結識了遼東望族祖氏，並有幸與祖氏聯姻，娶了祖大壽的妹妹為妻，在遼東開始發跡起來。

祖氏世居遼東，滿門皆官。以祖大壽為首，其兄弟祖大樂、大成、大弼，子侄有祖澤遠、澤沛、澤盛、澤法、澤潤、可法等，分居總兵、副將、參將、遊擊等職，散駐寧遠、大凌河（遼寧錦縣）、錦州諸城，為遼西首屈一指的巨族。

崇禎二年（一六二九年）的「己巳之變」中，袁崇煥平臺落獄，祖大壽無視朝廷國法，公然率遼兵奔出山海關，崇禎卻不敢加罪於其，反下詔安慰。

崇禎四年（一六三一年），皇太極圍困大凌河，迫降了祖大壽。祖大壽以接取家屬為由，進獻了一條「智取錦州城」的大計，祕密逃回。此事被遼東巡撫丘禾嘉覺察，密奏崇禎，崇禎卻裝作若無其事，忍了下來。

所以這樣，蓋因其家族在遼東勢力盤根錯節、枝繁葉茂，煊赫一時，唯恐牽一髮而動全身也。

也是因為這個緣故，皇太極才不惜千方百計對祖大壽進行招降。

崇禎甚至還命人於寧遠城內敕建祖氏四世鎮遼的功德牌坊。

吳襄做上了祖家的乘龍快婿後，便任祖大壽手下參將，累官至都指揮使，留鎮寧遠。

崇禎四年（一六三一年），任錦州總兵官。崇禎六年（一六三三年），又以軍功授為都督同知，蔭一子錦衣百戶世職。吳氏家族的人紛紛登上仕途，各居要職。吳三桂的哥哥吳三鳳和姨夫裴國珍均為大淩河的軍官，吳三桂年紀輕輕，更是提為前鋒右營參將。

可以說，吳家已成為了祖家之外的另一個豪門望族、軍閥集團。

吳三桂天資「聰明自然超群」，蹣跚學步的年紀，父親吳襄就有意訓練他的騎射本領，每天手不離箭，股不離鞍。稍長，任俠尚武，能騎馬獨闖山林，射殺猛獸。十四五歲時，又跟隨名師練得一身好刀法，於十七歲應試武功，得中武舉，「自少為邊將」，在軍中任職，開始了其風雲激蕩的軍事生涯。

少年吳三桂「瞻視顧盼，尊嚴若神」，長得一副神氣俊朗的相貌。可是，在崇禎三年（一六三〇年），鼻樑之上卻多了一道長盈寸餘的刀疤，平添了幾許暴戾、猙獰之氣。

提起這道刀疤，得從崇禎三年（一六三〇年）說起。

那一年，乃是「己巳之變」後的第二年。祖大壽奉命與孫承宗分駐三屯營（河北遵化附近）、豐潤（今仍名）之間堵截後金兵歸路（《國榷》卷九十一）。吳襄時為祖大壽參將，帶吳三桂隨征，在建昌城外遭遇了上數萬後金兵。後金將領將吳襄所部團團圍住，形勢岌岌可危。站在建昌城頭的祖大壽看見後金兵勢大，自料吳襄必死無疑。不料吳三桂卻視死如歸，匹馬揚刀，硬是在在萬軍之中殺出了一條血路，將父親救了出來。

就在這一場戰爭中，他的鼻樑上挨後金悍將砍了一刀，留下了畢生難消的印記。

不過，這一道印記也讓他威名大振，既得「忠孝」之名，又以「勇而敢戰」為時人所感服。

崇禎五年（一六三二）正月的「孔有德之亂」中，吳三桂以遊擊將軍的身分跟隨父親與舅父祖大弼參加平叛活動，在戰鬥中，也多有上佳表現，不久，被提為前鋒右營副將。

因「勇冠三軍，邊帥莫之及」，且又連續投在實權派人物薊遼總督洪承疇、遼東巡撫方一藻、總監關寧兩鎮御馬監太監高起潛的門下，崇禎十二年（一六三八年）七月，吳三桂又被任命為寧遠團練總兵。同僚眼熱得直發感慨，說：「仁兄二十七歲就登壇拜帥，真是儒門出將，父子元戎，千古罕見！」

少年得志的吳三桂被提升總兵官以後，並沒有驕傲自滿，而是衝鋒陷陣更猛於前，每逢大敵，身先士卒，斬獲最多。

他整訓兵士，在崇禎十三年（一六四〇年）的五月和七月間，多次與清兵在杏山（今遼寧錦縣杏山）一帶廝殺。每戰，兵士皆膽勇倍奮，士氣益鼓，多有勝績。

崇禎十四年（一六四一年）初，清軍已對錦州形成包圍之勢。城中乏糧，諸將恐懼莫名，運糧僅至寧遠以西各城，不敢再逾半尺。關鍵時刻，吳三桂挺身而出，解決了這個難題。他抓住敵人正在鬧新春、過新年的機會，於正月初二、初三兩天，裝載好糧食，以牛騾驢車三千四百輛，裝米一萬五千石，親自押運。此計果然鑽了個清兵防守上的空子，順利進入了錦州。並且，又全身而退，平平安安地返回寧遠。清兵有所覺察，為時已晚。

此次運糧得以成功，充分地顯示出吳三桂的深謀遠慮、膽略過人。

可是誰也沒有想到，這個向以「敢戰」著稱的吳三桂，作為援錦的八大鎮將之一，竟然在松山之戰的關鍵時刻掉鏈子，不戰而逃，做了個可恥的逃兵。

他不但置對自己有知遇之恩的老師洪承疇於不顧，置數萬大明將士的生死於不顧，也置擬效忠一生的大明江山社稷於不顧，義無反顧地逃之夭夭了。

據說，吳三桂讀《漢記》，看到昔光武帝所說的「仕官當做執金吾，娶妻當得陰麗華」一句，遂拍案而起，脫口叫道：「這也是我的平生大願啊！」或許，除了得到顯赫的功名外，他還有一個夢，一個玫瑰色的夢：擁有一個屬於自己的「陰麗華」！

又或者，他覺得自己的家裡還有足夠讓自己東山再起的財富和實力。

如果說是後者，那麼，這個寶，他押對了。

事實上，據其父吳襄後來透露：吳家有親將三千餘人，這三千餘人直接聽命於吳家父子，作戰肯出死力，往往以一擋十，以十擋百。

顯然，這是一股不容小覷的力量。

此外，寧前道石鳳臺還曾悄悄向崇禎奏報：吳三桂兵丁尚多，還能整頓兵馬，誓拯封疆。

所以，崇禎不追究吳三桂臨陣脫逃的死罪，予以寬大，就是看準了他們吳家已佔據了遼東各要津，乃是地方繼祖家之後的最大實力派，是最適合固守關外殘土的最適合人選。

世人對崇禎殺害袁崇煥，多存偏見，認為崇禎是個心胸狹隘、刻薄寡恩的兇殘君主。

可是，袁崇煥之死，多為咎由自取。

實際上，崇禎卻是有容人之過的人，他為了顧全大局，為了國家的利益，可以選擇性失明，不計較罪臣的一些小嫌小隙，繼續委以重任。

這一點，在對待在從大凌河回來的祖大壽身上也經彰顯無遺。

對待吳三桂也是如此。

崇禎覺得，祖大壽和吳三桂在困難重重之際，沒有向清人跪地求降，而是費盡心機往回跑，這就說明了他們對大明是忠心的。

由此，他擺出一副用人不疑、疑人不用的姿態，給吳三桂加升提督職銜，讓他全權負責遼東軍務。

這一姿態，讓吳三桂感激涕零，在接下來相當長的時間裡，堅定地站在明朝一邊，赤膽忠心，與清軍對抗。

吳三桂得授提督職銜，遂返寧遠，搜集散卒，招募兵勇，重新整訓軍隊。短短兩個月，練兵就達上萬人。而加上關外其他各鎮新練的兵，其可調度的兵力可達兩萬五千之數。崇禎特意發帑金十二萬，戶部發折色銀三十萬兩，再調天津漕米，陸續運至寧遠，大力支持他的工作。

這樣，寧遠的局勢，又漸漸穩定下來。

新降清廷的祖大壽，為向皇太極表忠，自請以回寧遠與城內家屬取得聯繫，賺開城門。

松山、錦州既得，皇太極的注意力也已轉向寧遠，與群臣商議，可以乘祖大壽妻子尚未搬回，總兵吳三桂尚未交替之時，由祖大壽前去勸降吳三桂。

可是，祖大壽的人到了寧遠，才剛提出要與祖大壽的兒子說個話，就遭到了守城官員的堅拒，派去的人碰了一鼻子灰，灰溜溜地回來了。

智取不行，就用強攻。

清朝將佐紛紛鼓譟著乘松山大勝之勢，電閃雷擊，一舉拿下寧遠。

祖可法、張存仁、馬國柱、雷興等一批大明降將的說法是：現在錦州已經拿下，寧遠驚駭，山海關潰亂，北京震動，只要兵臨城下，寧遠必不戰自潰。

他們的話也不無道理。

明軍新敗，人心惶惶。

而且，寧遠原先有錦州及松山諸城做屏障，諸城間緩急可相救，現在松山諸城已失，寧遠孤城，直接暴露在強大的清騎兵跟前，一旦再實施「圍城救援」的必殺之招，寧遠危矣。

但皇太極自覺松山戰後，清兵雖獲大勝，但士卒也頗有疲乏，而且，寧遠城中多為松山潰逃之兵，乃是驚弓之鳥，可以傳檄而定。

所以，他決定棄「硬」用「軟」，在派遣八旗兵屯駐於寧遠西面向吳三桂施加軍事壓力的同時，進行勸降，對吳三桂說服教育，讓他繳械投降。

這一策略，得到了明降將張存仁的高度附和。

張存仁向皇太極討好地說：「皇上只要對寧遠城中的明朝鎮將說明松山、錦州的順逆之端、生殺之理，吳三桂又算不上什麼奇才良將，一定心搖神動！」請求皇太極趕快給寧遠吳三桂等人寫勸降信，斷言「仗我皇上之福，一紙賜書，勝於加兵數萬，人心動搖，勢如破竹，皇上乘機運策，因時速成。」

皇太極含笑從之，親自抓筆操刀，給吳三桂寫了一封洋洋灑灑的勸降信，以「識時務者為俊傑」作為中心論點呼籲吳三桂辨清形勢，順應歷史潮流，乘早來歸。當然，信中沒有忘記離間吳三桂和崇禎兩人一把，說：「松錦陷沒，你坐視不救，罪惡滔天，你明國皇帝豈會有饒恕你的道理！」

為了加強說服效果，他還給同守寧遠的白廣恩和柏副將都寫了信，內容基本一樣，引誘和招降，要求他們一起「開導吳將軍」、「同心協謀，舉城歸順」（《清太宗實錄》卷六十）。

吳三桂卻是置若罔聞，不做任何回應。

看著皇太極的信不起作用，明降將張存仁急了。

他之前可是斷言「仗我皇上之福，一紙賜書，勝於加兵數萬，人心動搖，勢如破竹，皇上乘機運策，因時速成」的，可從現在的情況看來，那一紙賜書，並不人心動搖，也沒勢如破竹，而是泥牛沉海，毫無反應。

是不是吳三桂本人沒收到信，或者收到了，沒有看呢？

張存仁沉不住氣了，可不能讓皇太極再寫了，沒辦法，他親自出馬，以摯友的身分給吳三桂了一封信。

當然，與皇太極的信相比，這「摯友的身分」寫成的信分量自然輕了許多。

他在徵得皇太極同意的前提下，動員起已經投降在清軍營中的吳三桂所有的親朋好友，人人都來給吳三桂寫一封信。

這其中包括有吳三桂的兄長吳三鳳、舅父祖大壽、姨夫裴國珍、表兄胡弘先、好友鄧長春、陳邦選、姜新等等。

一時間，「致明寧遠總兵書」滿天飛，對吳三桂構成了一股強大的政治攻勢。

陳邦選的信中寫：「自古良臣擇主而事，良禽擇木而棲。棄暗投明，逃滿身之罪案；通權達變，免瓜葛之嫌疑。」

姜新的信寫得尤其煽情，其文有「寧遠、前屯數座城池都已經成為了籠中鳥、釜底魚」之句，意志稍薄弱者，難免動心。

吳三桂讀了這些信，會是什麼反應呢？

皇太極和那些寫了信的全部作者都在滿懷期待地等待著吳三桂的答覆，準確地說，是等待著吳三桂打開城門，迎接他們入城的那一刻。

可吳三桂的反應很簡單：一律置之不理。

皇太極們的期待在時間的推移中一點點落空、一點點破滅。

春去夏至，秋盡冬來。

崇禎十五年（一六四三年）十月初冬的腳步已經款款而來。

皇太極們的耐心在快要被消磨殆盡了，為了得到吳三桂哪怕是片言隻語的答覆，他以他慣用的方式：任七兄阿巴泰為「奉命大將軍」，遠征關內。

出征前夕，他第二次給吳三桂發出了勸降信，信中寫道：「希望將軍審時度勢，早做決定。為了不讓這封信落下與第一封信泥牛沉海那樣相同的命運，他又命令曾被吳三桂視為偶像的祖大壽再附上一封信，二信同寄。

祖大壽應聲下筆，並在信中夾上一口自己常佩帶的虎骨把小刀作為信物。

可是沒有用，吳三桂似乎是王八吃秤砣，鐵了心，就是不置一答。

不，說不置一答是不準確的。

應該說，吳三桂是做出了積極的答覆的。

這年的十一月初，他親率馬步兵與清軍交戰。從《清太宗實錄》的記載上來看，這一場戰鬥還是比較激烈的，清軍最終勝出，獲馬七十二匹、甲三十七副、弓三十九張及少量其他軍用物資。

這一來，祖大壽倍感沒面子，非常不好意思。

遙想在錦州初降時，他曾當著皇太極的面，拍著胸脯說只要自己出馬，一定可以約降三桂。

可是，自己光寫信都寫了兩次了，而且，心愛的隨身小刀也送出了，得到的答覆居然是吳三桂的軍事行動。

他咬咬牙，向皇太極進獻了一條極其狠毒的「絕後計」，建議「先攻取中後所，收吳總兵家屬，吳襄必為之心動，吳三桂亦自然擾亂」，迫使其他城池不戰而降。

皇太極點頭稱善。

就在這一歹毒的「絕後計」將要開始實施之際，祖大壽卻收到了一封足足遲到了大半年的回信。

信是一個名叫索內的蒙古人送來的。

謝天謝地，吳三桂總算沒讓自己的老臉丟盡。

祖大壽趕緊的、顫抖著雙手將信件打開，一看，笑了。

笑過之後，就屁顛屁顛地拿著呈交皇太極御覽。

皇太極一看，也笑了。

信裡寫的是什麼呢？

非常可惜，吳三桂這封信沒被史官保留下來。

裡面寫的詳細內容已不得而知。

但有一點是可以肯定的，這封信的出現，使皇太極取消了那個歹毒的「絕後計」計畫。

而皇太極讀了這封信後，第三次給吳三桂寫信，信的開頭是這樣說的：「你寫給你舅舅的信，朕已洞悉。將軍之心，猶豫未決。朕擔心將軍失去這個機會，那真是太可惜了。」

「將軍之心，猶豫未決」，這就是說，吳三桂的內心已經產生了動搖，讓皇太極們看到了希望。

所以，祖大壽和皇太極讀信之後，才有那會心一笑。

那麼，又是什麼原因使之前堅定不移地忠於明室的吳三桂思想發生了動搖呢？

應該說，吳三桂效忠明室的思想非但沒產生動搖，而是更加堅定了。

為什麼這樣說呢？

拜皇太極所賜，吳三桂豔遇了一個足以改變他一生命運的女人。

且說，「奉命大將軍」阿巴泰奉他的命令，又一次繞開緊城寧遠，率大軍深入山東兗州等地，盡情蹂躪河北、山東等地。

吳三桂一如當年的袁崇煥，奉命馳援京師。

一同入援的，還有山海關總兵馬科、山東總兵劉澤清等諸鎮兵馬。

負責督師的是誇誇其談的大學士周延儒，大戰在螺山（懷柔縣北）一帶展開。

在其他將領畏縮不前的情況下，吳三桂和馬科部發揚敢打敢拚的風格，牢牢地掌控了戰爭的主動權。

崇禎龍心大悅，答應在近郊接見入援各路總兵。

這樣，吳三桂和劉澤清、馬科等人得以在武英殿見到了崇禎。

這應該是吳三桂的第一次面聖。

在這次君臣會晤中，崇禎對吳三桂還是比較滿意的，將他倚為關外長城，賞賜獨厚，賜上方劍，寄以重託。

吳三桂慷慨受命，以忠臣自命。

崇禎的賞賜，使吳三桂一夜竄紅，且大紅大紫，名滿京師，成了一個達官貴人爭相追捧的炙手可熱的大人物。

崇禎的老丈人、右都督田弘遇不能免俗，盛情邀請吳三桂到府上宴樂。

就在這次宴樂上，吳三桂結識了一代名妓陳圓圓。

陳圓圓色藝雙絕，「聲甲天下之聲，色甲天下之色」，每一登場，花明雪豔，觀者魂斷。

田弘遇將她從江南帶上京師，原本是想進獻給崇禎，以博取歡心。奈何崇禎焦慮國事，無心眷顧，田弘遇也不能把資源隨便浪費，就領到家中，自己留著用了。

吳三桂與陳圓圓，英雄美女，一見傾心，彼此不能自持。

田弘遇的女兒田貴妃已於崇禎十五年七月病逝，田弘遇在朝中無人，頗感失落，看到吳三桂大受崇禎器重，儼然一代新貴，便一不做、二不休，半賣半送，將陳圓圓慷慨相讓。

吳三桂平生最推崇的兩句話是：「仕官當做執金吾，娶妻當得陰麗華。」

對他而言，陳圓圓就是那個多年來一直苦苦尋覓的「陰麗華」！

少年兒女，如膠似漆，情濃不可分。

可是，清兵已從冷口北退，京師警報解除，吳三桂有守邊重任，自然不能久留京師，必須返還駐地寧遠。

吳三桂的家就在祖大壽那個「絕後計」中的目標打擊地——中後所城內！

吳三桂已經感到那是一個毫無安全保障的地方，正準備將家往關內遷，又怎麼可以帶著陳圓圓一同奔赴險地？

而他的父親吳襄也沒在京城供職，京城並無府邸，思來想去，最終還是把陳圓圓留置在田弘遇家。

那麼，有了這樣一位傾國傾城的絕色美女，而這個美女又留置在京城，吳三桂又怎麼會有降清之意？

可以想像，吳三桂在給祖大壽的信裡所流露出來的猶豫之態，應該是他故意放出的煙幕彈，是一招緩兵之計。

其目的，不過是為轉移居住在中後所的家屬贏得時間。

這一年，皇太極一直遭受病痛的折磨，愛妃宸妃也在這一時期病逝，他的情緒低落，軍事上進取的銳氣大減，選擇性地相信了吳三桂已有降意。

祖大壽的「絕後計」就整整推遲了半年。

半年後，皇太極病逝了。

皇太極死後又過了一個月，濟爾哈朗、多爾袞與諸王貝勒大臣終於做出了實施「絕後計」計畫的決定。

為了「絕後計」得以成功，先擺出大征寧遠的姿態。

崇德八年九月十一日，鄭親王濟爾哈朗、多羅武英郡王阿濟格統領大軍，攜紅衣炮和各種火器自瀋陽出發，直奔寧遠而來。

到了寧遠，並沒發動進攻，而是留置部分兵馬、多張營寨，廣植旗幟，虛張聲勢。而精銳部隊繞過寧遠，大肆進攻中後所城。

九月二十四日傍晚，清軍前鋒肩負沙袋，填平壕塹，後軍擁至城下，用雲梯、挨牌攻城，紅衣大炮轟擊城牆。

雙方激戰了整整一夜。

次日拂曉，大炮將城牆轟開，明兵潰退，清兵蜂擁而入，擒斬明遊擊吳良弼、都司王國安等二十餘人，殲滅明馬步兵四千五百人，俘虜四千餘人。

緊接著，馬不停蹄，轉攻前屯衛。

自九月二十九日攻至十月一日，城破，斬殺明總兵李輔明、袁尚仁等三十餘員將官，殲滅四千餘人，俘獲兩千餘人。

濟爾哈朗仍不停歇，派護軍統領阿濟格尼堪率軍繼續進攻中前所。守城的明總兵黃色獲知前屯衛城已失，大驚失色，棄城而遁。

這樣，清軍兵不血刃地進入中前所，俘獲千餘人。

此戰，明朝丟失了前屯衛三座城池，損失了一萬五千餘人，城中所儲的軍需物資，全被清軍收入囊中。

三城失陷，從錦州至山海關四百里間如今只剩下寧遠，孤零零的寧遠城，就像飄搖在驚濤駭浪中的一片葉子，朝不保夕。

在這種孤援無助的背景下，城內的軍民默默地承受著由絕望、恐懼和死亡所聚積起來的巨大精神壓力。

每天都有人因為壓力超過了承受力的極限而精神崩潰，殺人或自殺，癲狂之態隨處可見。

逃亡和投降的事更是屢有發生。

其中的守備孫友白，就是從寧遠城中逃出降清最富有影響力的代表。作為寧遠城中的最高級長官，吳三桂還在堅持著。

從上述的種種表現來說，早期的吳三桂還是一個忠心可靠的邊庭大將的。

說說李自成那些真假莫辨的事蹟

李自成是中國古代歷史上最負盛名、成就最大的草莽英雄。金庸先生在他的封刀之作《鹿鼎記》中稱李自成是「古往今來第一大反賊」。的確，數千年來，能與李自成相提並論的，此前只有一個黃巢，此後只有一個洪秀全，僅此而已。李自成在短短十來年內迅速膨脹、坐大，並突如其來地滅亡了龐大的大明王朝，可謂是橫空出世，毫無徵兆。

與李自成同時代的官紳民眾一時搞不清楚李自成的來頭、底細，從而謠言並起，眾說紛紜，構成了一個多彩多姿的李自成形象。

就因為各式各樣的明清史料筆記汗牛充棟，雖然彼此矛盾，卻又自成其說，結果讓人真假莫辨，於是，李自成的祖籍、身世、起事的由頭、早年活動經歷等等，至今仍存在有許多未解之謎。

出現最早、且影響力最大的關於李自成的說法是：農民起義大將軍李自成，原籍陝西延安府，其祖父曾任兵部尚書之職。其父親在李自成年幼時已去世。崇禎七年，天下大旱，百姓無糧交稅。時年二十八歲的李自成仗義疏財，代百姓納稅。官僚昏庸，將之逮捕入獄。災民不忿，劫獄而出，起兵造反。

這種說法，誕生於崇禎十年前後，影響力巨大，甚囂塵上，以致得到了很多極有名望的史學家的採信，稱李自成為「李公子」。

比如說，彭時亨的《中興制寇策》就記載說，反賊所尊稱的「李公子」，佔據了中原，吞併了江漢，襲取了三秦，欺凌晉地，橫跨蜀地，佔據四國，猶如高屋建瓴。縱觀古代帝王成功的過程，還沒有這樣快速的，這是民心向背使然啊。

劉尚友的《定思小紀》也記：天下大亂，無知愚民幸災樂禍，爭說等李公子來了，會給每一個窮人五兩白銀，因此興高采烈、搖頭擺尾，像盼著過年過節一樣盼著李公子來。

就連顧炎武在《明季實錄》也說：李自成的別名又叫李炎，人稱李公子，嘯聚一方。

這種說法，還於崇禎末年流傳入朝鮮、日本。

日本德川幕府儒官世家出身的林恕、林鳳岡父子編撰有一部名為《華夷變態》的海外情報集。書中主要收錄和解的「風說書」，兼收漢文文書。「風說書」是唐通事問詢抵日商船乘員後採錄並上呈幕府的有關來船情況及海外聲息的報告，其中收錄有《大明兵亂傳聞》和《抄錄李賊覆史軍門書》，所載李自成就是大明兵部尚書之後，代百姓納稅被誣入獄，由災民劫獄出來，揭竿起義。

顯然，這種說法是極不靠譜的。

因為，李自成發佈的永昌元年詔書就明確交代有：朕起於布衣之中，親身經歷和體會過各種勞累和苦難。（「朕起布衣，目擊憔悴之形，身切痌瘝之痛。」）

即李自成可不是什麼大明兵部尚書之後。

計六奇的《明季北略》卷二三《補遺》所記最富傳奇色彩：李自成的父親是陝西米脂縣廣義鄉的財主李十戈，李自成是殺星降凡，乳名闖兒，自小飽讀詩書，聰明可愛，才智過人。

十六時，老師出上聯「雨過月明，頃刻頓分境界」，讓少年李自成對答；李自成張口就來：「煙迷霧起，須臾難辨江山。」可謂對仗工整，而且頗有氣勢。

老師還出題讓李自成賦詩詠螃蟹。

李自成揮筆而就，一首〈詠螃蟹詩〉，流傳於世：

一身甲胄肆橫行，滿腹元黃未易評。
慣向秋畦私竊穀，偏於夜簖暗偷營。
雙螯恰似鋼叉舉，八股渾如寶劍擎。
只怕釣鼇人設餌，捉將沸釜送殘生。

老師讀了這首詩，吃驚地說，他日你會發達的，不過，屬於亂臣賊子，不得善終。

崇禎二年（一六二九年）冬，清兵入關，京師被圍，崇禎詔天下兵馬勤王。

李自成慨然投軍，為隊長，隨軍開拔北京。由於旱災，欠軍餉，諸軍鼓譟。李自成率眾起義，號闖王，名著三秦。

不過，同是《明季北略》，其卷五〈李自成起〉又記：李自成，陝西延安府米脂縣雙泉堡人，父親名叫李守忠，是當地富農。李守忠生有二子，長子李鴻名，次子，李鴻基，也就是李自成。李鴻名中年病故，留下一子李過與李自成同歲。李守忠送李自成和李過去私塾，無奈何兩人不喜讀書，酷嗜拳勇，各不相下。

李自成、李過十三歲那年，他們與同齡的劉國龍同飲於村肆。

酒酣耳熱之際，李自成單臂舉起關廟神像前一座重七十三斤的鐵爐，繞殿一匝。

劉國龍驚絕，拜之為大哥。廟中道士稱讚說：你父親一生積德行善，所以才生下天賦異稟的人你啊。

李自成口出大言，說：「大丈夫當橫行天下，自成自立，若株守父業，豈男子乎？前三歲曾夢偉將軍呼予李自成，今即改名自成，號鴻基。」

不久，李自成私走延安，跟隨一個姓羅的武師習武，武藝超群。

為了約束李自成，其父親李守忠為他訂了一門親事，娶鄧姓女。

李自成一心要擇美婦，推託了半年，娶韓金兒。

這個韓金兒豔而淫，十四歲曾嫁西安老紳為妾，因為行為不端，被趕了出來。後來又嫁給延安某監生為妾，很快又被拋棄了。

李自成把韓金兒當做寶貝一樣娶回來。

當晚，父親李守忠夢見土地神好心相告：「你家災星入門，百日內必有大災，你趕快和你孫子前往河南避禍。倘若不聽我話，後悔無及。至於你兒子李自成，雖有禍無害。」

李守忠醒覺，依言和孫兒李過託言進香往泰安去了。

李自成到延安習武，韓氏與同鄉惡棍蓋虎兒有姦情。

李自成夢見韓氏與少年同床共寢，拔刀要殺少年，少年驚走，於是殺韓氏復睡。

李自成夢醒回家。

回到家時，是黎明時分。李自成入屋，眼前景象與夢境一模一樣，於是舉刀直前。蓋虎兒驚走，李自成只殺得了韓氏。

和宋江殺惜相似，殺人後的李自成亡命江湖，遁走甘肅。

崇禎二年冬，清兵十萬人越薊薄京。京師戒嚴，徵兵勤王。

李自成投軍，居甘肅巡撫梅之煥、總戎楊肇基麾下。

以李自成發佈的永昌元年詔書為據，無論是說李自成是大明兵部尚書之後，還把他說成是富貴人家的兒子，都是不對的。

但關於李自成投軍、而後因鬧餉叛亂的經歷，卻是眾多史籍資料共記的。粗粗統計，有《綏寇紀略》卷九、《鹿樵紀聞》卷下、《懷陵流寇始終錄》卷七、《罪惟錄》卷三一以及鄒漪《明季遺聞》、馮甦《劫灰錄》、毛奇齡《後鑑錄》等，均有記李自成到甘肅投軍，為梅之煥部下，後來在金縣發起了叛亂。

其中的《綏寇紀略》卷九，還記述了與《明季北略》其卷五大略相同的殺韓氏情節（「自成年十八，娶韓金兒，豔而淫。自成以事往延安，金兒與里棍蓋虎兒姦。適自成歸，殺金兒，蓋虎兒逸」）。

人們對李自成的認識，除了欽定《明史》的〈李自成傳〉外，影響最大的就是姚雪垠著作的長篇歷史小說《李自成》。

姚雪垠的《李自成》基本沿襲了《明季北略》的記述，寫：李自成原名李鴻基，小字黃來兒，又字棗兒，世居陝西米脂李繼遷寨。童年時給地主牧羊，曾為銀川驛卒。同侄兒李過一道往甘肅從軍。是農民起義軍領袖高迎祥的外甥，高迎祥死後，被推舉為闖王。會作詩，曾寫有七絕〈商洛雜憶〉：

> 收拾殘破費經營，暫駐商洛苦練兵。
> 月夜貪看擊劍晚，星晨風送馬蹄輕。

似乎，李自成投軍經歷事是確鑿無疑的了。

可是，《明史》中〈李自成傳〉卻是這樣描述李自成的身世的：李自成，米脂人，世代居住在懷遠堡李繼遷寨。父親李守忠，婚久無子，到華山祈神，夢見神告訴他說：「我把破軍星給你做兒子。」後來生下了李自成。李自成小時給本鄉大姓艾氏牧羊，長大後，充當銀川驛站的驛卒。李自成善於騎射，兇狠無賴，多次犯法。知縣晏子賓逮捕了他，將要置他於死地，被他逃出，當了屠夫。天啟末年，盜賊作亂，安塞馬賊高迎祥，是李自成的舅舅，也聚眾響應，自稱闖王。李自成和侄兒李過前往投奔，號稱闖將。

瞧，《明史》沒提李自成投軍這一茬。

大家都知道，小說是最不可信的，而正史是最可信的。

那李自成在造反前，到底是不是正規軍人出身呢？

有趣的是，《明史》和《李自成》都尊重了李自成永昌元年詔書中「朕起布衣」的說法，把李自成定位為窮苦人家的孩子，曾給地主放羊，還當過驛卒。

而記述李自成當過驛卒（亦稱驛書）的史料，計有《鹿樵紀聞》卷下，《國榷》卷八九、《明史紀事本末》卷七八、《石匱書後集》卷六三、康熙《陝西通志》卷三一以及《崇禎編年》、《豫變紀略》、費密《荒書》、馮甦《劫灰錄》、毛奇齡《後鑑錄》、鎖綠山人《明亡略述》和康熙《米脂縣志》卷五、道光《懷遠志》卷四等書。

其中《豫變紀略》的作者鄭廉曾在李自成軍中生活多年，他的材料來自農民軍中，史料價值較高。另外，道光《懷遠志》錄自《乾隆志》和康熙《延綏鎮志》與康熙《米脂縣志》，編修時間與事發時間很接近，又是本地人所修，記載是比較準確的。因此，李自成是當過驛卒的。

當驛卒和投軍有什麼關聯呢？

問題就在於，李自成既然當驛卒當得好好的，為什麼又要去投軍呢？

幾乎所有提到李自成當驛卒的書都指向了同一個原因：明廷裁驛，李自成失業，生活無著落、借人高利貸、殺人，最後往甘肅投軍，在金縣舉義。

可是，給事中劉懋疏請裁驛的時間是崇禎二年四月，明政府正式實行裁驛是從崇禎三年開始。而金縣明兵起義發生在崇禎二年十二月，甘肅巡撫梅之煥也在這時被罷免。

由此可見，說李自成投軍在梅之煥麾下、參加了金縣明兵起義，其實是以訛傳訛。

在這一點上，《明史》沒記李自成投軍是準確的。

但《明史》和《李自成》都有提到李自成是闖王高迎祥的外甥，李自成初時稱「闖將」，崇禎九年（一六三六年）七月，高迎祥被害，李自成由義軍眾推為「闖王」，這事是不準確的。

上面列舉的很多書，包括當時的許多明朝塘報都已明確指出：李自成和高迎祥不是甥舅關係，他們的隊伍也不是從屬關係，甚至傳說中那個轟轟烈烈的「滎陽大會」也可能是不存在的。

在邊大綬《虎口餘生錄》中，收錄有一份塘報，其中還提到：「李自成幼曾為僧，俗名黃來僧。為姬氏牧羊奴。」

塘報內這一說法出於李自成同鄉人李成之口。李成曾為李自成祖父李海營葬，與李自成家有一定的關係，因此是確切可靠的。

姚雪垠的《李自成》寫李自成小字黃來兒，依據應該是出自這兒。

也許是由於李自成小時候出家當過和尚，李自成在湖北通城縣九宮山遇難後，很多人不肯相信，認為李自成是潛到了湖南石門縣夾山寺出家當了和尚。

這個說法的發肇者是乾隆年間任澄州知州何璘，其寫了一篇題為〈書李自成傳後〉的文章，影響很廣。金庸小說《碧血劍》、《鹿鼎記》、《雪山飛狐》對此說推波助瀾。

但，誠如前面所說，小說屬於虛構類的文學題材，最不可取信。

《鹿鼎記》還寫，「古往今來第一大反賊」李自成和「古往今來第一大美女」陳圓圓有一腿，生有一女阿珂，誰愛信誰信。

李自成軍中最具神祕色彩的英雄人物

縱觀中國歷史上的各朝各代，明朝無疑是人們研究的熱門。這不單是因為明朝是由漢人建立的最後一個大統一王朝，更是它較之之前的唐宋元諸朝，保存有海量的史料資料及私人筆記，為後人研究它提供了充足的研究對象和研究論據。

不過，有時候，因為史料資料太龐太雜，良莠難分、真假莫辨，往往會把簡單的問題複雜化，進而造成了迷離撲朔的歷史疑案。

比如說，明末李自成農民起義軍中的制將軍李岩的身分就讓人疑竇叢生。

一

按照很多史料記載，李岩是一個很出色的男人，在農民起義軍中，簡直就像黑夜裡的螢火蟲那樣的鮮明。

較早記錄李岩事蹟的是趙士錦的私人日記《甲申紀事》、西吳懶道人口授的《剿闖小史》和蓬蒿子編的《定鼎奇聞》。

趙士錦是崇禎十年進士，官工部主事。崇禎十六年補工部營繕司員外郎，守阜成門，目睹李自成軍進北京城，著有《甲申紀事》、《北歸記》。他在《甲申紀事》中只是提及李岩住在國丈周奎宅，駐防北京東城，寥寥數語，沒有太多可供參考的地方。

《剿闖小史》倒是詳細寫了李岩的事蹟，但它是一本演義體小說，十卷，開卷的〈李公子民變聚眾〉

就繪聲繪色地說李岩是河南的一個舉人，是他的仁義政策使李自成起義軍取得了勝利。

《剿闖小史》的成書時間在崇禎十七年（一六四四年）五、六月間，書中交代，李岩和「十八子主神器」的讖言的聯繫使他慘遭殺害，並導致起義的失敗。

《定鼎奇聞》刊行於順治八年（一六五一），也是一本野史小說，很多地方直接取材於《剿闖小史》，情節荒唐，單看其回目：〈閻羅王冥司勘獄，玉清帝金闕臨朝〉、〈滕六花飛怪露形，蚩尤旗見天垂象〉就知其是胡編亂造成分居多。

但是，因為一個人的出現，《定鼎奇聞》竟然獲得了其在史學界上的一席之位。

這個人就是明末史學家計六奇。

計六奇的《明季北略》臨近殺青之際，《定鼎奇聞》開始風行於坊間。計六奇得觀此書，拍案叫絕，迅速為自己的大作增加補遺一卷（即卷二十三），對《定鼎奇聞》進行了摘錄編排。毫無疑問，因為《明季北略》的摘錄編排，李岩從此受到了史學界的關注。

基本就在同一時間，即順治九年（一六五二年），另一個著名史學家談遷把李岩納入了自己的史學著作《國榷》，書中交代，李岩是河南杞縣的一個生員，於崇禎十四年投奔李自成，在北京進四條諫議，於崇禎十七年五月死在經過山西的途中。

六年以後，在順治十五年（一六五八年），又一著名史學家谷應泰在《明史紀事本末》裡的〈李自成傳〉中，對李岩的故事做了簡短的描述。

康熙十三年（一六七四年），歷史學家和詩人吳偉業在《綏寇紀略》補充說，李岩原名李信，原是前明兵部尚書閹黨李精白的兒子。他樂善好施，賑濟窮人，和紅娘子一起投入了李自成起義軍。

歷史學家查繼佐在《翠微廬選集》增加了李岩提出均田政策的情節。

乾隆四年（一七三九年），欽定《明史》頒行，則李岩的事蹟就基本定型了。

綜合各方面材料，李岩的事蹟大致是這樣的：李岩原名李信，河南開封府杞縣人，天啟丁卯年舉人。其父李精白是山東巡撫加兵部尚書銜，崇禎初年在魏忠賢逆案中被處罰削職。儘管如此，李家仍是杞縣的大戶。李岩愛打抱不平，經常周濟窮人，百姓稱他為「李公子」。崇禎十三年，天下大旱，田裡顆粒無收。杞縣縣令宋某仍然嚴酷催徵錢糧，百姓苦不堪言。李岩仗義為杞縣百姓請命，取出家中存糧三百餘石賑濟災民，並作〈勸賑歌〉到各家富戶去勸勉賑濟。勸賑不但沒有收到效果，李岩反而招致了富戶的忌恨。富戶們紛紛向縣官報告，說李岩收買民心，帶領饑民暴動，搶掠官衙，想要造反。縣官於是把李岩也捕入了獄中。災民在一個被稱為紅娘子的賣藝女子的帶領下，攻陷縣衙，殺死縣令，救出了李岩。紅娘子後來和李岩結為夫妻，一起投奔了李自成起義軍。李岩常勸李自成「尊賢禮士，除暴恤民」，並編童謠「開了大門迎闖王，闖王來時不納糧」、「早早開門拜闖王，管教大家都歡悅」，使李自成軍獲得了民眾的支持，從而佔領湖北、陝西和山西，在北京建立了大順政權。可是，在北京，李自成沒有再聽從李岩的忠告，因失政而失敗。敗退到山西平陽，有人說河南全境都向明朝軍隊投降了。李岩主動請纓，願意親率兩萬精兵趕往中州收拾大局。李自成卻忌諱李岩另有所圖，聽信了牛金星的讒言，把李岩及李岩的弟弟李牟一併殺害。

一九四四年，近代大史學家郭沫若因此在他的名作〈甲申三百年祭〉中不遺餘力地對李岩進行了讚頌，說崇禎十三年的大旱災是「李自成勢力上的一個轉機，而在作風上也來了一個劃時期的改變」，「而作風的轉變在各種史籍上是認為由於一位『杞縣舉人李信』的參加」。

姚雪垠著的《李自成》和金庸著的《碧血劍》也對李岩進行了濃墨重彩的刻畫，使人對李岩其人其事油然而生神往、敬仰之情。

二

可是，卻有人認為李岩根本就是一個「烏有先生」，是小說家虛構出來的文學人物，史無其人！持該意見、且比較有說服力的人是鄭廉。

鄭廉，河南歸德（今商丘）人。崇禎十五年三月，李自成、羅汝才、袁時中農民軍聯合攻打歸德府，鄭廉參加了羅汝才起義軍，並在軍中生活多年。晚年，鄭廉根據自己在起義軍中的親歷親見寫了一部《豫變紀略》，相較於計六奇的《明季北略》、吳偉業的《綏寇紀略》的間接報導，《豫變紀略》是一部較真實的第一手資料。是後人研究明末農民軍事蹟的重要史籍。

鄭廉在《豫變紀略》中明確否定了李岩的存在性。他說：大家都說李岩是杞縣人，但杞縣並無李岩其人。我家距杞縣僅百餘里，認識許多杞縣的人，從來就沒聽人說過李岩這個人。我在農民軍中也從來沒聽說過軍中有一個來自杞縣的李將軍。這實際上是一個烏有先生。

可是，鄭廉的說法沒有引起人們的重視。

同期的很多書都在爭相記述李岩的事蹟，使李岩的形象更加豐滿、事蹟也更加豐贍。

杞縣人在康熙三十二年纂修的《杞縣志》中，有一卷專門記載該縣歷年所中舉人和進士的《選舉志》，上面沒收錄有李岩或李信，甚至李精白的名字。《杞縣志》卷十三還專門附了一篇〈人物・附李公子辨〉，申明杞縣沒有參加起義軍的「李公子」。該文稱：說「李公子」是乙卯舉人，但乙卯杞只有劉詔一人而已。說「李公子」的父親是甲科部屬，但屬何部何名，全無憑據。又說「李公子」殺死了宋知縣，但崇禎年間的杞縣知縣中姓宋的只有宋玫一人，宋玫是崇禎元年至四年在任，任滿後入朝任工部侍郎，後來在萊陽，守城殉難。宋玫之後的縣官，再並無宋姓者。科貢職官，歷歷可考，崇禎四年到七年為黎王田，崇禎七年到十年是申佳胤，崇禎十年到十四年是蘇京，崇禎十四年到十五年杞縣被農民軍佔領時的知縣是呂翕如。所以說李岩在崇禎十三年殺宋縣令之說是假的。

事實上，李精白是河南潁州衛軍籍直隸潁州人，中萬曆癸丑科進士。潁州在明代屬南直隸，清代屬安徽省，府治在今安徽阜陽縣。《阜陽縣志》裡收有康熙年間邑人李祖旦寫的一篇考證文章，說，按明季河南杞縣舉人李信從闖賊，後改名岩，稱為李公子，傳為李精白子。李精白原籍山東兗州府曹縣固村人，從洪武年間起隸籍潁州衛。李精白只有兩個兒子，長子李麟孫，次子李鶴孫。次子李鶴孫早死，李麟孫後改名李栩，於崇禎十五年九月被農民軍袁時中所殺。

由此，杞縣沒有李岩，李精白也沒有叫李岩的兒子，那麼李岩的身世疑竇重重。

一九七八年，大史學家顧誠先生專門作〈李岩質疑〉一文，進行了大力考證，他說：「無論是現存的明代檔案，還是直接參與鎮壓李自成起義的明代官僚的文集，都沒有關於李岩事蹟的確切記載。就連一度接觸過李自成起義軍的人，在自己的著述裡也大抵是根本不提李岩。」

顧誠先生是海內著名史學家，以治史嚴謹著稱，其以獅子搏兔的精神和態度對李岩進行了周密、細緻、全方位的考證。指出趙士錦《甲申紀事》中提到李岩住國丈周奎宅是一則假消息，消息的來源不過是趙士錦的道聽途說，但這種說法卻影響了很多人，比如《平寇志》就載李岩佔據了周奎的府第，李岩對周奎夾足箍腦，追銀六十萬兩，最後還是將周奎拷打至死了。但《順治實錄》卷七卻載：順治元年八月初七，「攝政和碩睿親王賞故明周後父嘉定侯周奎緞百匹、銀百兩」。也就是說，在李自成撤出北京三個多月以後，周奎仍然活著，全鬚全尾、活蹦亂跳。而趙士錦所說的李岩住在周奎家裡的說法，也被趙士錦的座師楊士聰否定了。楊士聰當時在北京被起義軍俘獲，他的記載是：劉宗敏初時佔據了田弘遇府，曾一度想搬到周奎府，但沒有搬成。坊間稱偽李都督佔據了周奎府的傳聞是假的。

顧誠先生還考證出，李自成軍中姓李的「制將軍」只有兩個人，一個是李過，另一個是李友，並沒有叫李岩的。

對於李岩因讒被殺的背景，顧誠先生通過查對史料，發現李岩請兵之說其實是不成立的。因為，李自成起義軍在崇禎十六年已在河南地區安置了一百萬兵力。第二年年初，從西安出發東征，調集的軍隊不過二十多萬人（其中包括後來留守山西、河北以及攻克北京後南征的軍隊），其他大部分軍隊都分散在湖北、河南、陝西、寧夏、甘肅、青海駐防。即大順軍當時在河南的軍隊數量是相當多的。單就綿侯袁宗第所統率的大順軍右營，就擁有十萬以上的大軍駐紮在河南中部地區。

顧誠先生的最後結論是：「在沒有見到可靠的第一手材料以前，我是不相信在明末農民戰爭中曾經有過李岩這個人物的。」

從理論上來說，雖然顧誠先生的這個結論並沒有百分之百否定李岩其人的真實性，但經過其抽絲剝繭式的層層分辨剖析，史學界已經接受了「史無李岩」的定論。

三

顧城先生的考證無疑是極端嚴謹的。

時間一晃過去了三十多年，還是沒有任何關於李岩的任何第一手材料出現。

但是，歷史研究的過程總會伴隨著驚喜。

二〇〇二年，河南省焦作市博愛縣孝敬鎮唐村李姓家族發現了一部失傳多年的家譜，該家譜為康熙五十五年李姓先人李元善所修，上面明確記載有距康熙時代不遠的李岩事蹟。

即李岩是史有其人，但他不是杞縣人，是河內人（今博愛），只是到杞縣短暫居住過而已，他的叔父叫李春玉，字精白。不是那位名人兵部尚書李精白。而李牟是他的堂弟。

這部《李氏家譜》的發掘和面世，其實也充滿了戲劇性。

話說，博愛縣唐村的李立炳原是博愛縣農場的紀委副書記，二〇〇二年退休下來後，恰巧唐村的李氏家族正在續寫家譜，族人認為他有文化、有見識，又有空閒時間，就推舉他來負責這個事兒。

修族譜其實不是容易的事，尤其是經過文革的「破四舊」後，很多老東西，包括家譜、碑文、地契、買賣契約等等文字資料全都被毀光了。

那家譜該怎麼修呢？

李立炳發動全村人提供材料，哪怕是一塊殘破的石碑、一片發黃的紙張，只要有片言隻字都拿出來做參考。但家譜還是修不起來。

村裡的人沒保存什麼有價值的東西。

李立炳只好把目光投向了生活在外地的唐村人。

網撒大了，終於有了收穫。

唐村有一個叫李太存的人，抗戰時期，曾是中共博愛縣大隊副大隊長。抗戰勝利後，國民黨佔領了博愛一帶。李太存離開家鄉前，曾抄了一份家譜。解放後，李太存就生活在了西安。

李立炳千里迢迢趕到了西安，找到了李太存的兒子李成海，幾經周折，終於在李成海家裡找到了那部手抄的《李氏家譜》。

《李氏家譜》詳細記載了唐村李氏始祖李清江於明朝洪武四年從山西洪洞縣鳳凰村遷到博愛後十二世各代男性的名字，以及這些人的生平事蹟。

家譜序文有對族人的一段忠告：「族長嚴訓，謂明末吾族門九世李公諱仲、諱信、諱牟、諱棟、諱友，皆誘入闖賊，謀主數將。族裔誠祀之所事，避談籍譜，勿傳揚焉。」這是說家族裡有不少人於明朝末年加入了李自成的起義軍，要求子孫後代尊敬地祭祀他們，但在外人面前應避談此事，以免給家族帶來災禍。

李立炳不是史學家，他還沒意識到家譜中提到的李仲、李信、李牟、李棟、李友這些都是明末風雲一時的人物。攜帶家譜回來，繼續修新家譜。

唐村與附近李窪村是同宗，李窪村村民李振讓告訴李立炳，兩村的老墳有一塊大古碑，上面刻有李氏始祖李清江的墓誌，在文革時被埋了。

李立炳一聽，大喜，就帶人挖出了那塊大古碑，上面除了寫有李清江和他妻子的名諱外，還有這樣一行文字：「家住山西洪洞鳳凰村，洪武四年來到河內懷（慶）府唐村。弟李清河同來，住李窪村。」

發現了這一線索，為了把家譜再往洪武四年以前追溯，唐村和李窪村兩村派代表前往洪洞鳳凰村尋祖。在洪洞縣縣志辦，縣志辦的領導被李立炳的資料驚動了。

由此，李岩的身世之謎被披露於天下。

中國明史學會理事、鄭州大學教授王興亞通過對《李氏家譜》的辨別研究，提出有三百年之爭的李自成起義軍領導人之一李岩確有其人新說。

王興亞教授從上個世紀六〇年代以來，一直致力於李自成研究，從一九八六年開始將《李自成研究》作為明清史碩士研究生的必修課程。先後出版著作有《李闖王在河南》、《李自成經濟政策研究》等，發表論文四十餘篇。李自成起義軍領導人之一李岩，也在他的研究範圍。

王興亞對家譜的真實性和學術價值進行了鑑定，認為唐村家譜上的李信，就是史書上的「杞縣舉人李岩」。

李岩生父為李春茂，有兄弟四人，大哥李倫，二哥李仲，三哥李俊。李岩的叔父李春玉，字精白，無子，以李岩為嗣。人們因此稱李岩為李精白之子。李信與二哥李仲（號大亮）關係最要好，哥倆和姑表陳奏廷一起到千載寺拜師練拳，因考武舉弄出命案，一同參加了李自成起義軍。李岩遇害後，李仲回到鄉里，以授拳為生。

編修《李氏家譜》的李元善是李仲的第四子，因李岩無子，李仲將李元善過繼給李岩承嗣。李元善記錄李岩的事，其可信度無疑遠高於其他史料。

李岩身世之謎終於大白天下。

生活在明朝的「曹操」，本可改寫歷史

提起曹操，誰都知道，曹操是東漢末年的絕世梟雄，與江東孫吳、川蜀劉備三分天下，開創了曹魏王朝。

明末，也有一個曹操，雄才大略，狡詐多謀，李自成、張獻忠兩大流賊都曾得他相救，勢力最大時，有幾十多萬人，氣焰張天，氣吞河山。

不過，這個曹操並不姓曹，曹操只是他的別名，他的真名叫羅汝才。

《明史》的《流賊列傳》裡只單寫李自成、張獻忠兩人事蹟。

但李自成、張獻忠兩個人和羅汝才相比起來，不過是小字輩。

羅汝才，陝西延安人，明末最先率眾起義的起義領袖之一，農民軍三十六營的主要首領，楚十五家之一。

在著名的「滎陽大會」中，論名氣、論地位，能與羅汝才平起平坐的也只高迎祥一個而已。

不過，長江後浪推前浪。

李自成、張獻忠很快崛起，老一茬起義首領不斷被淘汰出局。

高迎祥敗亡後，羅汝才依然屹立不倒，並且，在相當長一段時間裡，隱為天下各路起義軍的總盟主。

農民軍轉戰山西、轉戰豫西、焚掠全陝；橫行川渝、圍攻開封……處處都活躍著羅汝才的身影。

羅汝才盜亦有道，堅持「賊不殺賊」原則，財物均分，善待清官。因此贏得了很多人的擁護，自始至終保持著雄厚的兵力。

崇禎十一年，明廷加大了征剿力度，各路起義軍的生存遭受到了嚴重考驗。為了能混下去，很多人接受了朝廷的招撫。

羅汝才對楊嗣昌派來的談判代表冷水道人姚宗中明確表示，投降可以，但絕不打其他各支起義軍。

冷水道人姚宗中竭力鼓動羅汝才攻打張獻忠，說什麼：「天下的兵馬多，幸是皇心不忍盡殺他們，猶有一線生路。」「張賊口稱曹操大哥，其實心裡連大哥的盤子都磕了才好，豈不該殺？」「若能殺了張獻忠來，不惟赦罪，還可算第一功。」

羅汝才不為所動，說：「賊不殺賊，兔死狐悲，物傷其類。」

羅汝才不但拒絕發兵攻打張獻忠，當屯兵在穀城的張獻忠復反陷入了險境，他也悍然復反，不顧自身安危，毅然入援張獻忠。

崇禎十二年五月，羅汝才和張獻忠聯手抗擊熊文燦派來的左良玉、羅岱兩支部隊，將這兩支部隊打得落花流水、潰不成軍。其中羅岱被當場擊斃，左良玉則倉皇竄回房縣，從騎不足千人。

八月，楊嗣昌派楊世恩、羅安邦率兩支部隊從當陽向興山進發，另派閔一麒、尹先民從湖南開往遠安，共同夾擊正退往巴東地區的李自成。

慘烈的激戰在距興山縣四十里的香油坪展開，李自成寡不敵眾，生死懸於一線。關鍵時刻，羅汝才率軍匆匆趕到，不但救了李自成一命，還全殲了楊世恩、羅安邦二部。

李自成劫後重生，對羅汝才感恩戴德，視若再生父母。

也由不得李自成不心生感激，因為，不避刀槍前來解圍的羅汝才其實正身患熱疾！

次年（崇禎十三年）二月，張獻忠部在四川太平縣瑪瑙山遭到明軍圍攻，損失慘重。而羅汝才部也在湖北興山豐邑坪被明京營和楚軍合兵擊敗。兩軍於湖北興山縣白羊寨會師，從此走到了一起，聯合作戰。

羅汝才有謀，張獻忠有勇，雙劍合璧，天下莫攖其鋒。他們從湖北蹂躪到川渝，隊伍擴張很快，轉眼又膨脹到了幾十萬人。

楊嗣昌視羅汝才為畢生大敵。他在給崇禎的奏疏中說羅汝才是「渠魁中之渠魁，凶狡中之凶狡，二十年來練成至精至悍，不死不降」。

不過，張獻忠的日子一好過，便透露出了強大的排他性。

老於江湖的羅汝才敏銳地嗅出了其中的危險氣息，選擇了離開。

崇禎十四年秋，羅汝才帶領自己的隊伍，和一貫頂著好名聲的李自成合作。

李自成正在攻打開封。

因為羅汝才的加入，李自成終於拿下了號稱中州堅城的開封。

崇禎十五年十月，明陝西總督孫傳庭率牛成虎、左襄、鄭嘉棟、高傑、白廣恩諸部東出潼關，在郟縣圍攻李自成。

這一次，李自成更是險過剃頭。

又是羅汝才率部殺來，最終轉危為安、轉敗為勝。

事後，李自成感激萬分地說：「予入豫以來未嘗有此一敗也，非汝才至，竟殲矣。」

接著，李自成和羅汝才一起，南下湖北，先後攻克了襄陽、荊州、承天等地。

史稱：「自成之兵長於攻，汝才之兵長於戰，兩人相需如左右手。」

再說張獻忠那邊。

自從羅汝才拔營離去後，張獻忠部的作戰能力直線下降，幾十萬軍隊被官兵追著打，打得只剩千餘人。

實在混不下去了，張獻忠前來投奔羅汝才。

李自成之前曾被張獻忠陰過，張獻忠此來，實在是自投羅網。

不過，羅汝才那「賊不殺賊」原則沒變，他慷慨地送給張獻忠五百騎兵，讓他順利地逃離了李自成的虎口。

羅汝才以為李自成是個厚道人，更因為自己是李自成的恩人，他沒有想到，李自成的本質和張獻忠也是一樣的。

崇禎十六年，李自成的勢力極其雄大，號稱擁兵百萬，羅汝才就成為了眼中釘、肉中刺。

李自成被軍中諸將推舉為「奉天倡義文武大元帥」，羅汝才被軍中諸將推舉為「代天撫民德威大將軍」。

從理論上說，兩人的地位不是從屬而是並列的。

這種並列當然不會被李自成所接受。

一山不容兩虎。

崇禎十六年三月，李自成胡亂打了一個由頭，謀殺了羅汝才。

如果歷史可以假設，假設羅汝才會像防範張獻忠那樣防範李自成，那麼，李自成能否一枝獨大、並導演出那一場驚天動地的「甲申之變」，很難說。

羅汝才，本是一個可改寫歷史的梟雄，因為李自成的謀害，從此被史學家忽視。

中國古代唯一一位出將入相的女英雄

中國古代歷史上，曾經流傳過許許多多的女將軍形象，如花木蘭、樊梨花、穆桂英、梁紅玉等等，她們巾幗不讓鬚眉，提槍上馬，馳騁沙場，立下了赫赫戰功。

然而，真相是殘酷的。

這些人，或是史無其人，或雖有其人，卻是演義和虛構成分居多，真實的人生不堪一提。

翻遍翻爛洋洋數千卷的《二十五史》，其實只有唯一的一位女性將軍，即：明朝末年戰功卓著的女軍事統帥、民族英雄、軍事家秦良玉。

秦良玉非但是中國古代歷史上唯一的女將軍，她還憑著自己的戰功出將入相，完成了許多歷史牛人終極一生也無法完成的功業。

說起來，秦良玉的非凡之處一共有八：

一、家世出身；二、奇偉大志；三、身長貌美；四、武藝過人；五、胸有韜略；六、善於訓兵；七、勇猛敢戰；八、忠肝義膽。

一、關於秦良玉家世出身，秦良玉出生於四川忠州城西樂天鎮郊的鳴玉溪邊，家族是巴蜀地區的大戶，有自己的私人武裝，持「持干戈以衛社稷」的祖訓，保家衛國。嘉靖年間譚綸平定四川叛亂時，秦家的私人武裝參戰，多有戰功。出生在這樣的家庭，為秦良玉的後天發展奠定了良好基礎。

二、秦良玉上有兩位哥哥，下有一位弟弟，兄妹四人跟隨父親練兵習武，秦良玉悟性最高，以至於父親憮然嘆息說：「你遠勝哥哥和弟弟三人，可惜你偏偏是女兒身，否則，日後定能封侯奪冠。」秦良玉氣吞山河地回答道：「假使孩兒得掌兵柄，則封侯拜相不足道也。」其奇偉大志一至於此。

三、關於秦良玉的體貌特徵，用明朝四川總督李化龍的話來說，那是「劍眉鹿目，姿容秀美，體魄雄壯」。而從現在重慶中國三峽博物館保存著秦良玉穿戴過的盔甲來看，秦良玉的身高應該在一米八六至一米九之間，可稱得上是魁偉之身，遠勝普通男兒。另外，從忠州官二代曹皋多次向秦良玉求婚的側面來看，秦良玉應該是相貌出眾。不過，秦良玉並未看中曹皋，斷然拒絕。

四、秦良玉武藝高強，曾搞了一個比武招親大會，無人能敵，最後，秦良玉相中的是石柱宣撫使馬千乘。說起來，馬千乘可不是泛泛之輩，其先祖乃漢朝「馬革裹屍」的伏波將軍馬援。在明王朝的軍事史上，馬家石柱精兵曾在明英宗時期的征麓川之戰中大放異彩，將麓川叛軍的大象陣打得落花流水。白桿軍之驍勇，因之天下聞名。

五、秦良玉胸有韜略，聯嫁品是秦家珍藏多年的十八卷歷朝兵書。

六、利用這些兵書，秦良玉協助丈夫將馬家白桿軍訓成了西南勁旅。

七、秦良玉的勇猛敢戰之名，顯揚於萬曆二十六年播州宣撫使楊應龍之亂。這年，楊應龍勾結當地九個部落揭竿反叛。朝廷獲悉後，派遣李化龍總督四川、貴州、湖廣各路地方軍，合力進剿叛匪，馬千乘與秦良玉率領三千名白桿兵參與其中。在播州城外的決戰中，秦良玉面對十倍於己的敵軍毫不畏懼，騎一匹桃花馬，握一桿長槍，猶如虎趟羊群一樣殺入敵陣。三千名白桿兵緊隨其後，一下子就打亂了叛軍的陣腳，大獲全勝。

大明總督李化龍親眼目睹了秦良玉的神威，讚嘆之餘，命人打造一面銀牌贈與秦良玉，上鐫「女中丈夫」四個大字，以示表彰。

八、提起秦良玉的忠肝義膽，四海豪傑，無不豎起大拇指。

且說，萬曆四十一年（一六一三年），秦良玉丈夫馬千乘被奸人所害，冤死於獄中。秦良玉化悲痛為力量，繼位石柱宣撫史的職位，繼續訓練白桿兵，管理石柱民眾。

萬曆末年，後金崛起，公開叛明。萬曆皇帝急調大軍征邊應敵，結果在薩爾滸失利，幾乎全軍覆沒。遼東情勢急轉直下，大明帝都北京城岌岌可危。

這種情況下，已經四十六歲的秦良玉親自率領三千名白桿兵，連同自己的哥哥、弟弟、兒子，日夜兼程北上衛邊，為國效力。

在渾河岸邊，三千白桿兵力敵數萬後金兵，終因寡不敵眾，落下陣來。此戰，白桿兵死傷殆盡，八旗軍也傷亡慘重，清朝人魏源因此稱之為「遼左用兵第一血戰」。

秦良玉的兒子馬祥麟在亂軍中被流矢傷了一目，秦良玉的哥哥秦邦屏戰死疆場。戰後，天啟帝下詔賜予秦良玉二品官服，並封為誥命夫人，任命其子馬祥麟為指揮史，追封秦邦屏為都督僉事，授秦民屏都司金事之職，重賞了白桿兵眾將士。

明崇禎元年，清兵繞過山海關，由蒙古人做嚮導，從龍井關越過長城，直奔向通州。明廷再次詔天下諸軍鎮邊勤王。

秦良玉接旨後，二話不說，拿出自己的全部家產作為軍餉，帶領白桿兵從四川日夜兼程趕赴前線，接連收復了灤州、永平，解救了京城之圍。

崇禎皇帝在北京平臺召見秦良玉，優詔褒美，賞賜彩幣羊酒，並誥封一品夫人，加封少保、掛鎮東將軍印。並賦詩四首以彰其功：

其一：學就西川八陣圖，鴛鴦袖裡握兵符。由來巾幗甘心受，何必將軍是丈夫。
其二：蜀錦征袍自裁成，桃花馬上請長纓。世間多少奇男子，誰肯沙場萬里行！
其三：露宿風餐誓不辭，飲將鮮血代胭脂。凱歌馬上清平曲，不是昭君出塞時。
其四：憑將箕帚掃胡虜。一派歡聲動地呼。試看他年麟閣上，丹青先畫美人圖。

明末亂世，農民起義軍蜂起，張獻忠幾乎佔有了全蜀之地，卻偏偏不能進入石柱半步。

張獻忠在建立大西政權後，對秦良玉極力拉攏，派人送來了冊封秦良玉的印章，秦良玉憤然拒絕，堅定宣布：「石柱有敢從賊者，皆族誅之。」

秦良玉的兒子馬祥麟在湖北血戰義軍，以身殉國。

秦良玉得知噩耗，不哭反笑，大聲說：「好，真我好兒也！」

崇禎朝廷傾覆後，南明的弘光，隆武，永曆三朝都曾派人冊封秦良玉。

其中，隆武政權於一六四六年封秦良玉為「忠貞侯」。

秦良玉也因此成為中國歷史上第一個因戰功封侯的女將軍。

兩年之後，七十五歲的秦良玉在演武場突然猝死。死時，她還牢牢地騎在馬背上。

清朝一統天下後，對秦良玉表示出了極大的尊敬：為秦良玉舉行了盛大的祭奠儀式。

康熙、乾隆兩朝，還專門從財政斥資修建秦良玉的祠堂。

福王到底有沒有被李自成起義軍做成「福祿酒」給吃掉？

按照《明史》卷三〇九〈李自成傳〉的記載，李自成是一個非常兇殘的人。

書中說，李自成「鴟目曷鼻，聲如豺」，每天喜歡「殺人斮足剖心為戲」。為了說明李自成的兇殘已經天良盡喪、滅絕人性，書中還專門提到了一件事：崇禎十四年正月，李自成攻下洛陽，殺害了福王朱常洵後，李自成「兵汋王血，雜鹿醢嘗之，名『福祿酒』」。

清雍正年間，遼東人曹去晶著長篇章回小說《姑妄言》，更是把李自成的惡行描寫得活靈活現。說李自成「破了鳳陽，殺戮之慘，天地皆黑。或縛人的父親丈夫看著，叫人淫他的妻女，淫過了才殺。或拿著人父，使淫其女，以為戲笑，然後殺之。或把懷孕的婦人脫光了，大家賭猜她腹中是男是女，以為輸贏」。

又說李自成「圍六合縣時，把小孩子聚上數百，四周圍堆上柴木，放起火來，聽其哀號，觀其奔逃。少焉俱死，臭不可聞，以為暢快。攻城之時，將婦女們千百成群，脫得精光，向城大罵。婦女稍有羞愧，即亂刀剁在城下。攻破六合之日，聚城中兵民將要屠殺。忽有令免死，每人剁一手，眾人大喜得饒命，爭先伸臂，沒一個叫痛苦者，故六合的沒手者甚多」。

對於李自成拿福王煮「福祿酒」一事，曹去晶更是寫得繪聲繪色，彷彿他本人就是一個目擊證人似的：「福王見了自成，詞色悚怖，泥首乞命。李自成縱橫肆惡，數責其罪。傍有一個賊將，撫王肌，垂涎叫道：『這樣一塊好肉，大王何不殺而食之？』自成點首，那賊遂將福王殺了，稱重三百六十斤。臠分肢割，與囿中之鹿同烹，列賊臚食，謂之福祿酒飯。」

比《明史》、《姑妄言》更早出現的諸多野史裡，也記載有李自成做「福祿酒」的「壯舉」。如吳偉業的《鹿樵紀聞》、李漁的《古今史略》、彭貽孫的《平寇志》等等。

所謂眾口鑠金，尤其是《明史》的記載，「福祿酒」事件就成為了一件不容置疑的歷史事實了。

不過，同樣是《明史》，其在卷一二〇〈福王常洵傳〉中寫福王遇害時，只是用「賊跡而執之，遂遇害」句一語帶過。其後又寫，福王被殺後，兩名承奉伏屍而哭，賊軍揪住他們，讓他們離開。承奉掙扎著喊道：「王死某不願生，乞一棺收王骨，齏粉無所恨。」賊軍見他們有情有義，便答應了他們的請求。一付桐棺，載於斷車，兩人就在旁邊自縊而死。

這，也透露出一個信息：「福祿酒」事件其實是存疑的，至少，負責編著〈福王常洵傳〉的史家認為福王的屍體還在，沒有被吃掉。

福王朱常洵是明代太祖皇帝洪武帝朱元璋第十一世孫，明神宗萬曆帝朱翊鈞皇三子，明思宗崇禎帝朱由檢之叔父，南明第二代皇帝福王朱由崧之父。因為萬曆帝寵朱常洵的母親鄭貴妃，一度想冊封朱常洵為太子。迫於朝臣的反對，萬曆帝最後做出了讓步，立皇長子朱常洛為太子，朱常洵為福王。朱常洵的封藩在洛陽，「享有大國，著聲藩輔」，地位遠遠優於其他宗室王爺。李自成於崇禎十四年正月攻克洛陽是事實，處死福王朱常洵也是事實，但到底有無「福祿酒」一事，還不好說。

一直到了一九二四年，人們在孟津縣麻屯鄉廟槐村南約五百米處挖掘出了福王朱常洵壙誌，「福祿酒」的謠言才算是破滅了。

「明福王朱常洵壙誌」墓誌現收藏於孟津縣龍馬負圖寺。誌高、廣各七十九釐米，厚十釐米，楷書，二十一行，滿行二十五字。四邊線刻飛龍紋，撰文者為福王朱常洵之子朱由崧，蓋為盝頂，篆書「大明福忠王壙誌」。

壙誌裡清清楚楚地記：福王朱常洵死後，「祭葬從優，一切喪禮視諸藩倍厚」，而且，大明「崇禎十六年正月初八日，葬於邙山之原」，這已充分說明福王的屍體尚在，沒有被人吃掉。

其實，只要仔細想想，真要像野史裡說的，福王有三百多斤，再加上幾頭鹿，還不得上千斤了？用這上千斤肉配酒煮湯，那得多少酒、多少水，又得是多大的鍋？

一句話，「福祿酒」根本就是一個謠言！

歷史作家姚雪垠在長篇小說《李自成》中詳細描寫了李自成處死福王的過程：

擔任行刑的這個刀斧手向前兩步，彎腰提起來福王的頭，走向監斬臺去。遵照李過的命令，這頭將帶進城去，懸掛在宮門前的華表上，即古人所說的「梟首示眾」。在刑場中間擔任警戒和維持秩序的步兵都撤到監斬臺下，聽任百姓觀看福王的屍體。在前邊的百姓們一擁而上，立刻將福王的衣服和褲子剝得精光。有人剖開他的胸膛，挖出心肝拿走。有人從他的身上割走一塊肉。頃刻之間，屍首被分割得不成樣子，而後邊的百姓們繼續往前邊擁擠。

姚雪垠寫福王的死寫得很慘烈，「屍首被分割得不成樣子」，但沒有「福祿酒」情節。以嚴謹治史著稱的明史研究專家顧誠先生在《明末農民戰爭史》一書中也極力鞭撻福王的作威作福，寫福王朱常洵之死時，用筆洗煉，卻簡潔有力：貪生怕死的朱常洵一帶到李自成面前即嚇破了膽，「色怖，泥首乞命」。李自成端坐殿上親自審問這位朱明王朝的親王，怒斥道：「汝為親王，富甲天下。當如此饑荒，不肯發分毫帑藏賑濟百姓，汝奴才也。」命左右打他四十大板，梟首示眾。

所以說，明福王被李自成與鹿同烹做成了「福祿酒」，只是故事傳說而不是歷史的真實。

李自成山海關戰敗的原因是因為軍隊集體腐化降低戰鬥力嗎？

明崇禎十七年（一六四四年）正月初一，李自成在西安尊西夏國主李繼遷為太祖，改名李自晟，宣布正式建國，國號大順，改元永昌，置百官。正月初八日，李自成的百萬大軍自西安出發，東渡黃河，兵分兩路，直撲北京：其一路由李自成、劉宗敏統率，東渡黃河，進入山西，經太原、寧武、大同、宣化等地，趨居庸關；另一路由劉芳亮率領，出河南，經衛輝、彰德諸府，入河北，經邢臺、河間，趨保定。約定會師於北京。

這兩條行軍路線是經過了深思熟慮的。

李自成部是主力，擔任主攻，只要攻破了太原，就可翻越太行山，蹂躪真州、保州，直犯京師，而寧武、大同、宣化等地乃是大明王朝重兵集結之地，其擔心京師危急必會出援，此時不免內外受敵。劉芳亮是偏師配合，可乘瓦解之勢，收天下精兵，掃清北京的外圍，切斷北京與外界的聯繫，使明廷坐困京師，落己掌握之中。

而早在上年十二月二十日，李自成已乘冬季堅冰封長河，派出先頭部隊嘗試渡河。

負責黃河防務明右僉都御史山西巡撫蔡懋德駐守領三千人平陽（今山西臨汾），因居住在太原的晉王朱求桂心憂太原有失，再三馳書，要求蔡懋德回援。則蔡懋德交付兩千人給平陽副總兵陳尚智，要他分守汾州、平陽，自己帶著標兵千人返回太原。

當大順軍的先頭部隊出現，平陽知府張璘然棄城逃遁，陳尚智擁兵竄入泥潭山。受封居住於平陽的河西王朱新甄及宗室三百餘人全部被俘殺。

消息傳到蒲州（今山西永濟），明將高傑心膽俱裂，自蒲州東走，先奔澤州（今山西晉城），後往濟源，途中恣意擄掠。

大順軍由此不費吹灰之力就佔據了蒲州。

猗氏、聞喜、絳州（今山西新絳）等明朝州縣官員紛紛迎遞降表。

二月，李自成親率大順軍主力進逼太原。

太原雖是戰略要地，但守兵不多。巡撫蔡懋德急向屯駐在保定的督師李建泰求助。李建泰怯懦，一味推諉拖延。三邊總督余應桂也按兵不動。

這樣，二月初七日，太原城破，蔡懋德殉國。

攻下太原後，李自成並沒有避虛就實、直接攻打北京，而繼續北攻打大同、宣府。十六日，大順軍連下黎城、臨晉、潞安、欣州等城。

大順軍此來可謂攻無不克、戰無不捷，順風順水。

然而，到了代州（今山西代縣），出乎意料地遭上了頑強的抵抗。

這個抵抗來自於鎮守山西兼關門、代州、三關的大明總兵周遇吉。

周遇吉，遼東錦州衛人，少有勇力，善於騎射。投身行伍後，每戰都率先登上城牆，累積戰功一步步升遷為統領三千人馬的京營遊擊。

京營建制於土木堡之變後，是兵部侍郎于謙為改變衛所兵士戰鬥力低下局面而改革兵制招募的軍隊，號稱營兵，長駐於北京，亦稱京營。

到了明末，京營將領很多都是靠拉關係取得職位的官宦子弟，怕苦怕累，怠於訓練。

周遇吉曾勸他們說：「各位都是家世良好的官宦子弟，平時不勤加操練，只怕將來難以征戰疆場，為什麼要白白享用朝廷的俸祿，不肯抓緊時間操練武功，為以後報效國家儘早做些準備呢？」

周遇吉這番赤誠之語卻招來了同僚們嗤之以鼻的嘲笑。

雖然京營是天子城裡的軍隊，但時逢亂世，也得頻頻作戰。

周遇吉遂在這層出不窮的戰事中建功立業，被朝廷破格加封為太子少保、左都督。

崇禎十五年（一六四二年）冬天，周遇吉出任山西總兵。到了任上，便裁汰老弱士兵，修造甲仗器械，訓練隊伍，積極備戰，增強了軍隊的戰鬥力。

在李自成渡河之前，周遇吉曾命令朝廷派來的副將熊通率其部兩千人協助巡撫蔡懋德守河。可是，李自成大軍一來，熊通就率部投降，並返回代州勸說周遇吉投降。

周遇吉喝斥道：「我蒙受國家厚恩，豈能跟著你背叛朝廷？你領兵兩千，不能殺賊，還要反過來給他們當說客，真是可恥！」傳令將熊通斬首、首級送往京師，同時請求朝廷增派援救之兵。

在代州，周遇吉一面憑城堅守，一面偷偷出兵進行襲擊，殺敵無數。

五天後，代州城內糧盡，不能再守，退保寧武關。

大順軍躡蹤而來。

周遇吉以寧武關城為依託，列陣於關城外圍，以戰為守，白天不斷出兵襲擊大順軍，到了晚上則收兵入城，在城上憑城發炮，給大順軍以巨大殺傷。

李自成久攻不下，便玩起了心理戰，傳檄恐嚇，稱「五日不降者屠其城」。

關城兵民人心惶惶。

有人勸周遇吉為全城軍民著想，略作一點變通。

周遇吉笑道：「若輩何怯邪！今能勝，一軍皆忠義。即不支，縛我予賊！」

不過，這種攻守戰消耗極大，明軍大炮火藥很快用盡。

大順軍因此得以抬大炮接近關城轟炸城牆，城牆兩次被轟塌而強修。

援兵久盼不至，這樣下去終不是辦法。

周遇吉決定兵行險著，他先在城內設下伏兵，然後派出弱卒搦戰，在敗退中引大順軍入城，看看入城的人數差不多了，便放下閘門，關門打狗，將入城的大順軍悉數斬殺。

李自成眼見傷亡慘重，心萌退意。

手下將領勸說：「我兵力百倍於彼，只要以十攻一，輪番攻打，絕無不勝之理。」

大順軍此次東征，按照其在平陽以倡義提營首總將軍名義所發佈檄文的說法，是「本首於本月二十日，自長安領大兵五十萬，分路進征為前鋒。我主親提兵百萬於後」，即總兵力是一百五十萬。

但這是唬人的，實際上沒有那麼多人。

李自成在襄陽建立軍政府時，建立軍制，據載有軍兵六十萬人。在西安建國，軍隊當有所增加，很多材料說其有馬兵六十萬，步兵四十萬，合起來是百萬人。這是包括野戰軍和地方軍的全部軍兵人數。而參與東征的，只是野戰部隊，其應該是二十萬左右。

周遇吉的寧武守軍只有四千人。

二十萬對四千，如果打不下來，豈不貽笑天下？

李自成因此重新部署了兵力，再度對寧武關發起了猛攻。

在火炮的轟擊之下，關城不斷坍塌。

周遇吉殊死搏殺，同時飛章告急。請求大同巡撫衛景瑗發兵增援，衛景瑗命姜瓌率部援救，姜瓌貪生怕死，拒絕入援。

周遇吉孤軍奮戰，又堅守了四晝夜。

最終，明軍兵少食盡，力不能支，寧武關宣告陷落。

周遇吉寧死不屈，繼續指揮巷戰，胯下的戰馬倒斃，他仍徒步跳躍閃轉，親手殺死賊兵幾十個人，身上被射上的箭像刺蝟一樣，重傷力竭，不幸被俘，被吊於教場旗竿之上，慘遭亂箭射死。

城中士民被周遇吉的英烈行為所激勵，相繼出戰，全部死亡。

周遇吉夫人劉氏，蒙古族，驍勇異常，率領家中眾婦女，登上屋頂用箭射殺入城大順軍。

大順軍不敢靠近，放火環燒總兵署，周遇吉老母、劉氏及全宅數十口人葬身火海。

大順軍佔據了關城後，實施了屠城。

在滿城血色中，李自成面露憂色，對眾將說：「寧武關雖被攻破，但我軍將士死傷頗多。自此到達北京，還要歷經大同、陽和、宣府、居庸等軍事重鎮，皆有重兵把守，倘若都像寧武守軍一樣，我軍還能剩下一人嗎？不如暫且先撤回陝西休整隊伍，徐圖後舉。」

李自成由此定下了班師日期。

哪承想，大同鎮總兵姜瓖、宣府鎮總兵王承蔭的降表相繼送至。

真是天助我也！

李自成笑逐顏開，大喜過望，

大同、宣府是明朝設立九邊中的重鎮，是北京屏障，其既已相率歸順，則取北京猶如探囊取物矣！

由是，李自成長驅直入，歷經大同、宣府直抵居庸關。

明居庸關守將唐通等開關迎接。

李自成兵不血刃地進入了京畿地區，輕而易舉地攻陷了大明帝都進北京城。

大順軍的兵將因此常常對人說：「他鎮復有一周總兵，吾安得至此！」

李自成大軍佔領了北京，成功地滅亡了大明王朝，勝利地達到了預期目的。

可是，據被李自成掠至軍中的河南歸德（今商丘）人鄭廉在《豫變紀略》一書中所記，河南有位貢生和牛金星是姻親，當李自成在西安稱帝，該貢生曾到西安找牛金星求官，牛金星卻推辭：「如今世間方亂，你才力不夠，當不了官的！」貢生大感詫異，問：「先生莫非認為北伐不能成功？」牛金星答道：「明軍主力已喪失殆盡，縱有抵抗，不過是螳螂擋車，怎麼會不能成功呢？」該貢生更加奇怪，接著問：「若得北京，則天下大局已定，我為什麼當不了官？」牛金星嘆了口氣，說：「說你才力不夠你還不信，其實，以大順朝的實力論，不過是為他人做嫁衣罷了。我置身其中，只是為了避禍，前途如何，實非我所能把握，我軍北上後，你趕快回家，萬不可再參與這場禍亂！」

如果這則記載是真的，那麼，牛金星可以稱得上是一個頭腦清醒，並且有遠見的非凡之人。

李自成不能禦清兵於關外，按照流行的說法，主要是兩大原因：

一、大順軍進京後，上下集體腐化，戰鬥力迅速下降，無法抵擋清軍的強勢出擊；

二、吳三桂出爾反爾，降清獻關，與清兵聯合，陷大順軍於極度被動位置。

其實，大順軍進北京以後，只是對權貴進行拷打追贓，軍紀還是保持得不錯的，並沒有太多侵害普通百姓的紀錄。而且，從進京到開往山海關只有一個月，即使真的是集體腐化墮落了，也不可能墮落到一個月前戰鬥力爆表、一個月後戰鬥力就大幅度下降的地步。

從大順軍以二十萬之眾攻擊周遇吉四千孤軍的種種表現來看，其實，大順軍在進北京之前的戰鬥力就一直是很水的。

要知道，大順政權在陝西建立根據地才一年，其軍隊還算不上真正的正規軍。

這一點，從一年之後大順軍在西安一潰千里的表現也得證實。

當然，吳三桂獻出了山海關，出錢出人替清軍打頭陣，這無疑會加速大順軍在山海關一片石的敗退，但這並不是根本原因。

退一步說，就算山海關掌握在李自成的手上，清軍另行從薊門鎮打進來，以大順軍的戰鬥力，也阻擋不了清軍鐵騎定鼎中原的步伐的。

這，就是牛金星早已經窺察到的真相，同時也是他所擔憂的原因。

明知北京不可守，崇禎帝為什麼不遷都？

崇禎十七年正月初一，李自成在西安草即位詔，傳佈遠近。

正月初八日，李自成的百萬大軍自西安出發，東渡黃河，兵分兩路，直撲北京：其一路山西，經太原、寧武、大同、宣化等地，趨居庸關；另一路出河南，經衛輝、彰德諸府，入河北，經邢臺、河間，趨保定。約定會師於北京。

崇禎心憂如焚，對諸臣不無抱怨地嘆氣說：「你們怎麼不知道為朕分憂！」

左中允李明睿在散朝後悄悄給崇禎支招，說：「闖賊氣焰囂張，直逼京師，此誠危急存亡之秋，唯有遷都南京，才可以解除目前之急，從而再圖征剿之功。」

李明睿所說的遷都，並不是要像明成祖朱棣將國都從南京遷到北京一樣，大興土木，幾十萬、乃至上百萬軍民，浩浩蕩蕩，一起搬家。

所謂「遷都」，不過是說著好聽，其實，就是逃跑。

崇禎一走，大臣百姓跟著走，走得多少是多少，走到哪算哪。

當年，宋高宗趙構為了逃命，「遷都」都不知遷了多少次，宋州、揚州、建康、越州、杭州，都是他曾經停留過的「行在」，最後才把都城定在了杭州。

而宋高宗當年的情況根本就不能與現在的崇禎同日而語。

至少，大明政府所能控制的地盤，就比當年的宋高宗多出好幾倍。

而且，在南京，大明朝廷還設置有一套完好的後備行政班子。

實際上，在崇禎十六年六月，周皇后就提過遷都的建議了，她「以寇急」，曾試探崇禎說：「吾南中尚有一家居。」這句話的深層次含義乃是「蓋意在南遷也」（《明史・后妃傳》）。

應該說，崇禎是有遷都意向的了。

可是，無論如何，遷都都是個極其敏感的話題，後來就出現了輔臣周延儒因提議遷都慘遭下獄的事。現在舊議重提，崇禎憂心忡忡地對李明睿說：「這件事，事關重大，你不要輕易對別人說。」

當然，他也坦白，說：「此事我早有所想，只是沒有人襄助才推延到了現在。你和我想一塊去了，但外邊諸臣不贊成，奈何？此事重大，你先保密，切不可輕洩。」

改日，崇禎廣徵大臣們的意見。

他這一廣徵群臣意見的行為，曾被許多不瞭解明朝政治制度的人以為他是愛惜自己的名聲，不肯落下「逃跑」之名，所以想由有名望的大臣來提，好讓群臣做替罪羊。

其實這是一種很深的誤解。

雖然，明太祖朱元璋開國之初所追求的是君主獨斷的政治模式，為此，還特意廢除了宰相之職。但隨著歷史的發展，君主的權力還是受到了越來越大的限制，內閣還是朝著宰相機構的職能靠近，且因為明朝內閣所擁有「票擬」之權，使得其對皇帝權力的限制超過了過去的宰相。

所謂票擬，便是代皇帝草擬各種文書，主要是關於六部、百司各類政務奏請文書的批答。其中不乏是與皇帝共同討論後做出決定所擬成的，但絕大多數是內閣先擬好批答文字，連同原奏請文書一起送皇帝審批。

不難看出，這種方式跟唐、宋朝那種由中書、門下、翰林院等多種機構結合一起草擬下行詔令和審核上行奏章的方式要集中、簡便和有效得多。但由此一來，雖然宰相已廢，表面上皇帝直接指揮六部、百司政務；實際上許多關於國計民生的大事都得依靠「票擬」定奪，皇帝的意志和權力受到了內閣諸臣極大的左右限制。

可以說，明朝每一項政治措施都在內閣票擬的控制之下。

這一方面可以用來解釋為什麼萬曆可以多年不上朝，而國家機器卻能正常運作的原因。

反過來，也可以理解到正德皇帝在南巡時所遭遇的阻力為何這麼大，嘉靖的大禮儀事件為何這麼激烈，萬曆的國本之爭中，要另立一個太子是多麼難。

可以說，越到明朝晚期，皇帝手中的權力越弱，皇帝甚至已經變成了退居幕後的國家最高統治者，而行政權已經幾乎完全落在了內閣和六部的手裡。

所以，要遷都，就必須取得內閣和六部眾官員的同意。

然而，朝堂上反對聲如潮。

廷上的袞袞諸公，全都熟知「土木堡之變」的那一段舊事，在當時的北京保衛戰前夕，不是有人曾經提議和支持過遷都嗎？那些人的名字，都被牢牢地釘在了歷史的恥辱柱上。而反對遷都的于謙，則成了光照千秋的大英雄。

英雄和狗熊之間，你會怎麼選？

退一萬步說，就算李自成真的推翻了大明王朝，改朝換代，我們也不過改換門庭，換個主子而已。

所以，內閣大學士陳演、魏藻德不斷授意兵科給事中光時亨給予激烈諫阻。

一時間，「不殺明睿，不足以安人心」之論喧囂塵上。

最後，崇禎不得不表態，說：「祖宗辛苦百戰，定鼎於此土，如果因為闖賊來了，朕一人獨去，怎麼對得起宗廟社稷？怎麼對得起京師百萬生靈？即使事不可為，國君死社稷，乃是大義之正。朕絕不南遷！」（徐鼒《小腆紀年》卷三）

遷都之議就此流產。

後宮的周皇后大為感嘆，說：「南中我家裡甚可居，惜政府無有利持之者！」

崇禎帝為什麼死到臨頭仍不肯動用內帑發兵餉？

縱觀中國歷朝歷代，論及政治環境最為寬鬆、言論自由度最高的，當屬明朝。明朝的言官可以毫無來由、毫無根據地對別人、包括皇帝展開人身攻擊。

海瑞抬棺罵嘉靖就是著名例子。

如果說，嘉靖帝是一個狠人，忤逆到他會有打板子的危險，那麼，遇到萬曆、天啟這類脾氣比較好的，基本是罵了就罵了，毛事沒有。

給事中雒于仁聽說萬曆身體不好、不能上朝，二話不說，就給萬曆上了篇〈酒色財氣疏〉，歷數萬曆身體不好，那是自找的，一口咬定萬曆的病因就是太酗酒、太好色、太貪財、太暴躁所致。

最慘的還不是這個。明朝制度中，臣子的奏章大都會抄到邸報上公開發佈，很快就會風行民間。

民間看到了雒于仁這篇奏疏，也不管奏疏裡說的事兒有影沒影、是真是假，先來一通拍手，連聲稱快，一致稱讚雒于仁敢批龍鱗、撩虎鬚，是條漢子。

而後世要抨擊萬曆的昏庸，也往往從雒于仁這篇〈酒色財氣疏〉找到了依據，逐條發揮，每一條都可以發表一篇長篇大論。

老實說，雒于仁這樣侮辱萬曆還是輕的。言官田大益直接斥萬曆為「夏桀、商紂王、周幽王、厲王、漢桓帝、靈帝、宋徽宗」之類的昏君，把萬曆罵得狗頭噴血、體無完膚。

這種當面給帝王潑汙水的行為，換作別的朝代，早給按倒放血了。

所以說，明朝的政治環境最為寬鬆、言論自由度最高。

還有，在明朝，書籍出版沒有任何限制，即使偶有查禁某書的行動，也只是一陣風吹過。萬曆朝曾鬧過「妖書案」，朝野惶惑、鼎沸不定，但也沒什麼人受到嚴厲懲罰。

在這種背景下，明朝的私人筆記、野史、小說海量出現，其數量當屬中國古代歷史上之最。

可以想像，既可以肆無忌憚地發表言論，出版方面又沒有政審要求，很多書籍就會走向了誨淫誨盜的一面。

對於絕大多數市民來說，談論當今皇帝是一個永不會乏味的話題。那麼，為了迎合廣大低俗市民的窺探欲，對明朝皇帝的抹黑就成了很多寫書者樂意做的事了。

這，就給後人造成了「明朝皇帝個個是奇葩」的錯覺。

經過人們醜化、漫畫化的明朝皇帝，也因此被貼上了「蛐蛐皇帝」、「荒唐皇帝」、「道士皇帝」、「色魔皇帝」、「春藥皇帝」、「木匠皇帝」、「蛤蟆皇帝」的標籤。

明朝最後一任皇帝——崇禎帝，這是個連對手李自成、滿清貴族都認可的好皇帝，可也逃脫不了被惡搞、被抹黑的命運。而且，因為惡搞和抹黑得太認真，太煞有介事，很多史學家都上了當。

舉個例子。一九四四年，著名史學家郭沫若寫下了名動一時的〈甲申三百年祭〉。文中說，明末大旱，崇禎屢下〈罪己詔〉，申說愛民，但都是口惠而實不至，時時愛鬧減膳、撤樂的玩藝。但當李自成離開北京的時候，卻發現皇庫局鑰如故，其「舊有鎮庫金積年不用者三千七百萬錠，錠皆五百兩，鐫有永樂字」（《明季北略》卷二十）。

寫到這，郭沫若沉痛而又不乏調皮地說：「皇家究竟不愧是最大的富家，這樣大的積餘，如能為天下富家先，施發出來助賑、助餉，盡可以少下兩次〈罪己詔〉，少減兩次御膳，少撤兩次天樂，也不至於鬧出悲劇來了。」

郭沫若寫這段話引用的資料是計六奇的《明季北略》。

按郭沫若的意思，崇禎守著幾千萬兩白銀，卻整天哭窮，甚至到了要上吊自盡了，也不肯拿出一兩助賑、助餉，這不是比巴爾札克筆下的守財奴還要守財奴嗎？死了活該！

而實際上，郭沫若引用《明季北略》的話並沒有引全，在原話後面，計六奇已緊接著提出了質疑：「果有如此多金（指三千七百萬錠），（則）須騾馬一千八百五十萬（頭）方可載之，即循環交負，亦非計月可畢，則知斯言未可信也。」

所以，郭沫若引用這類材料所得出的結論，理所當然地招致了人們的批評。

長篇小說《李自成》的著作者姚雪垠於一九八一年就發表了〈評甲申三百年祭〉一文，很不客氣地說：「對此重大問題，不多看一點史料，誤信宮中藏銀傳言而輕易大發議論。」

不過，姚雪垠說郭沫若「不多看一點史料」，還是有點冤枉郭沫若了。

因為，《明季北略》之外，像這種記錄崇禎守著幾千萬兩白銀哭窮的書籍還是有很多的。

比如趙士錦的《甲申紀事》中就說，李闖破城後，每日以騾車將大內庫銀運往西安。有人親眼看見，銀錠上有鑿萬曆八年字樣。又說，闖賊運往陝西銀錠上的字號，全都是萬曆八年以後的，也就是說，萬曆八年以後存入內庫的銀子，一直沒有動用過。一共存積有白銀三千餘萬兩，黃金一百五十萬兩。

楊士聰的《甲申核真略》也說，大內存有大量鎮庫銀錠，五百兩為一錠，鑄有永樂年字樣，每匹騾或馬只能馱兩錠，沒有任何東西包裹，黃光閃閃、白銀耀眼。聽說，賊人在大內共搜刮得庫銀三千七百萬、黃金若干萬。

張正聲的《二素紀事》則記：「李自成括內庫銀九千幾百萬，金半之。」

顯然，這些材料是經不起推敲的。

著名作家陳椿年分析說：「上述數字即使以每錠五十兩計算，也已高達十八億五千萬兩，而據萬曆年間張居正在奏摺中計算，當時大明王朝全國『計每歲所入……不過二百五十餘萬（兩），而一歲支放之數，乃至四百餘萬（兩）』。大明王朝從朱元璋開國到崇禎亡國，不過二百七十年光景，即使每年賦稅收入以四百萬兩計算，也須四百五十幾年才會積累到十八億五千萬兩，全部藏入皇庫。」

可見，很多人誣陷崇禎，和誣陷張獻忠殺人「六萬萬有奇」的誇張是一脈相承的。

可是，姚雪垠的評論卻引出了著名明史研究專家顧誠的〈如何正確評價〈甲申三百年祭〉——與姚雪垠同志商榷〉一文。

顧誠是認可郭沫若的觀點的。

顧誠認為，趙士錦、楊士聰、張正聲等人都是明朝官員，在甲申巨變中，他們都在北京，掌握的可都是「第一手材料」。

但是，崇禎自登基以來，年年用兵，單就軍費這一項開支就耗費無算，內帑怎麼還積累有這麼龐大一筆財富呢？

顧誠沒有做解釋。

不解釋的原因，也許是趙士錦、楊士聰等人原話裡已經包含有答案了：銀錠上鑄有萬曆、永樂年字，這當然是萬曆皇帝、永樂皇帝留下來的了。

萬曆在位時間較長，被言官罵得最多、最狠，名聲也最臭。言官罵他「貪婪暴斂」。可是「暴斂」來

「暴斂」去，張居正實施變法，給萬曆留下內帑的財富是七百萬多兩，而萬曆「暴斂」了四十多年，留給光宗、熹宗的財富也是七百萬多兩。

王世德在《崇禎遺錄》一書中的說法是：熹宗在位七年時間，就將神宗四十餘年的蓄積揮霍一空，自從女真兵興以來，內帑已空。

《明史》也印證了這說法：內府揮霍一空以後，熹宗就把本該發往邊防的兵餉撥回內庫，聽任宦官糟蹋，大量採購物品和建造宮殿。崇禎帝即位後，雖然勤儉節省，但內庫已經耗竭了。

看看，萬曆積累的財富都已經耗光了，更遑論永樂年間的銀子了。

所以說，趙士錦、楊士聰、張正聲這些人其實都是道聽途說、人云亦云，說話不經大腦。

事實上，明亡前，趙士錦為工部員外郎、楊士聰為左諭德、張正聲為兵部職方司郎中，屬於中層文官，和崇禎並沒有什麼直接接觸，對內帑實情根本就一無所知。

相對而言，王世德的記載就比較可靠了。

王世德為錦衣衛僉事，「常居禁中宿衛」，對崇禎朝廷禮儀大典、政局變化皆「委備詳核」，明亡後，他不滿野史嚴重失實，這才作《崇禎遺錄》。

《崇禎遺錄》是這樣描述崇禎內帑的：熹宗在位七年時間，就將神宗四十餘年的蓄積揮霍一空，自從女真兵興以來，內帑已空。聖上曾經將宮中的銀用器具運往銀作局，澆鑄成銀錠以充當軍餉。崇禎年間的餉銀都鑄有「銀作局」三字，這是人所共見的事情，內庫的空乏情形可想而知，哪裡有什麼幾十年來存積的金銀？現在大家都眾口一詞指責聖上生性喜好聚積斂財，又一毛不拔，真是天大的冤枉啊！草野鄉民無知，訛傳以為實，那些始作俑者，說話真是不顧及後果！

其實，先不論王世德與趙士錦等人身分的差別，單以他們說的話來分析，不難看出，王世德口中的崇禎，是正常人的表現；而趙士錦等人所說，根本就是把崇禎當成了一個不可思議的神經病！

不過，狗咬人不是新聞，人咬狗才是新聞，人們感興趣的不是正常人的崇禎，而是神經病的崇禎。

所以，在世人的眼光裡，崇禎必須就是個神經病。

然而，李自成進佔北京後，確實是掠得了數以千萬計的金銀。

但，這些金銀是從內帑得來的嗎？

非也。

史惇在《慟餘雜記》的記載：闖賊從北京西奔長安，囊括得宮中的金銀共七千餘萬兩，用騾馬馱載而去，天下人聽說了此事，無不惶惑。大家也因此以為先帝宮中既然積藏有這麼多金銀，足夠支配幾十年的軍餉，卻吝惜不肯動用，強向百姓加賦稅，增派了二百四十萬兩練餉，致使大失民心，天下瓦解。

史惇接著感慨地說：這即使是世間最昏庸、最愚蠢的人也不會幹出的事啊。當時曾任戶部官的吳履中有跟我說過這樣一件事，他說他也懷疑內庫存積有金銀，請皇上派出來發軍餉，皇上卻流下了眼淚，淒然嘆息，說，內庫早是空的了。

內庫早是空的了，那麼，這數以千萬計的金銀是從哪兒得來的呢？

毛奇齡在《後鑑錄》中指出：是向官員拷打勒索來的。

他說，賊軍所拷索的白銀七千萬兩，公侯占了十分之三，宦官占了十分之四，宮眷占了十分之二，商賈占了十分之一，另外，從宮中內帑的金銀器具以及鼎耳門環鈿絲裝嵌處搜刮得來的，即使剔剝殆遍，也不及十萬之數。賊軍對外宣稱是得自於內帑，那不過是想掩飾自己拷索的惡名罷了。

其實，李自成軍對外宣稱是得自於內帑，並非單純掩飾拷索的惡名，而有更深的政治用意。

彭孫貽在《平寇志》中解釋得清清楚楚：賊軍搜刮到的金銀，大約侯門占了十分之三，宦寺占了十分之三，百官占了十之二，商賈占了十之二。共七千萬兩。內庫久已如洗，懷宗（即崇禎帝）減少伙食、穿粗布衣服，凡是由金銀製作的酒扈器俱全部熔鑄成銀錠充當軍餉，內帑並沒有多少積蓄。賊軍通過酷刑所得的金銀，卻宣稱是從內庫搜得，是想讓不知情的人怨恨朝廷而已。

在崇禎自盡前一天，李自成真的是想「割山陝為王」而主動向崇禎議和嗎？

崇禎十七年（一六四四年）正月初一，李自成在西安改元稱王，建國號為大順，改元永昌，改名自晟。正月初八日，揮軍東向，兵若山移，馬如潮湧，三月十七日，就殺到了北京城下。

然而，弔詭的是，根據《明季北略》所載，李自成竟然派出明降人太監杜勳入城與崇禎議和，退兵條件是：「平分天下」。

《明季北略》所載並不是孤證。

《鹿樵紀聞》也記錄了杜勳入見崇禎一事，說杜勳在崇禎面前大談李自成兵勢如何雄壯，勸崇禎禪位，不然，「則割山陝分國而王」。

《甲申傳信錄》的記載更加詳細，說：「是日，賊遣叛監杜勳縋城入講和，並盛言李闖人馬強眾。議割西北一帶，分國為王，並犒賞軍銀百萬，退守河南。」杜勳除了誇耀李自成兵勢和議和條件外，還向崇禎補充，說李自成表示，如果和議能成，他本人願意為大明朝剿滅各路農民起義軍，並率勁兵出關抗擊清兵。

實際上，早在三月十五日，李自成佔領居庸關後，就曾派出了明薊鎮總督王永吉到北京與崇禎談判，據《烈皇小識》所記，李自成提出的議和方式有兩種：「一如漢楚故事，畫地為界；一解歸誠以大將軍輔政。」

百萬大軍兵臨城下，破城滅明就在指掌之間，李自成為什麼會主動要求議和呢？而且，開出的價碼還這麼低。

而從後來發生的事來看，李自成也的確僅用了兩天時間就順利進入了北京城內。

三月十九日中午，李自成戴笠縹衣，乘烏駁馬入承天門，登皇極殿。

而在這天凌晨，崇禎已在煤山上吊自殺，明朝宣告滅亡。

那麼問題來了，明明勝利已經觸手可及，李自成為什麼卻要在革命就要成功前一刻與代表地主階級利益的崇禎議和妥協呢？

這個問題是有著深刻的背景的。

李自成起兵時，只是一支小打小鬧的部隊，而且屢戰屢敗。之所以勢力突然膨脹，一方面是連年大旱，流民、饑民生活沒有著落，不得不加入他的隊伍；另一方面是清兵總是在他困於絕境時恰到好處地入關劫掠，適時地將他解救脫困。當然，與李自成的個人魅力、社會上流行的諸如「十八孩兒主天下」之類的讖語，以及他所施行的「發帑賑貧，赦糧蘇困」政策也不無關係。

李自成此次東征，雖然號稱百萬大軍，但綜合各方面資料看，應該是二十萬左右。

可是，坐擁二十萬兵力，李自成卻在寧武關吃了大虧。

鎮守寧武關的是大明總兵周遇吉，周遇吉的兵力只有四千人。

周遇吉以四千人抗擊二十萬人，在代州、在寧武關阻敵十餘日，並砍死砍傷李自成大順軍兩萬餘人。

李自成久攻寧武關不下，就開始打起退堂鼓來，準備收兵返陝。

是手下將領苦苦相勸，說：「我兵力百倍於彼，只要以十攻一，輪番攻打，絕無不勝之理。」

李自成最終咬緊牙關，用了車輪戰法，各部輪番攻城，這才堪堪斬將奪關。

強攻寧武關，其實是一失著。

周遇吉原先在代州與李自成激戰了四天，蓋因勢單力薄，不得不南下退守寧武關。

李自成既知周遇吉是一勁敵，完全可以留偏師牽制周遇吉然後以主力東進，他卻率全軍躡蹤至寧武，師老於堅城之下。

所以，寧武之戰，既暴露出了大順軍的戰鬥力低下，也暴露出李自成戰略才能的欠缺。

值得注意的是，即使已經拿下了寧武關，李自成還沒有改變收兵返陝的想法，他對眾將說：「寧武關雖被攻破，但我軍將士死傷頗多。自此到達北京，還要歷經大同、陽和、宣府、居庸等軍事重鎮，皆有重兵把守，倘若都像寧武守軍一樣，我軍還能剩下一人嗎？不如暫且先撤回陝西休整隊伍，徐圖後舉。」

李自成是這麼說的，也是這麼做的，他已經定下了班師日期。

不難看出，李自成的東征，信心明顯不足，充其量就是一次試探性的進攻，或者說是一次聲勢浩大的武力威脅，其目標，並非澈底推翻大明王朝的統治，而是要實現自己裂土封王之想。

是大同鎮總兵姜瓖、宣府鎮總兵王承蔭的降表相繼送到了寧武，李自成這才改變了打道回府的念頭，繼續按原計畫北上。

大同、宣府是明朝設立九邊中的重鎮，是北京屏障，其既已相率歸順，李自成就可以順風順水地抵至北京城下了。

但是，儘管李自成已經到了北京城下，他還是缺乏攻陷這座大明帝都的信心。

要知道，作為大明王朝的帝都，北京城內的火器和守備建築都極其精良。

清兵就曾經先後三次以十萬左右兵力圍攻北京，但都未能撼動北京。

對李自成而言，他還要考慮來自北京兩翼以及赴京勤王的吳三桂四萬多遼兵、山東總兵劉澤清和山海關總兵高第等等部隊。

所以，李自成到了北京城下，最大的心願就是脅迫崇禎簽訂一紙「城下之盟」，裂土封王。

可惜，崇禎是一個負責任的皇帝，至死也不肯妥協。

李自成封王的願望落空了。

但，一個更大的驚喜出現在他的面前。

「十八孩兒主天下」之類的讖語發揮了作用，改朝換代的說法在京城大面積流行，人心背向發生了逆轉。

沒等吳三桂、高第等部趕到，太監曹化淳開門獻城，大明京師三大營潰不成軍，僅僅兩天時間北京就陷落了。

李自成做夢都沒有想到成功會來得這樣突然。

李自成進逼緊急，崇禎皇帝為什麼遲遲下不了決心詔令吳三桂回師勤王？

崇禎十七年（一六四四年）二月八日，李自軍大軍攻下山西首府太原。

告急文書傳來，舉朝驚慌失措。

崇禎召集文武大臣、科、道各官，問「戰守之策」。

鑑於遷都的事行不通，崇禎想到了另一個法子：調山海關的將士防堵李自成。

李明睿卻告誡道：「山海關的士兵不可盡撤，各邊大將不可輕調。」

崇禎兩手一攤，嘆氣道：「這個時候士兵還在山海關，大將都在邊境，就算調，也不是一時半會可以調得來的，奈何？」

他想就近京八府處招募兵員，但這時「內帑如洗，一毫無措」，招兵之議，只有不了了之。

而在去年（崇禎十六年）十一月，經薊遼總督王永吉代為請求，崇禎起用已經退休賦閒的吳襄為提督御營，調他「入京協守」。吳襄領旨後，遂於這年正月初攜家眷進京。

調吳襄進京，授以要職，究其原意，無非是籠絡好吳三桂，讓其感恩守土，同時，也可通過掌握吳襄，以之為人質，斷絕吳三桂降清的心思。

現在，看到了吳襄，崇禎不禁眼前一亮。

既然關內的明軍難以抵擋流民軍的進攻，關上的兵又不可調，那麼，關外的遼兵呢？

關外的遼兵如何？

關外的遼兵已經不是一次兩次充當救火隊員了，崇禎二年（一六二九年）的「己巳之變」、崇禎五年（一六三二年）的「孔有德之亂」等等重大事件裡，都閃現著關外遼兵的影子，且都是在關外遼兵的出現後才取得了勝利。

而且，兩年前吳三桂入援驅逐走清軍「奉命大將軍」阿巴泰的往事還歷歷在目呢。

除了關外遼兵能戰之外，他也覺得年輕的吳三桂是一員不可多得的將才，一旦調其入京，說不定會扭轉乾坤，反敗為勝。

於是，崇禎十七年（一六四四年）正月十九日，他正式向大臣們提出這個想法，徵詢大家的意見。

在他看來，這應該是能夠解除京師危機的唯一可行之法了，大臣的反應應該是一致支持的。

可是，他錯了。

他的設想一經拋出，在朝堂之上，立刻引起了一場曠日持久的紛爭。

大臣們紛紛反對。

因為，誰都知道，把吳三桂及其關外遼兵調入京師，就等於是把寧遠拱手相讓給清兵，而等京師的危險解決了，秋後算帳，贊成調吳三桂的人到時不免落下「棄地」的罪責。

首輔陳演擲地有聲地說：「一寸山河一寸金，錦州告急，寧遠的士兵萬不可調。」。

崇禎急了，只好硬著頭皮強調只調吳三桂和他手下的五千精兵，剩下的兵馬原地不動，並沒有完全放棄寧遠。

為了儘快通過此議，他語氣極不滿意地責備各閣臣說：「像這樣重大的軍機要事應該早作定奪，大家都要負起責任來，不能互相推諉，延緩誤事。」

首輔陳演想了想，先表示贊同贊崇禎的話，說：「與關寧比較起來，的確是京師的情況緊急。」但緊跟著，話鋒一轉，說：「吳三桂的五千精兵深為清軍所畏，不單單寧遠依靠這五千兵鎮守，山海關也依靠這五千兵把守。有這五千兵在寧遠，人心自壯。一旦調回，剩下分守在各城堡的兵將，勢必解體。」接著，又說：「臣生性愚鈍，擔當不了大事，不能亂出點子，一切還是聖上自己作主。」將崇禎的話駁回。

崇禎氣得乾瞪眼。

新提升為兵部尚書的張縉彥補了一句：「吳三桂到底是調還是不調，就看寧遠到底是放棄還是不放棄，兩言而決。」

崇禎看著他，希望他能「兩言而決」，拿出個最終方案。

可是他的嘴卻恰到好處地閉上了，緊緊的，再也不說一個字。

崇禎無可奈何，只好悻悻地強調說：「收回守土的成效，建造蕩寇大功，雖然屬於下策，但也是萬不得已啊。」（蔣德璟《愨書》卷十一）

應該說，崇禎這是在表態了，可陳演還嫌不夠明確，他不肯承擔責任，不敢往上踢皮球了，卻又往下踢，他召集閣臣們開會，堅定不移地要找一個肯承擔責任的替罪羊。

可這些閣臣哪一個不是人精？

一個個都玩起太極推手來，你說你的，我說我的，就是不說「調兵」兩字。

會議議了好幾天，就是議不出一個明解的結論。

到最後，陳演向崇禎彙報的結果是：閣臣不肯承擔責任，就讓督、撫、鎮等各級官員來承擔。

崇禎只好下達諭旨向邊鎮各督撫徵求撤寧遠意見的諭旨。

這麼一來，日子就一天天地過去了。

偏偏，很多督撫也不肯承擔「棄地」的責任，都在考慮和拖延中。

三月初，李自成大軍兵臨宣府城下，而宣府距京師不過五六百里，指日可達。

形勢已經變得刻不容緩了。

薊遼總督王永吉和順天巡撫楊鶚以兩人的名義給崇禎寫了一份奏疏，建議請撤關外四城。

等了這麼久，終於等到一個有擔當的了。

崇禎激動異常，把王永吉的奏疏遍示給閣臣陳演、魏澡德等人。

可邊鎮督撫中，就只這兩個人贊成撤兵入關，聲音未免太小了。

陳演、魏澡德唯唯諾諾，仍不敢表示意見，只是推託說：「此議應徵求各撫鎮將的意見後再定奪。」

改日，崇禎看陳、魏不能任事，便在德政殿召集科道九卿諸臣會議，再議調寧遠兵之事。

吳麟徵當即出列提議：六科道臣共同署名。

但六科道臣卻相互推諉，誰也不肯舉筆。

吳麟徵悲憤交加，獨自署名，將議撤寧遠的奏疏交呈崇禎。

可惜，和王永吉、楊鶚二人一樣，吳麟徵的聲音太弱小了。廷臣們仍不敢下決策。

眼看形勢越來越緊迫，陳、魏等人又有了新的想法。吳襄現在就在京師，撤寧遠與否，不妨問問吳三桂的父親吳襄的意見。

他們建議崇禎召見吳襄，徵求他的意見。

於是，二月十二日，崇禎在中左門召見戶兵兩部和吳襄，徵詢他對放棄寧遠退守山海關的看法。

吳襄的回答鏗鏘有力，他說：「祖宗之地尺寸不可棄！」

崇禎急眼了，知他是害怕承擔「棄地」的責任，不敢說真話，便安慰他說：「都是為國家大計，又不是說你父子要棄地。」頓了頓，問：「闖賊來勢兇猛緊迫，你覺得你的兒子吳三桂能扭轉戰局嗎？」

吳襄大言炎炎地說：「臣猜測，闖賊遠據在秦晉二地，未必敢來，真要來了，就讓我做先鋒好了。是李自成自己要來送死，臣子必生擒之以獻陛下！」

崇禎以為自己的耳朵出了問題，失聲笑道：「闖賊已有百萬之眾，你說得倒輕巧！」

吳襄解釋說：「闖賊聲稱百萬，實際上不不過數萬人罷了，全是烏合之眾！」

吳襄認為闖軍全是烏合之眾，雖名百萬，實不堪一擊，腦子裡想的是流民軍揭竿之初無組織、無紀律、裝備差、武器落後的狀態，不錯，十年前，這個狀態下的流民軍就常常被曹文詔、左良玉、盧象昇攆著屁股打，那個時候，數十個或上百個政府正規軍就可以追著上千成萬的流民軍打，可是，經過長時間的發展、壯大，現在的闖軍已非復當日的流民軍了，時勢已異，吳襄在家中養老弄孫，哪知這巨大變化？

看他吹得神乎其神，崇禎便問：「你父子到底有多少兵馬？」

吳襄忙頓首請罪：「臣罪該萬死！臣手頭上的兵按花冊算有八萬人，實際上只有三萬餘人。」

虛報軍額，冒領軍餉，這在平時該拉出去槍斃了。但這會兒顧不上了。

崇禎只是淡淡地問：「你這三萬人都是驍勇敢戰之士嗎？」

吳襄說：「如果說三萬人都是驍勇敢戰之士，成功哪裡用等到今日？臣可用的兵不過三千人。」

崇禎大奇，問：「三千人何以當賊百萬？」

吳襄得意非凡地說：「這三千人不是普通的士兵，都是臣吳襄的兒子，臣子吳三桂的兄弟。臣自受國恩以來，臣吃的用的都相當簡單，這三千人卻全都喝美酒吃肥羊；臣所穿的衣服都是普通布料，這三千人卻都穿凌羅綢緞，所以，臣能得其拚死效力。」

既然這樣，崇禎又問：「你這三千人需要多少軍餉？」

「百萬！」吳襄報出了一個天文數字。

崇禎周身一震，驚呼道：「就算是三萬人，也用不了這麼多軍餉！」

「百萬還是往少裡說。這三千人在關外，都有數百畝莊田，現在要他們放棄關外入關內，沒有百萬金怎麼安置他們，又怎麼指望他們在戰場上出死力！」吳襄誇誇其談道。

動用這三萬兵，就要耗費百萬兩的軍餉，崇禎黯然神傷地說了一句：「國庫只有七萬金，搜盡一切金銀什物，也只能補湊二三十萬罷了。」

由於吳襄一口咬定「祖宗之地尺寸不可棄」，崇禎從他的嘴裡沒有得到自己想要的答案，撤與不撤寧遠，仍無定畫。

而以陳演、魏藻德為首的廷臣們已經死心塌地地抱定了「棄地非策」的主意。一再聲明：「無故棄地二百里，臣不敢任其咎。」關外的遼兵遲遲不能調遣入內。

大明王朝的喪鐘很快就要敲響了。

不日，李自成大軍下宣府。

崇禎召集文武大臣、科、道各官，問「戰守之策」。

眾臣默然。

崇禎大為憤懣，悲愴地叫說：「朕非亡國之君，諸臣盡亡國之臣耳！」

廷臣們面面相覷，無一言可進。

京外督撫大則認為撤寧遠援京師為便，崇禎這才後悔不迭地將吳麟徵的〈請徙寧遠疏〉發下，決定棄寧遠以衛京師。

他還遍用重賞、高爵位來激勵將士用命。

三月四日，崇禎手詔賜封遼東總兵吳三桂為平西伯，平「賊」將軍左良玉為寧南伯、薊鎮總兵唐通為定西伯、鳳廬總兵黃得功為靖南伯，後又補封山東總兵劉澤清為「平東伯」。另給劉良佐、高傑等二十餘員將官晉級。

六日，崇禎下令棄寧遠，徵召吳三桂、薊遼總督王永吉、薊鎮總兵唐通、山東總兵劉澤清率部入衛。

吳三桂和王永吉鞭長莫及；劉澤清近在咫尺，卻謊報墜馬，腳受傷，拒不奉詔。

唯獨唐通率八千人馬先到北京，但這杯水車薪，怎救得了明朝的危亡！

吳三桂得封「平西伯」，獲撤寧遠之令，便著手部署撤離事宜，準備上路。

其所部遼兵四萬，遼民卻有五十萬。由於遼兵皆由遼民中來，兵民同為一體，所以朝廷形勢雖然緊急，吳三桂卻為撤退籌備了數天時間。

於三月初十日離開了寧遠孤城，向山海關進發。

吳三桂如果能像「己巳之變」中袁崇煥馳援北京一樣，以精銳兼程疾馳，旬日當可抵達北京。

可是百姓攜家帶口，背井離鄉，婦幼老少啼號，擁塞於道，每天行路不過五十里。究其原因，吳三桂乃是為保全自己的實力計，故意拖延時間，延誤行期，擬讓其他各鎮兵馬先與闖軍鬥得你死我活之時，再坐收漁人之利，全取勤王大功。

三月十六日，闖軍攻陷昌平，進犯十二陵，焚燒享殿，砍伐松柏。

而在這一天，吳三桂才剛剛走到山海關。

從寧遠至山海關兩百里，以騎兵行軍日行百里計，不過兩天路程，吳三桂卻足足走了五六天。而到了山海關，他還是不急不慢，向朝廷兵部「請馬一萬，安歇家口五日」。

崇禎急得直跳腳。

三月十七日，闖軍東路進至高碑店，西路進至西直門外，炮聲大作。

當晚三更，宮中內侍狼奔豕突，四下逃命。

崇禎自感大勢已去，以髮覆面，自縊於煤山，留遺書於衣帶中，云：「朕自登極十七年，逆賊直逼京師。雖朕薄德匪躬，上干天咎，然皆諸臣之誤朕也。朕死無面目見祖宗於地下，去朕冠冕，以髮覆面，任賊分裂朕屍，勿傷百姓一人。」

在中國歷史上長達兩百七十六年的大明王朝由此宣告滅亡。

李自成兵臨城下，崇禎帝在龍案上寫了什麼字？

崇禎十七年（一六四四年）三月初，李自成兵臨宣府城下，大明王朝危在旦夕！

為了激勵將士，崇禎要政府會議措餉，按官爵高低捐助餉銀。

過了四五天，只有太監王永祚、王德化、曹化淳各捐五萬兩。

其餘高級官員個個如鐵公雞，一毛不拔。閣臣魏藻德僅捐五百兩。

閣臣陳演一個勁兒哭窮，說自己為官清廉，從來沒有參與過索賄賣官之類的行為，哪有什麼錢？一個子兒也不捐（後來李自成入主北京後，在闖官的拷掠下，陳演很快就獻出了四萬兩白銀。張獻忠入蜀，陳演的女兒嫁給張獻忠做「皇妃」，僅僅三天，張獻忠玩膩了，一刀斬為了兩段）。

崇禎派太監徐高到國丈周奎家勸捐助餉，先晉其爵為侯，然後才開口要錢，周奎死活不掏錢。徐高悲憤之下質問道：「你身為皇親，也這麼吝惜，大明王朝還有什麼救？你積累再多的財富又有什麼用？」

崇禎不得已，下了一道詔，說：「大明王朝已經到了生死存亡的緊要關頭，一切皇親戚臣，必須捐助五萬至十萬，同心協力，共渡難關。」

周奎哭喪著臉答徐高：「老臣安得多金？」

徐高邊哭邊哀求，周奎最終才像割肉一樣捐了一萬兩。

崇禎讓周奎再加一萬兩。

周奎絕不肯幹！一個勁地哭出窮，甚至向女兒周皇后求援。

作為國丈，就捐這區區一萬兩，如何向其他臣工做表率呢？

沒辦法，周皇后只好把自己多年積攢的五千兩私房錢偷偷交給他。可就這五千兩，他還從中扣了兩千兩，拿剩下的三千兩當做自己的捐款上交。

富於諷刺意味的是，半個月後，在闖軍的拷逼下，周奎一下子就獻出了五十二萬兩銀子及其他價值數十萬兩白銀的珍寶！

和周奎表現相同的有：東廠提督、大太監王之心，捐餉時只出了萬兩，後在闖軍的拷掠下，從嘴裡掏出了現銀十五萬兩，以及與此價值相當的金銀器玩。

太監們爭著「曬窮」，以躲避捐助，分別在自己門上貼出「此房急賣」的條子，並把雕鏤、古玩、雜物拿出來擺攤出售，一副不典賣家當就活不下去的樣子。

這些可惡的太監還公然叫囂，在宮門上大書特書：「此處不留人，自有留人處」，已經做好了擔任下一個王朝太監的準備。

京師的百姓也表現得十分超脫，他們竊竊私語地交談著、期待著即將到來的大變局，大多數人都抱定了「流賊到門，我即開門請進」的思想。

覆巢之下，安有完卵？

在這國難當頭，這許許多多的官宦和百姓還生活在渾渾噩噩、愚昧無知的混沌狀態之中，可悲亦復可嘆！

三月八日，宣府陷落，巡撫朱之馮率部奮戰不已，可他手下的士兵卻倒戈相向，迫使他含憤自刎。崇禎派到宣府的監軍太監杜勳開城出降，「蟒袍鳴騶，郊迎三十里之外」（《國榷》卷一百）。

京師危矣。

崇禎向大臣問策，眾人的話題只是圍繞「練兵按餉不及」，別無應對之策。

且高官箝制下屬，誰也不准亂說話。

所以，每次召對，眾臣左一句「待罪」，右一句「待罪」，表情冷漠。

氣得崇禎只得痛哭回宮。

三月十二日，闖軍已經逼近京郊，京師朝不保夕。

崇禎照例向群臣問策。

群臣照例無一人應對，良久，才有人弱弱說了句：「闖賊真要來了，咱們就關上大門不給他們進來。」

第二天的朝會上，群臣的表現仍是如此，一個個作木雞狀、作泥塑狀，不發一言。

崇禎再也按捺不住，破口大罵兵部尚書張縉彥負國無狀，張縉彥立刻表現得相當有性格，他將紗帽往地上一摜，辭職，揚言不幹了，說，這個破兵部尚書誰愛當誰當。

三月十五日，闖軍抵達居庸關，之前信誓旦旦要盡忠報國的唐通夥同監軍太監杜之秩投降了李自成，居庸關不守而破。

居庸關是北京的門戶，闖軍一無阻擋地直趨北京。

三月十六日，攻陷昌平，進犯十二陵，焚燒享殿，砍伐松柏。

而在這一天，奉命入關救駕的吳三桂才剛剛走到山海關。

從寧遠至山海關兩百里，以騎兵行軍日行百里計，不過兩天路程，吳三桂卻足足走了五六天。

到了山海關，他還是不急不慢，向朝廷兵部「請馬一萬，安歇家口五日」。

崇禎急得直跳腳。

十六日入夜，闖軍自沙河直撞平則門，火光沖天。

一些早已等候多時的投機官員紛紛走出家門，振臂高呼，迫不及待地要迎接新主。

兵部官員魏提塘到處散發傳單，上面全是太監及文武大臣相約迎接闖軍的事，領銜名單裡有曹化淳、張縉彥等。

三月十七日，闖軍東路進至高碑店，西路進至西直門外，炮聲大作。

崇禎照例早朝，看群臣惘然無措的樣子，氣得說不出話，只在御案上寫了一串字，其中十二字是「文武官個個可殺，百姓不可殺」。

從明朝武科制度中走出來的忠義之士

通過考核武藝以選取武學人才，先秦時已經出現。

構建武學學校，專門培養軍事人才，肇始於唐，興盛於宋。

唐承隋制，開科取士，且到了武則天朝，又增設武科，選取武學人才。

彼時的武舉考核主要是以戰鬥中的各種技能以及體能素質為主要項目，僅試武藝，不試策論。

唐朝最有名的武狀元是郭子儀。

宋代創立了比較完備的武學體制，並開始將武舉制度與學校教育緊密結合，開始呈現出體系化、成熟化的特點。武舉考試的原則是：以策定去留，以弓馬定高下。

元朝統治者不願意看到漢人習武，終元一代，沒有舉行武舉。

在明王朝建立前一年，即吳元年（一三六七年），明太祖朱元璋就頒佈了文、武兩科取士的詔令，廣求天下能人賢士。

洪武三年八月，文舉鄉試如期開科，第二年會試。

會試三場過後，第十天面試，朱元璋親自觀其騎射。

朱元璋主張亂世用武，治世用文。

洪武朝正是由亂入治之時，朱元璋的心思是：通過科舉取士，一次性選取出文武雙全的人才。

可是，從洪武三年到洪武五年，文舉連試了三年，朱元璋認為這些挑選出來的「後生少年」才不堪用，就罷科舉不用。一直到了洪武十七年才重新開科，同樣只從文科取士，未開武科。

三年後，即洪武二十年（一三八七年），禮部看朱元璋還沒有開設武科的意思，就奏請立武學，用武舉。

朱元璋大不以為然，回覆說，你等這是將文武分拆開來，長此以往，天下就沒有文武全才的人了。其後的建文、永樂兩朝，也都沿襲了朱元璋的思想，未開武舉。

到了英宗朝，大明帝國已不復洪武、永樂兩朝的威風霸氣，也沒有仁宣兩代的承平晏樂，盜賊蜂起，邊患頻仍。

監察御史朱鑑於是上〈請設京衛武學疏〉，以唐代武舉挑選出裴端、郭子儀為例，說就因為唐王朝得到了這樣的蓋世大材，從而收到再造奇功，提出開武學，以典武科的建議。

正統六年（一四四一年）五月，英宗正式批准朱鑑的奏請，下令在南京、北京各辦一所武學，立武學學規。規定武學教材為《小學》、《論語》、《孟子》、《大學》中的一本；《武經七書》（《孫子》、《吳子》、《司馬法》、《尉繚子》、《李靖問對》、《黃石公三略》、《姜太公六韜》）、《百將傳》中的一本。

少年英宗慨然有鞭撻四方之志，思慕太祖、成祖的偉烈雄風，聽說瓦剌犯邊，便輕啟親征之舉，結果在土木堡被俘，武舉之立也因之擱淺。

到了天順八年（一四六四年），也就是大明朝建立後的第九十六個年頭，英宗病逝，憲宗即位。憲宗深以「土木之變」為恥辱，而西北邊防也已成為了明王朝的心腹之患。再者，武職世襲弊竇叢生，八股取士又難錄得全才。於是，於該年十月批准公佈了明朝第一部《武舉法》。

也就是說，天順八年為明朝武舉的起始年。

不過，從《憲宗實錄》的記載來看，天順八年武舉雖已開科，但無一人應試。

究其原因，是明王朝過於重視文化輕視武學，社會上形成了濃重的「右文左武」風氣，人們都以文舉為正途，以考中進士為榮耀，不屑於武學和參加武舉科考。明人吳騫輯在《東江遺事》中寫東江鎮帥毛文龍在萬曆年間參加武舉時，還提到：「明俗輕武人，鄉有習武者，目為兵，不齒於所親。」

按照查繼佐《罪惟錄》卷十八《科舉志》上的說法，由於明代士兵的戶籍為軍籍，和普通民籍有別，且犯罪的人就被罰去當兵，這使得軍職人員社會地位低下，從而影響到了武舉發展。很多世家大姓不以子孫中武舉為榮，反以為恥，認為這是自輕自賤，汙損先祖的做法。

經過從天順八年（一四六四年）到弘治十七年（一五〇四年）近四十年的發展，武科考試程序與項目算是初步完善，但武舉考試卻經常中斷，規模並不是很大。

嘉靖年間的《武舉錄》記：成化年間的武舉錄取名額，不過二名到七名左右；弘治年間的武舉錄取名額，不過十五名到三十名左右。

明朝武舉制度的成熟階是武宗正德三年（一五〇八年）至嘉靖二十二年（一五四三年）的四十年間。正德二年（一五〇七年）四月，明武宗詔令武科考試結束，自己將在中府賜宴武舉人，稱「會武宴」。此舉，開明代武舉賜宴的先河。

正德三年（一五〇八年），明朝兵部出臺了武舉條例，進一步完善了武舉法。武舉制度也發展成了鄉試、會試兩級考試制度。

武宗朝的武舉人許泰，是大明朝現有史料可考的武舉人中，官職最高（左都督）的一個，也是唯一被皇帝收為義子、唯一被賜國姓（朱）、唯一被封爵（安邊伯，永定伯）的一個。

明武宗朱厚照重視武學程度由此可見一斑。

嘉靖二十二年（一五四三年）至崇禎四年（一六三一年），武科發展又邁了一個大臺階。嘉靖年間「倭患」大熾，時代呼喚名將。

這個背景下，武舉人俞大猷在抗倭戰爭中脫穎而出。

俞大猷是嘉靖十四年的武舉人，武功高強，曾到少林寺踢館，橫掃少林寺僧眾。

在抗倭戰場上，俞大猷手刃倭寇無數，《明史》稱：「老成宿將以俞大猷稱首。」

此外，朱先、郭周、張景安、朱平、姚清等抗倭英雄都是從武科場上走出來的傑出人才。

到了萬曆後期，遼東女真興起，在遼東戰場上，同樣湧現出了許多武舉出身的英雄人物。

其中最著名的是在渾河血戰中壯烈殉國的童仲揆。

該戰，童仲揆和抗倭名將戚繼光的侄子戚金帶領三千浙兵以鴛鴦陣式對抗四萬後金騎兵，從中午苦戰到黃昏，最後僅剩下幾十人。童仲揆兩臂有千鈞之力，身負萬夫不當之勇，本來是有能力殺出一條血路逃生的，但他和戚金抱定了以身報國的信念，力盡矢竭，手殺十七人，最後死於後金兵的亂箭之下。

清人稱此戰為「遼左用兵以來第一血戰」。

明人則稱此戰「至今凜凜有生氣」。

另一個名叫張神武的武舉人表現也可歌可泣。當張神武聽說遼陽有急，便帶領二百四十餘親丁馳赴遼陽。到了廣寧，巡撫薛國用告訴他，遼陽已失，不必再去。張神武卻不顧勸阻，慨然而往。薛國用對他說：「憑你這兩百人能夠殲滅敵人嗎？」張神武答：「不能，只能死戰！」就這樣，張神武與他手下的二百四十名勇士在遼陽城外與後金騎兵浴血惡戰，盡歿於陣。

登萊總兵張可大也是武舉出身。孔有德叛明降清，張可大力戰失敗，親手殺死全家老小，自己投繯自盡。

國難思良將，家貧想賢妻。

崇禎四年（一六三一年），求賢若渴的崇禎皇帝「銳意重武」，正式出臺了明朝武舉的殿試。

至此，明朝形成了系統完整的武舉鄉試、會試、殿試考試體系，與文科舉並重。

崇禎皇帝親執殿試，欽定能使重一百斤大刀的王來聘為武狀元，授副總兵之職。

王來聘，也就成為了明朝一百八十年武舉科第一位武狀元。

受命副總兵之時，王來聘感動得泣不成聲，說：「皇上如此重視武人，就是希望我等效命疆場。我等不捐軀殺賊，何以報答皇上隆恩？」

孔有德塗炭登州之時，王來聘率先登城，不幸中箭，壯烈犧牲。

可惜，明朝的武舉制度雖然已走上了巔峰，但明朝的國運已經走到了盡頭。

崇禎十四年，崇禎皇帝下詔開「奇謀異勇科」。詔雖下，卻無應考者。

崇禎十五年，又一次下詔，欲挑選「督師大將」，仍是無人應考。

崇禎十七年，明亡；明朝的武舉制度也就無疾而終了。

第五章 南明餘響

南明君臣為何稱頌引清兵入關的千古罪人吳三桂？

話說，甲申年（一六四四年）三月十九日凌晨，崇禎皇帝魂斷煤山，自縊身亡。五月初三日，崇禎的堂兄、萬曆皇帝的孫子朱由崧在南京受監國之號。

僅僅過了十二天，即五月十五日，經群臣再三進箋，朱由崧登上了大位，是為弘光皇帝。初登大位，朱由崧就發表了長篇宣言，把建國後的第一政治目標定位為報國仇、雪家恨。報國仇、雪家恨，那麼是找誰報仇？找誰雪恨？

當然是李自成了！

李自成不但攻陷了大明國都、迫死了大明君王，毀隳了大明宗廟，三年前，其還攻破了洛陽，迫死了朱由崧的父親老福王朱常洵！朱由崧也因此家破人亡，過上了顛沛流離的艱苦生活。

殺父、殺君、滅家、滅國之恨不共戴天！

可是，要報此大仇，難度重重。

試想一下，李自成揮師北上，指掌之間，就陷帝都、坐龍庭，其勢何盛也？

現在，南明小朝廷剛剛重建，民心尚待收拾，又沒有可以倚重的軍隊，要報仇雪恨，談何容易？

可是，彷彿上蒼眷顧。朱由崧的立國宣布發表不過三天，便有消息傳來，大明王朝的關門總兵平西伯吳三桂開關門、迎清兵，終於在山海關前把李自成的大順軍打得落花流水，進而乘勝追擊。李自成無法在北京立足，於四月二十九日匆匆從北京撤出，望西而遁。

得到了這個消息，弘光君臣彈冠相慶，交口稱讚吳三桂乃是大明王朝的中興良將。

朝臣們眾口一詞地把吳三桂比作中興唐朝名將郭子儀、李光弼，說他與郭、李「同功」。

老實說，吳三桂在這件事的表現，跟「安史之亂」中郭子儀從回紇借兵興唐的情景太像了。

弘光朝廷經過熱烈的慶祝和討論，五月二十八日，決策者決定封吳三桂為薊國公，子孫世襲。並加賜坐蟒滾紵絲八表裡、銀二百兩。戶部發銀五萬兩、漕米十萬石，差官齎送，自海道運送給吳三桂。其他有功將士，由吳三桂開列名單，以便給予升賞。

於是，在這明清交替的特殊年份裡，就出現了最荒唐的一幕：大奸賊吳三桂引清兵入關不但沒有遭到南明君臣的譴責，還得到了豐厚的獎賞！

而更加離譜的是：南明君臣還想通過吳三桂和滿清交好，共同聯手對付李自成。

七月初五日，南明朝廷派出了由南京兵部右侍郎兼右僉都御史左懋第領銜的北使團前往北京與滿清議和。

南明朝廷此舉，遭到了後世的猛烈抨擊和強烈吐槽。

因為，滿清正是藉南明政府的錯誤舉措迅速定鼎北京、坐穩了龍庭，不但大破李自成的大順軍，還連接平滅南明弘光、隆武、永曆三朝，開始了近三百年的統治！

後世幾乎所有人都覺得，以當時的形勢論，南明朝廷在自己力量不逮的情況下，應該做的是和李自成共同聯手、一致對付滿清，而不是和滿清聯手來對付李自成。

因此，人們不但罵南明君臣腦袋進水，搞不清自己的真正的敵人是誰，還罵他們的頭腦裡有「寧與外人，不與家奴」的思想。

其實，這完全是事後諸葛亮。

《國榷》的編著者談遷，稱得上史學高才，不但精研歷朝歷代史事，其對有明一代的歷史更是瞭如指掌，對天啟朝之前的每一件史事的剖析精微細緻而又不乏真知灼見。可是，在到底應該選擇與李自成合作還是與滿清合作的緊要關頭，他還是義無反顧地選擇了與滿清合作。

當時，他在弘光朝閣臣高弘圖幕下擔任記室，聽說吳三桂帶清兵入關，他也是興奮不已，與友人熱烈慶賀。在朝廷討論要不要與滿清協議合作時，他是支持「借師建州」的，他積極上書高弘圖，建議急命楚鎮左良玉出兵商、洛，江北四鎮分道進擊，會師潼關，配合吳三桂和滿清大軍，對李自成形成包圍之勢，以圖一舉殲滅。

談遷之外，儒林名宿、明季名臣、弘光朝的左都御史劉宗周也支持和滿清合作，要朝廷趕緊派人聯繫吳三桂，通過吳三桂和滿清結成聯盟。

被後世奉為大英雄的史可法更是上了一份洋洋灑灑的〈為款虜滅寇廟算已周，乞敕速行，以雪國恥事〉奏疏，其中稱：「只要東虜人（指清兵）能殺賊，便是為中國復仇。我們應該寬赦東虜人先前犯下的罪行，以報國仇家恨為重，給東虜人仗義之名，因勢利導，借助他們強勁的兵力，盡殲李自成賊寇。」明確提出：「臣敬請陛下召集廷臣早日擬定文武兼備的人選，或直接拜會虜主（指順治帝），或先與九酋（指清攝政王多爾袞）溝通。一應所用敕書，從速撰擬，一應所用銀幣，從速置辦。」

所以說，在當時，若非有超世之材、超遠眼光和過人的勇略，是無法做到與李自成聯合以對付滿清的（後來的隆武、永曆政府能聯合農民軍抗清，是建立在李自成、張獻忠已死，且南明力量已經非常弱小的情況下的）。

憑心而論，雖說滿清從萬曆末年就一直與明廷作對，但其主要目的還是以寇掠侵略遼東土地、人民和財產為主；而李自成直接推翻了大明北京政府、迫死了崇禎皇帝，兩者相較，對南明君臣來說，李自成才是死對頭啊。

其實，早在崇禎年間，任兵部尚書的楊嗣昌就曾提出過「攘外必先安內」意見，建議和滿清議和，得以集中兵力掃除「流寇」。

借鑑以往的歷史也不難得出結論，秦、漢、隋、唐、元等朝可不都是滅亡於民變民亂？

所以說，在大家看來，滿清劫掠財物的行為不過是「癬疥之疾」罷了，李自成的造反作亂才是「腹心之疾」。

崇禎是贊同楊嗣昌的提議的，只是明廷眾臣均以南宋紹興年間的宋金議和為辱，眾口同聲地予以抗議和反對，此議不了了之。

現在，當吳三桂引清兵入關，一戰而勝李自成，那麼，與滿清議和，並借助他們的力量徹底消滅李自成，實在是想當然耳的策略了。

於是也就出現了大家都在為吳三桂唱讚歌的奇怪一幕。

人們除了把吳三桂引清兵入關的行為「媲美」於郭子儀借回紇精兵興唐外，還高高興興地拿李自成與唐末起義的黃巢做比較（事實上，李自成與黃巢的相似點太多了，兩人都稱得上中國古代歷史上最牛氣的農民起義領袖，都曾定國都而稱帝），唐朝能平滅黃巢，不就是徵聘了李克用的沙陀兵入援嗎？

一時間，在南明朝堂內，稱吳三桂為「忠臣」、「純臣」、「戰神」的聲音不絕於耳，而「聯虜平寇」的呼聲，更是喧囂塵上。

明朝人王秀楚揚州驚魂

一六四五年四月十四日，揚州城破，督鎮史可法死難，滿洲軍蜂擁而入。

揚州人王秀楚家住在西城，聽外面嘈雜聲震天，從門縫向大街張望，但見數十騎明兵自北而南，奔馳逃竄，狼狽不堪，勢如波湧，人群紛紛躲避。

王秀楚家後廳正對著城牆，看到門前的情形是這樣，趕緊跑到後廳從後窗向外察看。

原先督鎮史可法覺得城上的過道太狹窄，無從安置炮具，就下令在城垛上安放了一塊木板，一頭搭在城牆上，一頭搭在民居上，擴展城寬，放置大炮。這項工程並未完工，率先登城的滿洲兵揮舞兵器，白刃亂下，守城兵民互相擁擠，由於城上的過道逼塞，無數人跳上這些臨時搭設的木板，匍匐攀援，企圖逃上民屋。木板承受不了這重量，紛紛傾覆，人如落葉般墜下，摔死的有十之八九。僥倖跑上了民屋頂上的人，在屋頂上奔走，足蹈瓦裂，鏗然作響，聲如同劍戟相擊，又像雨雹挾彈，四應不絕。

王秀楚一家上下驚駭莫名，頃刻間，客廳、堂室內外以至臥房之中，劈哩啪啦地跳下了許多從城牆上攀屋而下的守城兵民，這些人全都驚惶失措地尋覓縫隙和隱蔽之處潛匿。

王秀楚急得連聲呵斥，卻無濟於事。

屋子裡是這樣的混亂，門外響起了叩門聲。

王秀楚奔向前屋，一開門，原來是鄰人相約一起設案焚香迎接滿軍到來，以示臣服和不做抗拒。作為一個亂世中的弱小民眾，除了這麼做，還能怎麼樣呢？

於是王秀楚回屋換衣服，又在後廳窗上窺視城牆，見到滿軍隊伍比剛才稀疏了許多，或行或止，參差不齊。而滿軍隊中全多擁婦女雜行，看其服色，都是揚州本地女子。

王秀楚機靈靈地打了個寒戰，回頭對妻子說：「滿兵入城，倘有什麼不測，你就當自裁以免受辱。」妻子應允，卻涕泣交下，對王秀楚說：「我以前積攢了的私房錢全交給你處置了，瞧情形，我是不可能生在人世了。」

正在此時，鄰居進來大叫：來了！來了！

王秀楚急忙跑出，但見從北來了數騎，按轡徐行，遇到了迎接的隊列，就俯首高聲說著什麼。

這時候，揚州全城人自為守，雖然相隔不遠，但往來消息不通。

大家焦急地等待他們，等他們靠近，才知道是在逐戶要錢。

王秀楚和大哥、弟弟商議：「我們的房子左右都是富商，他們要是認定我們也是富商，而我們又拿不出讓他們滿意的錢財，這可怎麼辦？」

兄弟幾個決定轉移。

王秀楚讓兩位兄弟帶領家裡的婦女等人冒雨走偏僻小路逃往住在何家墳的二哥家裡，自己一個人留在家裡以觀動靜。

王秀楚的意思是何家墳屬於貧民窟，應該比較安全。現在，自己家裡一下子鑽進了這麼多從城牆上逃來的軍民，自己必須留下。

王秀楚的大哥不同意，說：「滿兵已經在大街上大開殺戒了，還留在此處何用？我們親兄弟生死一處，雖死也無可恨。」

王秀楚於是匆匆收拾了細軟與大哥、弟弟一起攜帶著家小同逃入二哥家中。

暮色四起，滿兵殺人聲響徹門外。

一家老小都不敢待在屋裡，戰戰兢兢地躲在房頂上。

大雨如澆，十多人只有一條毯子共蓋，絲髮皆濕。四周哀痛之聲撕心裂肺，悚耳懾魄。

到了午夜雨晴，一家人才大著膽子攀房簷下來，生火做飯。

然而，城中突然四下起火，雷聲又起，一時間，火光相映、雷電照耀，辟卜聲轟耳不絕，其中又隱夾被擊傷未死者痛苦呻吟的聲音，哀顧斷續，慘不可狀。

飯熟，全家人相顧驚懼，竟沒人能下筷，也沒人能設一謀。

王秀楚的妻子取出金塊，打碎為四分，交王秀楚兄弟每人各藏一塊，藏在髮髻、鞋子、衣帶內，以備不時之需。

這天夜裡，一家人都目不交睫，終夜不眠，直到天明。

第二天，天色將明，城內火勢減弱。一家人再次爬高上到屋頂躲避，卻發現左鄰右舍已有十多人伏在房頂與房頂之間的天溝內躲藏。

屋頂其實並不是躲藏的好地方。

不久，東廂有一人爬牆上房逃跑，一滿兵持刀緊追，追躡如飛，一下就發現了屋頂上的人，於是放棄了那人不追，揮舞著刀殺來。

王秀楚等人嚇了一大跳，一個個惶恐失措，紛紛跳下房頂。

遊弋在周圍的另外兩個滿兵發現了，圍攏了過來，口稱給眾人以安民符節，不再殺人。

聽說可以解除生命危險，藏匿的人爭相出來尋找他們保護，共集中了五六十人，其中婦女參半。

這兩滿兵並剛才在屋頂追殺的滿兵，一共三人，面露獰笑，向這五六十人挨個索要金帛錢財。

索過錢財，一滿兵提刀在前引導，一滿兵橫槊在後驅逐，一滿兵居中，或左或右地看管隊伍，以防有人逃逸。

三個滿兵驅趕數十人如驅如犬羊，不知要驅向哪兒。

有人稍有不前，即加捶撻，或立即殺掉。

婦女們長索繫頸，繩索拖掛，累累如貫珠，由於小腳難行，一步一蹶，跌倒在泥水裡，汙穢不堪。

街上，滿地都是被棄的嬰兒，或遭馬蹄踐踏，或被人足所踩，肝腦塗地，泣聲盈野。

路過一溝一池，但見溝池之中堆屍貯積，手足相枕，血流入水中，化為五顏六色，池塘已被屍體填平。

三個滿兵把大家趕到了一所宅子的門前，原是廷尉永言姚公的居所。從後門直入，屋宇深邃，處處皆有積屍。

王秀楚暗想，這應該是我們這些人的葬身之處了。

但三個滿兵並沒在這兒動手，繼續驅趕他們前行到達前屋，出到街上進了另一處住宅，原為西商喬承望之宅第。

原來，喬宅已經成為這三個滿兵的巢穴了。

進了門，裡面有一個滿兵看管著幾個美貌女子在裡面翻檢堆積如山的彩緞服飾，該滿兵見到這三滿兵回來了，縱聲大笑，揮刀將男子悉數驅趕到後廳，只留下女人在旁室中。

前廳房中有兩張方几，三個製衣女人，另有一個中年婦人正在挑揀衣服。

這個中年婦人一看就是揚州本地人，濃抹麗妝，鮮衣華飾，指揮言笑，欣然有得色。每遇到值錢之物，就向滿兵乞取，曲盡媚態，不以為恥。

三滿兵命令所有婦女從外到裡，自頭到腳，全部脫光濕衣，並令製衣的婦人以尺量每人的長短寬窄，再給她們換上新服飾。

這些婦女在滿兵的威逼之下，只好裸體相向，隱私盡露，其羞澀欲死之狀，難以言喻。換完衣服，幾個滿兵各挑選婦女擁抱飲酒，嘩笑不已。

突然，一滿兵橫刀躍起，向後廳的眾男子大叫：「蠻子，過來，蠻子，過來！」被看押的男子共有五十多人，被這滿兵提刀一呼，竟然魂魄盡飛，無有敢違抗不前者。

王秀楚四弟兄也和眾人一同出廳，目睹滿兵挨個殺人，而眾人次第等待著被殺。

王秀楚不甘願就此死去，乘人不備，潛身逃到後廳。

從後廳由中堂穿至後室，裡面盡是馬匹牲口，王秀楚一咬牙，趴在馬肚子底下，從一匹匹牲畜腹下匍匐而出。

所幸這些牲畜不動，否則，一旦亂起，王秀楚只怕會被踏成肉泥。

逃離此處，又過數間房屋，王秀楚爬上了一間黑屋的房樑，躲在上面，等天黑才慢慢下地，躡足走到前街。

街中枕屍相藉，天色昏暗無法辨認死者面目。

在屍體堆中俯身遍呼，漠無應者。

遠遠地看到南面有數火炬蜂擁而來，王秀楚急忙躲避，沿著城牆而走。

城牆腳下積屍如鱗，王秀楚數次被屍體絆倒，跌倒在屍堆中。

由於遍地是屍，無以措足，王秀楚只好俯伏在地，以手代步，稍有風吹草動，即趴在地上裝作僵屍。

這樣，爬了很久才到達大街之上。

大街上有幾處火光照耀如白晝，有滿兵來回巡邏。

王秀楚只得耐心等待機會，略有間隙，便奮力前爬，好不容易越過大街，得以到達小路。

曾遭名妓狎戲、悽愴北伐、抗清殉節、被尊為神的大明孤忠

明末清初南京秦淮河上有八個美豔逼人的南曲名妓，人稱「秦淮八豔」。她們是顧橫波、柳如是、馬湘蘭、陳圓圓、寇白門、卞玉京、李香君、董小宛。

這八個人中，顧橫波個性不羈，豪爽之風勝於鬚眉，因其原名眉、字眉生，故時人常以「眉兄」呼之。

明末最負盛名的理學家為福建漳浦人黃道周。

徐霞客評黃道周：「字畫為館閣第一，文章為國朝第一，人品為海內第一，其學問直接周、孔，為古今第一。」

黃道周向以「目中有妓，心中無妓」自詡。東林諸生則目之為假道學，為了一驗真假，曾惡作劇地用酒將之灌醉，然後讓顧橫波去衣共榻。

黃道周雖遭此狎戲，但清名無損，浩然正氣，可鑑日月。

黃道周少時家貧，無錢求學，唯跟隨父母認字，通讀家中經史。年紀稍長，不以科舉為念，慨然有四方之志，曾兩度獻時事策於布政、按察兩司。先後在漳州、潮州等地教書謀生，同時潛心《易》學，杜門著述，先後撰成《易本象》、《疇象》等。

天啟二年（一六二二年），黃道周中進士，入翰林院為庶吉士。

魏忠賢專權期間，黃道周與庶吉士鄭鄤及文震孟奮起直劾魏黨，觸怒了魏忠賢，被迫於天啟五年（一六二五年）四月告假回鄉。

崇禎帝即位後，黃道周以原官起用。

在崇禎朝，黃道周因為錢龍錫辯冤和反對楊嗣昌議和直諫皇帝二事，數度起落。

百無聊賴，黃道周以講學課徒為業。他主持過杭州大滌書院、漳州紫陽書院講席。遠近前來聽講的人，數以千計。

在講經之餘，黃道周為諸葛亮、李泌、寇準等十二立傳，撰成《懿畜前編》；也給明代解縉、薛瑄、王守仁等二十四人立傳，輯為《懿畜後編》。他在這兩部書中，為士大夫昭示了建功立業、嘉言懿行的楷模。

崇禎十七年（一六四四年），李自成攻陷北京，而後吳三桂引清兵入關，山河改色。

這年五月，弘光政權在南京建立。黃道周德高望重，被弘光政權任為吏部左侍郎。黃道周本無意復出，但拯救時局的責任又讓他義不容辭，只好離鄉赴任。當他行至浙江衢州（今衢縣），又接晉升禮部尚書的任命。

然而，楚鎮左良玉和江北四鎮劉良佐等擁兵弄權，弘光政府難有作為，黃道周只好藉祭告禹陵的機會，於弘光元年（一六四五年）二月南下紹興。

黃道周萬萬沒有想到的是，他這一轉身，短短的兩個月之後，清軍就攻取南京，弘光朝君臣星散，政權轟然垮臺。

黃道周責無旁貸地擔任起推動興滅繼絕的大任，擁戴唐王朱聿鍵即位，是為南明第二任皇帝，隆武帝。

黃道周被任命為少保兼太子太師、吏部尚書、武英殿大學士，後又兼兵部尚書。

和弘光政權一樣，隆武政權同樣是悍將跋扈，兵權掌握在鄭芝龍、鄭鴻逵等人手中。

黃道周一腔熱血，無從噴灑，悲憤莫名。

不久，清廷頒佈剃髮令，江南大地鼎沸不止，正是收拾人心的大好時機。

鄭芝龍、鄭鴻逵養兵自重，不肯發一兵一卒。

黃道周痛感長此以往，勢必坐以待斃，俯首為奴，遂決意孤注一擲，戰死疆場。

順治二年（一六四五年）七月，黃道周疏請行邊，召募義勇，抗禦清軍。

九月十九日，黃道周募眾數千人，其中多為自己的門人、弟子，購得馬匹十餘，三個月兵糧，出仙霞關，與清兵抗擊。

黃道周的夫人蔡氏目送年近六旬、白髮蒼蒼的丈夫遠去，潸然淚下，長嘆道：「道周死得其所矣！」

十月初，黃道周抵達廣信（今上饒），分兵三路，一路向西攻撫州（今臨川），另兩路北上分攻婺源、休寧，向清兵發起進攻。

不難想像，黃道周的隊伍都是書生、秀才拼湊而成，未習兵刀，而且力量薄弱，此舉不啻於飛蛾撲火。

果然，三路皆敗。

十二月二十四日，黃道周在婺源城外十里處明堂裡被清徽州守將張天祿俘獲。

順治三年（一六四六年）一月，黃道周被押往南京。

臨行，黃道周作詩四章，中有句云：

> 諸子收吾骨，青天知我心。
> 為誰分板蕩，不忍共浮沉。

到了南京，奉命招撫江南的洪承疇親自出面說降。

黃道周凜然應答：「松山之敗，承疇全軍覆沒，先帝曾設御食十五，痛哭遙祭，死久矣。爾輩見鬼，吾肯見鬼麼？」絕食十二日。

夫人蔡氏來信：「忠臣有國無家，勿內顧。」

三月初五日，清廷決定將黃道周殺害。

臨刑前，黃道周盥洗更衣，索求紙墨，畫了一幅長松怪石。給家人留遺言：「蹈仁不死，履險若夷；有隕自天，捨命不渝。」

然後，從容步出獄門。

行刑隊經過明紫禁城西華門，黃道周不肯再走，席地而坐，對劊子手說：「此與高皇帝陵寢甚近，可死矣。」而後疾聲大呼：「天下豈有畏死黃道周哉？」慷慨就義。

黃道周死後，人們從他的衣服裡發現「大明孤臣黃道周」七個大字，俱感其忠義，在其出生地銅山深井村舊居設神牌祭祀，在其執教的明誠堂設館紀念。

人們還在武夷山為之建廟崇祀，尊稱「助順將軍」。

黃道周生前曾在福建大峰巖題「靈應感通」四字，人們遂稱大峰巖為靈通巖，把大峰山稱之為靈通山，尊稱黃道周為「靈通之神」。

明末第一名將李定國

李定國，字宇寧，陝西綏德人，十歲即入張獻忠軍中，歷經戰陣，飽受風砂磨礪。及成年，身長八尺，眉目修闊，軀幹洪偉，舉動有儀度，在軍中以寬厚慈仁著稱，每戰，驍勇超逸，有「萬人敵」、「小尉遲」之稱。

崇禎十年（一六三七年），年僅十七歲的李定國率部將兩萬人，跟隨張獻忠馳突於豫楚大地。

崇禎十四年（一六四一年），大西軍攻湖北重鎮襄陽，李定國薄城先登，一舉奠定勝局。

崇禎十七年（一六四四年）底，張獻忠在成都稱帝，封李定國為安西將軍，與孫可望並稱千歲，地位僅在張獻忠和孫可望之下。

隆武二年（一六四六年），張獻忠死，李定國和孫可望、劉文秀、艾能奇一道率大西軍餘部轉入滇、黔，旬月之間即破交水、曲靖，佔領昆明。

隨後，李定國率師東出，連克呈貢、師宗、通海、河西、蒙自、臨安等地，悉平迤東；並於永曆二年（順治五年，一六四八年）破沙定洲所據大小三百餘寨，平定全滇。

時逢亂世，天下洶洶，李定國以春秋大義自許，倡議舉滇、黔、蜀三地歸就明室，誠心輔佐，恢復舊京，蕩清海內。

在雲南，終日操演兵馬，製造盔甲，一年練就精兵三萬人。

永曆六年（順治九年，一六五二年）三月，李定國率師東出，不一月，便連下沅州、遂衛、藍田，兵鋒直指湖南軍事重鎮靖州。

負責鎮守湖南的清續順公沈永忠急派總兵張國柱領兵八千名往援。

來得好！

正靖州城外組織攻城的李定國掉頭與張國柱部開打，才一頓飯工夫，張國柱部便抵擋不住，大敗，損失兵將五千一百六十三名（其中滿洲兵一百零三名）、戰馬八百零九匹，幾乎全軍覆沒，張國柱僅以身免，踉蹌奔回。

李定國既敗張國柱，毫不停頓，回頭再攻靖州。

明軍大勝之餘，鬥志正盛，氣勢如虹，一舉克城，龜縮在靖州城內的清軍發一聲驚呼，四散潰逃。

取下靖州，李定國復揮軍馳行兩晝夜，走馬取武岡，進逼寶慶，真可謂勢如破竹，所向披靡。

駐守在寶慶的沈永忠大呼「風緊」，趕緊派使者前往廣西桂林請求定南王孔有德發兵來援。

孔有德與沈永忠有隙，見死不救。

沒辦法，沈永忠只好棄寶慶北遁，先奔至省會長沙，但在長沙找不到應有的安全感，便繼續逃命，逃往岳州。

湖南最大的清朝官員沈永忠狼奔豕突、逃命逃得這麼誇張、這麼搶眼，則清朝在湖南設置的許許多多道、府、州、縣官就再也沒有什麼心理障礙了，有樣學樣，一窩蜂跟著逃竄。

於是，永州、衡州、長沙、郴州、道州、茶陵，以及新化、城步、新寧、零陵、祁陽、東安、寧遠、永明、江華、衡陽、衡山、常寧、安仁、宜章、桂陽、攸縣、長沙、善化、寧鄉、益陽、湘鄉、桃源、邵陽、瀏陽、酃縣等地的官員都逃了個乾乾淨淨。

僅僅半個月多一點的工夫，偌大湖南，清廷所踞有的，不過岳州、常德、辰州（府治在沅陵）三地而已。

李定國躍馬橫刀，於俯拾之間就幾乎遍復湖南全境，可謂英雄蓋世，豪氣沖天。

但他並不滿足於此，湖南既得，則清定南王孔有德部便與湖廣清軍分隔，攫取孔有德狗命的時候到了。

六月，李定國兵出祁陽，直取廣西門戶全州。

不過，孔有德也非泛泛之輩，他早年跟隨毛文龍在海上起兵，轉戰幾千里，雖然身為漢奸，為人所不齒，但用兵方面，堪稱奇材。

在李定國南下前的五月二十七日，他已派悍將孫龍、李養性增援全州，力保城池不失。

然而，當李定國大軍飆然而至，舉手抬足間，便盡殲李養性之眾，清軍隻蹄片甲不返。

兩員清朝悍將孫龍、李養性橫屍陣前。

孔有德得報，慌忙帶領桂林留守軍隊親往扼險拒守興安縣嚴關。

然而沒有用，李定國不管你是鎮南王還是鎮北王，不由分說，上來就是一陣痛打，結果，清兵大敗，橫屍被野。

孔有德不服，再挑精銳部隊在榕江排下陣式，要與李定國決一死戰。

兵未交，李定國的象陣前列，勁卒山擁，塵沙蔽日，孔有德的清兵便心膽俱裂，馬匹聽到象鳴更是顛蹶亂跳。

孔有德壓不住陣腳，部眾遂奔。

李定國揮軍掩殺，大獲全勝。

孔有德在親從的死護下狼狽不堪地奔回桂林，下令緊閉城門。

六月三十日午後，李定國大軍進抵桂林城郊。

孔有德已被澈底打怕，深感桂林難守，急飛檄鎮守南寧的提督錢國安、鎮守梧州一帶的左翼總兵馬雄、鎮守柳州一帶的右翼總兵全節放棄守地，領兵回援省會。

然而，李定國軍攻擊力之強、攻勢之猛，完全出乎所有人的意料。

根本等不到援軍到來，桂林城已經易主。

七月初四，李定國以強弩壓制城上火力，派大象隊抬巨木撞擊城門，桂林城武勝門大門被撞得粉碎，明軍歡聲雷動，一擁而進。

孔有德倉皇計窮，遁走無路，急還舊邸，將搜刮來的奇珍異寶全部堆積在一室，手刃愛姬，閉戶自焚而死。

次日，李定國發兵分取柳州、平樂、梧州諸郡縣。

民間紛起響應，明將之留粵西者，如胡一青、趙應選、馬寶、曹志建等，相率來歸。

清定南王藩下提督錢國安、總兵馬雄、全節及各府、州、縣官看勢頭不對，齊刷刷地竄往廣東逃生去也。

八月十五日，隨著廣西最後一座堅城梧州被收復，廣西全省宣告平定。

壯哉！李定國！

其自五月底出兵，到了八月中旬，攻無不克、戰無不捷，橫掃湖南、廣西兩省清軍，真正的雷霆萬鈞、氣吞山河，震撼天地。

在李定國兵威的震懾下，清朝鎮守廣東的尚、耿二奸食不甘味、睡不安寢，遍發號令，要與廣西接境的廣東各州縣文武官員相機退入肇慶，以保存力量。

廣東德慶州屬開建縣（在今封開縣東北）協守副將謝繼元就早早響應尚、耿二奸的號召，棄城逃入了肇慶。

不難想像，如果李定國能在這個時候穩固住廣西，兵發廣東，則兩廣便可重歸大明之手。

可是，在李定國如入無人之境地衝殺於湖南各州縣時，清廷已經發動八旗精騎南下以挽救局勢了。

順治皇帝玩了一局大的，出手闊綽，令洪承疇經略湖廣、雲貴、兩廣，自江寧移赴長沙，另派敬謹親王尼堪，統十萬之眾，南下增援湖廣。

尼堪，努爾哈赤長子褚英第三子，亦即多爾袞的侄子、順治帝的堂兄。此人很早就領軍打仗了。天命年間，他就曾跟隨努爾哈赤女真伐多羅特、董夔諸部。天聰年間，也多次跟隨多鐸進擾明朝錦州、寧遠等地。此後，清軍攻朝鮮、明清雙方間的松錦大戰、山海關外一片石狂掃李自成等等大戰、惡戰，無不閃現著他的身影，可謂身經百戰、諳於戰陣。

清軍入關後，生活中的無節制享受、政治圈裡的爭鬥傾軋，許多如阿濟格、豪格、多鐸、博洛、勒克德渾、滿達海、瓦克達等驍勇善戰的統帥英年早逝、未老先亡。

尼堪便成為了清廷現存為數不多的宿將之一。

尼堪原計畫是經湖南入貴州，會同吳三桂、李國翰所統四川清軍合攻貴陽。

但計畫趕不上形勢，孔有德兵敗身死，尼堪只得改變了進軍方向，先占湖南寶慶府（府治在今湖南邵陽市），然後進軍廣西。

尼堪所部為女真八旗軍。

自努爾哈赤起兵與明廷叫板起，女真八旗軍與明軍相鬥，幾乎是無往而不利。

明朝的多少牛人、猛人，都倒在這支軍隊的鐵蹄之下。

楊鎬、劉綎、袁應泰、熊廷弼、孫承宗、袁崇煥、毛文龍、高第……一代又一代人，前赴後繼，屢戰屢敗，卻又屢敗屢戰，始終不能阻擋女真八旗軍入關的腳步。

還有，號稱晚明的第一猛將曹文詔夠猛了，他在討伐李自成、張獻忠等人的戰鬥中追亡逐北，大顯神威，可是，在大同城下，被女真八旗軍打得沒半點脾氣。

能使一百二十斤鐵柄大刀，訓有五萬天雄軍的牛人盧象昇夠牛了，但就偏偏死在女真八旗軍的刀下。

其餘的洪承疇、吳三桂、祖大壽等輩，更在女真八旗軍面前只有招架之力，而無還手之功。

……

大明王朝的每支部隊，都無一例外地患上了「恐滿症」。

就連把大明江山掀得天翻地覆的李自成，也被女真八旗軍在山海關外的一片石殺得丟盔棄甲、潰不成軍。

現在，女真八旗軍再現戰場，會有意外發生嗎？

然而，令人遺憾的是，戰事剛剛開始，就出現了一邊倒的局面，沒有半點懸念。

在湖南湘潭，女真八旗軍與明將馬進忠列陣相對，兩軍剛接，明軍便陣腳大亂，潰不成軍。

馬進忠心慌意亂，望風而走，倉皇退往寶慶。

女真八旗軍的下一個對手是集軍政大權於一身的南明大當家孫可望。

孫可望這時駐軍於貴陽，聽說滿洲兵來了，方寸大亂，不敢領兵抵擋，火速徵調李定國入湘迎戰。

本來，孫可望擁兵十餘萬，兵力遠在李定國之上，又有白文選、馮雙禮等部從旁策應，完全可以與尼堪放手一搏，但因膽小怯懦，竟然求援於千里之外，這就使得李定國疲於奔命，異常被動。

這個時候，如果李定國能穩定鞏固好廣西的戰鬥成果，提師東向，廣東將唾手可得。

可是，因為孫可望的無能，非但廣東已成畫餅，廣西也難以守住。

事實上，偵知李定國率領主力北上湖南，清平南王尚可喜便率錢國安、馬雄、全節挑選甲兵從廣東封川出發，水、陸並進，直撲廣西。

留守廣西的明軍兵力太過單薄，根本抵擋不住清軍的來勢。

九月初五日，清軍重占梧州；十一月二十八日，重占平樂；次年（一六五三）正月十五日，重占陽朔；正月十九日，重占桂林。

廣西全省得而復失，李定國此前的戰功化為烏有。

先不提廣西的丟失，且看李定國在湖南的表現。

一六五三年八月，李定國躍馬橫刀，取全州、永州。九月，克衡州，同時分兵北取長沙，攻佔常德、岳州，並東進江西，連下永新、安福、龍泉，兵威銳利如昔，神威不減半分。出兵七月，復十六郡、二州，闢地三千里。

難得的是，其軍所到之處，對百姓秋毫無犯。

時人李寄記述云：「予至長沙，人皆言定國兵律極嚴，駐師半載，居民不知有兵。定國所部。半為倮、儸、傜、佬，雖其土官極難鈐束，何定國御之有法也。」又說：李定國攻桂林時，「軍營城下，寂然無聲，師盡撤矣，城中猶不知」，「紀律如此，可稱節制之師。故能以三萬之眾，出入兩廣，長驅千里」。

聽說李定國來了，尼堪便領大軍從湘潭動身，要與李定國決一雌雄。

十一月二十二日，尼堪大軍於距離衡州府（今衡陽市）三十餘里處與李定國軍相遇。

但這只是李定國軍的先頭部隊，僅兩千餘人，廝殺了一陣，很快敗退。

尼堪也知這只是小股明軍，勝不足恃，但他並不把李定國放在眼裡，明知李定國軍主力就在前面，仍兼程而行。

這樣，兩軍在衡州城北之草橋、香水庵接戰。

這一接戰，高下立分。

李定國軍一觸即潰，士兵四散奔走。

尼堪立馬高崗，放聲大笑。

誰才是真正的名將？

誰的軍隊才是天下第一雄兵？

尼堪顧盼自雄，揮軍乘勝連追二十餘里，意在全殲李定國軍。

但尼堪高興得太早了。

李定國之所以沒有一開始施展殺著，是生怕驚嚇了尼堪，他在放長線，準備釣大魚。

尼堪不知死活，追得興起，毫無知覺地進入了李定國預先設下的埋伏圈。

突然，四面炮聲大作，炮火如雷電，弩箭如飛雨，明軍一齊殺出，吼聲震天，地動山搖，清軍霎時被嚇懵。

尼堪當場被亂箭擊斃。

這一仗，明軍還獵殺了清廷一等伯程尼及尼堪隨身護衛多人。明軍遍地爭尋尼堪的屍體，以割首級獻功。

「東珠璀璨嵌兜鍪，千金竟購大王頭！」

當尼堪的首級終於被割下，全軍歡聲雷動。

曾經不可一世、縱橫天下的女真八旗兵就這樣被打蔫了，膽子被嚇縮成細胞幹。

僥倖逃得一命的一等公多羅貝勒屯齊（或譯作吞齊）就率領著這支狼狽不堪的隊伍垂頭喪氣地退往長沙。

李定國在不到半年的時間內，攻城城下，野戰戰捷，僅以少量的兵力就摧敗強敵，並取敵帥首級於掌股之間，可謂用兵如神，堪稱明末第一名將。

時人張怡根據李定國委任的桂林知縣李楚章的話記述道：「公用兵如神，有小諸葛之稱。紀律嚴明，秋毫無犯，所至人爭歸之。軍中室家老弱各為一營，皆有職事，凡士伍破衣敝絮，皆送入後營，紉織為襯甲、快鞋之用，無棄遺者。」（張怡《謏聞續筆》卷二）

陳聶恆也記：「定國智勇冠其曹，且嚴紀律，民皆安之。或傳定國兵當以夜至，比曉則已過盡矣。故所至有功。」（陳聶恆《邊州聞見錄》卷十〈李定國〉條）。

清軍統帥定南王孔有德、敬謹親王尼堪兵敗身死，無論是對清還是對明，都是劃時代的大事。其所產生的影響，遠遠超過了戰役本身。

孔有德連敗之下，自殺身亡，清廷滿朝文武聞之均「號天大慟；自國家開創以來，未有如今日之挫辱者也」。

親王尼堪統率滿洲八旗精銳，陳屍荒野，清廷上下，大出意料，順治皇帝涕下狂嚎：「我朝用兵，從無此失！」

試想想，滿人能以一隅之地，舉區區數十萬之眾，就敢與幅員數千里，擁眾兩千萬的大明帝國為敵，其所依仗者，不過這支無敵雄師而已。

然而，現在李定國揮軍轉戰千里，連殺清廷二王，如果說，孔有德所部的「遼八旗」屬於假八旗，敗亡還情有可原，但親王尼堪所率卻是不折不扣的滿洲真八旗，這支真八旗竟然被一擊而潰，那……李定國的軍隊到底是一支什麼樣的軍隊？

總之，滿洲八旗無敵的神話被打破，滿清上下大受打擊，心理承受力不好的，簡直直接精神崩潰。

滿清很多人，採取敬而遠之的原則，有多遠走多遠，不敢到李定國可能出現的地方任職。

據《清世祖實錄》卷八十七記，李定國收復桂林時，清廣西巡撫王一品在京養病，倖免於難。順治十一年他大病痊癒，吏部要他復任廣西巡撫，他死活不幹，不惜以重金行賄託人題免，順治帝後來覺察，惱怒之下，將之處以絞刑。

談遷在《北遊錄》中也記：順治十年有三個人赴吏部謁選，抽籤抽到廣西任職，竟嚇得辭官不做了。

震懼之中，清廷甚至有放棄川、滇、黔、粵、桂、贛、湘等七省之議。

反觀明朝一方，天下無數忠於明室的官紳百姓精神大振，交口同稱大明中興有望。

黃宗羲就曾神采飛揚地說：「逮夫李定國桂林、衡州之捷，兩蹶名王，天下震動，此萬曆以來全盛之天下所不能有，功垂成而物敗之，可望之肉其足食乎！屈原所以呵筆而問天也！」

時在江南祕密從事反清復明活動的顧炎武也欣然賦詩云：

傳聞西極馬，新已下湘東。
五嶺遮天霧，三苗落木風。
問關行幸日，瘴癘百蠻中。
不有三王禮，誰收一戰功？
廿載河橋賊，於今伏斧碪。
國威方一震，兵勢已遙臨。
張楚三軍令，尊周四海心。
書生籌往略，不覺淚痕深。

（注：吳橋賊指孔有德，蓋因其早年在吳橋縣鼓兵眾發起譁變之故）

江陰城十萬人同心死義

江陰，因地處「大江之陰」而得名，是一個地理上的小縣，南北寬七十里，東西長一百四十里，其北濱大江，東連常熟，西界武進，南界無錫、陽湖，位置重要，乃是山水交會之地，且土地肥沃、產量奇高，每年輸出糧食六萬多石，賦稅十多萬兩白銀，富庶繁榮。

洪武初年，明太祖朱元璋在這裡駐軍，俯臨大江，觀其如鵝鼻截江，火脈直射金山，曾有過建都的意向。

江陰民風淳厚，敦禮讓，尚氣節，輕富貴，崇自由。有明一代，如徐麒一類不願入朝為官者比比皆是。而忠臣義士，也不乏其人。如正德朝，宦官劉瑾擅政誤國，在朝任職的三位江陰人：主事黃昭、御史貢安甫、史良佐，就因以挽死諫、以奏章忤，被稱為「江陰一時三忠」。天啟朝「東林後七君子」中的繆昌期、李應升也是江陰人氏。

弘光政權傾覆，清廷悍然發出剃髮令，所謂「留頭不留髮，留髮不留頭」，要求江陰全縣民眾必須剃髮。

江陰民眾，風骨錚然，拒不剃髮，因此遭到了清廷數十萬大軍的瘋狂進攻。

孤城江陰在堅守了六十多天後，城內物資已經嚴重匱乏，每人每天只能吃兩頓稀粥強撐苦熬。

為了激勵士氣，振作軍心，一天夜裡，城主閻應元選擇勇士千人，飽食一頓，乘黑出南門劫營。勇士們或拿板斧，或拿短刀，或用扁擔，突入清營亂殺一通，等清軍其他營前來相救，閻應元已經帶兵入城了。

八月初八，秋風怒號，秋雨暴瀉；江陰士民站在雨中守城，任憑炮打，一點投降的意思也沒有。

夜半，城中善於游泳的勇士偷渡過外城河，釘死清兵的炮眼，拖緩清軍的攻勢。

城裡也抓緊修繕城垛，其中南城的城牆比原來還高了三尺。

但隨著時間的推移，城內的戰鬥力越來越弱。

初九日，閻應元預先派人將麥子磨成麵粉，製造月餅。

十二日，城中的石灰快沒有了，對於被炮火炸毀的城牆已經難以修繕了，糧食也漸漸供應不上了。

從十三日起，閻應元開始放發賞月的物資，一直發到十七日。

中秋之夕，城中百姓帶上僅剩的酒水登城，舉杯痛飲。

諸生許用仿楚歌，作五更傳曲，交給善於唱歌的人登高傳唱，配以笙笛簫鼓相和。

當晚，天無纖翳，皓月當空，清露薄野，劍戟無聲。

又有一個名叫黃雲江的弩師在西邊的敵樓操起胡琴。

在笙笛簫鼓琴的配合下，歌者放聲高唱，歌聲悲壯，響徹雲霄。

清兵爭前傾聽，或怒罵，或悲嘆，甚至有人哭了起來。

清將劉良佐乘機命人作勸降詞，使士卒相倚而歌，自己與僚佐歡飲帳中。酒未數行，城上炮發，清兵倉皇四散。

八月二十日，清兵又從南京新調來了一批大炮，噸位高達千餘斤，每條船只能載一座，徵用周圍百姓家的鐵器鑄造炮彈，每彈重二十斤重。

清兵又築了許多土壟，以躲避城中發出的箭矢和石塊。

午後，大雨如注，清軍的進攻在大雨中展開，炮聲不絕，整個縣城為之戰慄震動。

城中的人困疲已經達到了極限，計無所出，只有等死而已。

夜裡，城上的人響起了尖銳淒厲的吶喊聲，刺破人的耳膜，逼人心魄。

清兵聞之色變，都說那是來自地獄的鬼叫聲。

在城中四邊的空曠之處，隱約有數萬隻白鵝飛起復棲，迫近了一看，又毫無形影。

有人說，那是魂魄升降。白鵝，就是劫數中人的靈魂。

二十一日早上，清軍主帥博洛令幾百個人搬了二百餘座大炮到花家壩專打江陰城東北角。鐵彈入城，穿透洞門十三重，樹也被擊穿數重，落地深數尺。

這天的雨勢更急，城頭危如累卵。城上的人鑑於炮火太猛，只要看見火光就躲到破牆後面，等炮聲過了再登上城樓。

清兵覺察了，就故意放空炮，並讓炮中只放狼煙，煙漫障天，咫尺莫辨。

守城的人聽見炮聲霹靂，連環不斷，紛紛遁於牆後。

清兵遂從煙霧中蜂擁上城，江陰由是告陷。

彼時，有紅光一線直射入城，正對祥符寺。

閻應元高坐東城敵樓，眼見清軍洶湧入城，情知大勢已去，索筆題門：

八十日帶髮效忠，表太祖十七朝人物；

十萬人同心死義，留大明三百里江山。

題罷，擲筆提刀，引餘部上馬從城頭殺下，大刀上下翻飛，殺敵無數。擬奪門往西而走，但城外的清軍源源不斷地往裡擁，根本無路可出，遂勒馬回城，與清軍展開了八次巷戰，背脊中了三箭，血染戰袍，且力氣已竭。

閻應元環視四周，長嘆一聲，對身後從騎說：「為我謝百姓，吾報國事畢矣。」自拔短刀，朝心口猛刺，鮮血噴薄而出，卻沒有死。

閻應元瞋目大吼，催馬投入前湖。

義民陸正先不忍看大英雄就此離世，跟著跳進湖中施救。

這一救，使閻應元正好落在隨後殺來的劉良佐之手。

劉良佐與閻應元有舊，見了閻應元，跳了起來，兩手拍著閻應元的肩膀大哭。

閻應元瞪眼喝道：「別貓哭耗子假慈悲了！事已至此，我只有一死而已，動手吧！」

博洛坐在縣署，急索閻應元。

劉良佐將閻應元帶到堂上，讓他跪拜。

閻應元挺立不屈，背向博洛，罵不絕口。

一名清軍士卒為在主子面前表功，刷地朝閻應元的膝頭捅出一槍，閻應元悶哼了一聲，撲倒在地。

日暮，閻應元被捆綁丟到棲霞庵。

當晚，庵裡的和尚夜只聽到閻應元連呼「速殺我」三字，不絕於口，半夜，聲寂然。

天明，閻應元的屍體已經僵硬。

閻應元的家丁還殘存有十餘人，全因不降而慘遭殺戮，屍體都堆放在一起。

先前跳入湖中救閻應元的陸正先也一同殉難。

有一個叫維新上人的人，在圍城正緊之時曾與閻應元曉夜論事，閻應元寫有〈和眾乘城略〉交他保存，維新上人將之轉交給黃子心，黃子心旁徵博引，寫成了〈閻公死守孤城狀〉。

副城主陳明遇關閉衙門，親自點火，燒死全家男女大小共四十三人，自己持刀到兵備道前下馬與清兵肉搏，身負重創，握刀僵立在牆壁上，至死不倒。

訓導馮厚敦，身著大明朝官服自縊於明倫堂，其妻其姐均投井而死。

中書戚勳、諸生許用，把門關上，自焚。

第二天，清軍在城中展開了滅絕人性的大屠殺。

百姓不屈不撓地與清軍展開巷戰。

清兵防不勝防，只好四下放火。

老百姓慷慨赴死，均以先死為幸，無一人出降。

清軍故意打開東門，聲稱走東門者不殺，東門卻看不到一個老百姓的身影。

清軍又聲稱十二歲以下的童子不殺。但城中的男女老少仍舊陸續投水、蹈火、自刎、自縊，視死如歸。

一時間，內外城河、泮河、孫郎中池、玉帶河、湧塔庵河、里教場河處處填滿了屍體，重重疊，堆積起好幾重。其中有四眼井，裡面的屍體就有二百多具。

有女子自盡前作遺詩：

> 腐胔白骨滿疆場，萬死孤城未肯降。
> 寄語路人休掩鼻，活人不及死人香。

二十三日，眼看滿城百姓都已經死光了，清兵這才封刀。午後，清軍出榜安民。城中的人已所剩無幾。倖存者，只得躲在寺觀塔上的和尚五十三人。這場戰役，守城八十一天，城裡死了九萬七千餘人，城外死了七萬五千餘人。江陰以彈丸之地，一城之民，力撓清軍二十四萬人長達八十一天，可謂堅貞不屈、鬥志勃勃，氣貫山河，昭著青史！

說說復社的那些精忠義士

大學問家朱彝尊在《靜志居詩話》中說：「詩流結社，自宋元以來代有之。迨明慶曆間，白門再會，稱極盛矣。至於文社，始天啟甲子。」

誠然，讀書士人為求取功名，以文會友，互相切磋學問，砥礪品行，到了天啟末年，已是結社成風，各地文社不下數十個。其中影響較大的有雲間幾社、浙西聞社、江北南社、江西則社、歷亭席社、崑陽雲簪社、吳門羽朋社、吳門匡社、武陵讀書社、山左大社、中州端社、萊陽邑社、浙東超社、浙西莊社、黃州質社與江南應社等等。

崇禎二年（一六二九），有「婁東二張」之稱的張溥、張采主張「興復古學」，聯合了十幾個文社，於吳江（今屬江蘇）成立了「復社」。

復社的主要成員是青年士子，計有兩萬兩千人之多，他們雖然也砥礪文章，但政治色彩極其濃厚，大都以東林後繼自任，裁量人物，議論朝政，聲動朝野。

復社在政治上的代表作是發生在崇禎十一年的南京驅逐阮大鋮事件。

阮大鋮是魏忠賢黨徒，崇禎二年定為「逆案」，不得已避居南京。

復社成員不能見容，由吳應箕起草、顧憲成的孫子顧杲等領銜發出〈留都防亂公揭〉，揭發阮大鋮為奴、為盉、為賊、為鄉愿、為贓官的罪狀，驅逐阮大鋮出南京。

此事轟動一時。

復社的高士們借題發揮，每日高談闊論，以匡扶江山社稷、維護社會正義為己任，唾棄阮大鋮輩狗盜蠅營之行，得意非凡。

當事人之一的黃宗羲在記錄逐阮勝利之後的盛況中說：「崇禎己卯金陵解試，定生（陳貞慧）、次尾（吳應箕）舉國門廣業之社，大略揭中人（指列名〈留都防亂公揭〉者）。崑山張爾公、歸德侯朝宗（侯方域）、宛上梅朗三（梅朗中），蕪湖沈昆銅、如皋冒辟疆及餘數人，無日不連輿接席，酒酣耳熱，多咀嚼大鋮以為笑樂」。

黃宗羲此話中提到的幾個人：陳貞慧、吳應箕、侯方域、冒辟疆、梅朗中，沈昆銅等，都是復社中的風雲人物。

其中，陳貞慧、侯方域、冒辟疆和方以智合稱為明復社四公子。

明亡後，由於陳貞慧隱居不出，冒辟疆放意林泉，方以智出家為僧，侯方域則不但在順治七年（一六五〇年）給清朝的直隸、河南、山東三省總督張存仁獻〈上三省督府剿撫議〉，提出了對付抗清榆園軍的十大建議，還參加了順治八年（一六五一年）的河南鄉試，名節有汙，為人所不齒。遂使很多人誤以為復社中人都只是些空談的書生、軟骨頭。

事實並非如此。

除了上述四公子的表現外，讓我們來看看其他復社成員在這場江山易色的大劫難中是如何以身赴難、慷慨報國的吧。

一、吳應箕

吳應箕，南直隸貴池縣興孝鄉高田（今安徽省池州市石臺縣大演鄉高田）人，性情豪放，任俠尚氣，喜交遊。清軍佔領北京後，南明小朝廷在南京成立，阮大鋮重新得勢。吳應箕是〈上三省督府剿撫議〉的主要執筆人，遭到了阮大鋮的報復，不得已逃回家鄉。

弘光元年（一六四五）五月，清兵大舉渡江，南京失陷，弘光朝宣告傾覆。

這年閏六月，吳應箕在家鄉號召鄉親拿起武器抗清，曾一度占據貴池、石埭等地。但倉促組成的義軍終究不是清廷正規軍的對手。十月，吳應箕在貴池縣泥灣山口兵敗被擒，從容就義，終年五十二歲。

吳應箕一家百餘人和義軍將士全部壯烈捐軀。

二、陳子龍

陳子龍，松江府青浦（今屬上海市）籍，華亭（今上海市松江）人，文章瑰麗，在江南極負盛名。

崇禎二年（一六二九年），陳子龍參加了由夏允彝、杜麐徵發起的幾社。

在幾社鼎盛時期，陳子龍流連聲色詩酒，與萬壽祺輩經常出入秦樓楚館，並曾與名妓柳如是結下了一段孽緣。但也不忘關心時政，寫下了許多策論，還一度要上萬言書。

順治二年（一六四五年）五月，弘光政權滅亡後，陳子龍與徐孚遠、陸世鑰等人舉旗起義，率眾千餘屯於陳湖。

閏六月初十，陳子龍聯絡明總兵黃蜚、吳淞副總兵吳志葵、參將魯之璵等合攻蘇州。發兵前，陳子龍「設太祖像誓師，軍號振武」。可惜，黃蜚水師移營黃浦江，因水道狹窄，無法行船，被清軍覺察擊敗，合兵攻蘇州計畫流產。

八月，清軍攻陷松江，陳子龍攜家南逃。

順治三年（一六四六年）初，陳子龍同時接受了隆武政權和魯監國政權所授的兵部左侍郎、兵部尚書節制七省漕務等職務。

這年三月，吳江進士吳易領導「白頭軍」（義軍用白布纏頭，為明朝「戴孝」，人稱「白頭軍」）起義抗清，在吳江汾湖（今蘆墟鎮）大敗蘇州清軍。魯監國封吳易為長興伯，命陳子龍視師浙、直。

但是，由於吳易輕敵，浙江、福建失守，陳子龍「孤筇單樸，混跡緇流」。

四月，陳子龍積極策動清松江提督吳勝兆反正，事洩，陳子龍被捕。

審訊之日，陳子龍「植立不屈，神色不變」。

審官斥問：「何不剃髮？」

陳子龍凜然答道：「吾惟留此髮，以見先帝於地下也。」

五月十三日，陳子龍在押解南京途經松江境內時，掙脫繩索，沉江自殺。

三、夏允彝、夏完淳

夏允彝，松江府華亭（今上海市松江）人，好古博學，擅長詞文，與同郡陳子龍、徐孚遠等結幾社，名動海內。

甲申之變，李自成義軍攻入北京，崇禎帝自縊。夏允彝和子夏完淳聞訊，聚眾哭祭，立志毀家以圖復辟，並走謁史可法共謀興復。

順治二年（一六四五年）五月，弘光政權滅亡，清師南下。時率軍萬餘人停留在吳淞附近海上的明江南總兵吳志葵是夏允彝的門生，夏允彝通過這種師生之誼，攜子夏完淳毅然參加到這支抗清武裝隊伍中去。

在吳軍軍中，他們聯合到陳子龍所在的陳湖義軍、黃蜚水師，運籌策畫攻打蘇州。但黃蜚水師失期不至，吳志葵軍在圍攻蘇州中陷入了持久攻堅戰，遭到了清軍的猛力反攻，全軍覆沒，吳志葵本人被清軍擒殺。

夏允彝父子雖然倖免於難，但夏允彝決意殉國，他在完成了《倖存錄》一書後，赴池自盡，沉於松塘而死。

彼時池水枯竭，水僅及胸，夏允彝埋首水中，愣是以驚人的意志力完成了溺水之舉。夏完淳靜立池邊，忍淚痛看父親溺水時劇烈抖動的背部，深味父子生離死別的悲愴，發誓要繼承父親的遺志，抗清到底，為民族雪恥，為父親報仇。他與老師陳子龍、岳父錢栴一起加入到吳易「白頭軍」中，得魯監國遙授為中書舍人，父親夏允彝得諡號文忠。

吳易軍失敗後，夏完淳與岳父錢栴也在華亭家中被捕。

在獄中，夏完淳談笑自若，與難友義士吟詩唱和，並寫下了〈土室餘論〉、〈寄內〉、〈獄中上母書〉、〈遺夫人書〉等視死如歸、慷慨激昂的悲壯文字。

順治四年九月十九日，夏完淳被害於南京，「臨刑神色不變」，威武不屈，死時年僅十七歲。

四、閻爾梅、萬壽祺

閻爾梅，江蘇沛縣人；萬壽祺，江西南昌縣人，兩人同年參加科考，同舍止宿，志趣相投，結為摯友。該年擔任主考的是復社領袖之一楊廷樞。閻爾梅的試卷「曠逸跌宕，有吐唾四海之氣」；萬壽祺則以「百姓足，君孰與不足？」為問，針砭時弊。二者都得到了楊廷樞的讚賞。

閻爾梅原不是復社中人，在這次入京會試中，毅然加入了復社；而萬壽祺在會試後，便與諸友召集了七郡的復社成員在蘇州虎丘開大會，得文兩千五百餘篇，為一時之盛事。

崇禎十三年（一六四〇年）春，閻爾梅感到國事已難於收拾，就變賣家產，招募鄉勇，組成了一支近千人的私人武裝，用以抗擊流民軍。

在與流民軍作戰中，閻爾梅的家產房屋被農民軍燒成白地。

崇禎十七年（一六四四年），李自成起義軍攻佔北京，崇禎皇帝自縊，閻爾梅痛不欲生，絕食七日，死而復甦。

該年秋，南明弘光帝派南巡按史王燮到徐州視察軍務，閻爾梅身披重孝前往求見，痛陳復國大計。隨後，閻爾梅投入史可法帳下，並設計捉住暗中降清的徐州守令，得到了史可法的器重。

國難當頭，閻爾梅清醒地認識到，要抗擊清軍，必須走聯合農民軍共同作戰的路線。為此，他多次向史可法建議此事，並自告奮勇前往魯、豫、冀等地串聯各地義軍。但史可法未置可否。

閻爾梅見計不能行，知大事難成，投書引去。

這年年底，萬壽祺和閻爾梅處商量起兵抗清，閻爾梅揮毫題壁，「茲來共訂他年約，爾響銅山我報鐘」，表示一定起兵響應，不負此約。

順治二年（一六四五年）四月二十五日，揚州城陷，史可法壯烈殉國。閻爾梅急走淮安，與淮安守將劉澤清、田仰等人謀劃戰守之策。但劉澤清、田仰早萌降清之意，閻爾梅只好奔往淮北一帶，另謀集結武裝力量。

六月，萬壽祺發兵配合「白頭軍」向清軍發起猛攻

閻爾梅儘管準備不足，還是毅然起兵響應。結果遭遇到了預料中的慘敗。

萬壽祺那邊也沒能維持多久，全軍覆滅，萬壽祺本人被捕。

萬壽祺的父母避難於太湖心，聞此噩耗，舉家鑿舟自沉，以殉國難。

萬壽祺入獄後仍舊意氣風發，破口大罵「十隊犬羊營，胡騎正縱橫」，悲歌「南天又已傾」。

主管刑獄的故明降吏有意私縱，以「陰逃」為名將其釋放。

萬壽祺脫逃後，剃髮為僧，絕塵而去。

閻爾梅兵敗脫走後改投入了榆園軍。

順治八年（一六五一年），榆園軍抗清失敗，閻爾梅及弟閻爾羹父子俱被逮捕。

庭審之日，閻爾梅勃然不屈。

刑官是漢人，諷刺閻爾梅說：「你是什麼人？你也配學人家文天祥文丞相？」

閻爾梅反唇相譏：「按你這麼說，難道是文丞相也有錯了？」然後挺胸高吟：「天如存趙祀，誰可殺文山！」

順治九年（一六五二年）冬，閻爾梅被押往濟南獄中，受盡折磨。

順治十二年（一六五五年）夏，閻爾梅從濟南監獄中脫逃，潛回家鄉通知親戚朋友外出避難。清廷追兵緊急，閻爾梅妻妾腳小，不能長途跋涉，紛紛自縊而死。閻爾梅攜幼子逃往河南虞城一帶，以擺渡為生。

五、黃宗羲

黃宗羲是東林黨名士黃尊素之子。崇禎十一年（一六三八年），復社成員一百四十人聯名張貼〈留都防亂公揭〉，黃宗羲與東林要人顧憲成之孫顧杲同名揭首。南京結集國門廣業社之時，黃宗羲與梅朗中、顧杲、陳貞慧、冒辟疆、侯方域、方以智等人終日詩文唱和，形影不離。

弘光朝廷傾覆後，各地義師紛起，舉旗抗清。

弘光元年（一六四五）閏六月，原明官員熊汝霖、孫嘉績據錢塘江天險，劃江而守。黃宗羲與兄弟宗炎、宗會在餘姚黃竹浦召募義勇，聲援孫、熊部，時人稱為「世忠營」。

不久，浙江餘姚、會稽、鄞縣等地的明官吏縉紳及各路抗清義軍扶持明魯王朱以海監國於紹興。黃宗羲受魯監國命任兵部職方司主事，專門為之編撰了《監國魯元年大統曆》。

順治三年（一六四六年）五月，黃宗羲率孫嘉績部與王正中部合師竟渡錢塘江，進駐潭山，北聯太湖義軍，儼然「有吞吳楚之氣」。

六月，清軍乘浙江出現罕見旱情、錢塘江水位大降之際，衝破錢塘江屏障，佔領了紹興。魯監國政權倉皇入海。混亂中，黃宗羲僅收拾得餘部五百餘人避退入四明山，結寨固守。

順治六年六月，黃宗羲探得魯監國由福建返還浙江沿海，遂渡海追隨。

順治七年（一六五〇年）九月，清廷會兵攻打四明山，擒獲首領馮京第及黃宗羲的弟弟黃宗炎。

黃宗羲祕密趕往鄞縣，與高斗魁等人合力將黃宗炎救出。

順治八年（一六五一年）七月，清軍再攻四明山，俘獲首領王翊，然後出兵舟山。黃宗羲被迫隱姓埋名，在紹興、杭州間輾轉躲藏，逃避清廷的緝拿。

順治十八年（一六六一年），永曆政權覆滅，復明已經無望，黃宗羲才奉母返回故居。

六、錢澄之

錢澄之，安慶府桐城（今屬安徽）人，應友人方以智之邀，於崇禎十一年到南京商議刻印文章，參與了聯名公佈〈留都防亂公揭〉事，遭到了阮大鋮的怨恨。

阮大鋮在弘光朝東山再起後，重修舊怨，下令緝拿錢澄之。

錢澄之倉皇避居於浙江嘉善原吏部文選司郎中錢棅家中。

順治二年（一六四五年）六月，清軍攻陷了南京，頒佈剃髮令。一時間，三吳鼎沸，義旗紛舉。錢澄之投筆從戎，參加了錢棅領導的抗清義軍。

八月，義軍兵敗，錢澄之的妻子及一子一女死難。錢澄之在亂軍中逃出，後經過隆武政權吏部尚書黃道周薦舉，被隆武帝任命為江西吉安府推官。

順治三年（一六四六年）秋，清軍大舉入閩，隆武政權隨即瓦解。錢澄之流落於閩西山區，艱苦備嘗。

順治五年（一六四八年）四月，錢澄之獲悉永曆政權已在廣東肇慶建立，便越過大庾嶺，投入肇慶，在永曆朝廷中任禮部精膳司主事。

順治七年（一六五〇年）十一月，清軍南下兩廣，攻佔了桂林。錢澄之眼看大勢已去，改扮成僧人，逃離廣西，返回了家鄉，過起了埋名隱姓的生活。

七、顧炎武

顧炎武，蘇州府崑山（今江蘇崑山）人，於崇禎二年（一六二九年）參加南京鄉試時，與好友歸莊一起加入了復社。

崇禎十七年（一六四四年）五月，南明弘光政權在南京建立。經原崑山知縣楊永言舉薦，弘光政權任顧炎武為兵部司務。

然而，顧炎武尚未到任，清軍已揮師南下，血屠揚州，進陷南京。剛剛抵達鎮江的顧炎武驚呆了！

原本，顧炎武對新起的弘光政權是抱有很大希望的，他還潛心撰成了著名的「乙酉四論」（〈軍制論〉、〈形勢論〉、〈田功論〉、〈錢法論〉），期待重整河山，「一掃定神州」。

然而，國事不堪待，山河破碎，一至於此。

顧炎武轉入蘇州參加了抗清鬥爭。

蘇州兵敗，顧炎武返還崑山。

六月，清廷強推剃髮令，此令猶如烹油潑火，江南義師紛起，崑山人民在原狼山總兵王佐才的帶領下，據城堅守，與清兵周旋。

顧炎武與好友歸莊、吳其沆都投入到這場可歌可泣的反清鬥爭中。

七月初六日，崑山城破。清軍瘋狂屠城，死難者多達四萬，吳其沆戰死，顧炎武生母何氏右臂被清兵砍斷，兩個弟弟被殺，顧炎武本人則因城破之前已往語濂徑而僥倖得免。

十四日，常熟陷落，顧炎武的嗣母王氏絕食殉國，臨終囑咐顧炎武，說：「汝無為異國臣子，無負世世國恩，無忘先祖遺訓，則吾可以瞑於地下。」

南明隆武政權建立後，隆武帝遙授顧炎武以兵部職方司主事的職務，要他聯絡「淮徐豪傑」。

這之後的數年時間內，顧炎武輾轉於太湖沿岸，奔走於各股抗清力量之間。

然而，隨著閩浙沿海的隆武等南明政權先後瓦解，顧炎武親身參與的抗清活動一再受挫，只能發出「萬事有不平，爾何空自苦」的浩然悲嘆。

八、歸莊

歸莊，江蘇崑山人，明代儒林名宿歸有光的曾孫。崇禎二年（一六二九年），十七歲的歸莊與顧炎武等人同入復社，心憂時局、關心國政。

順治二年（一六四五年），清軍兵鋒直掠危城揚州。

歸莊仲兄歸昭投筆請纓，仗劍叩軍門，趕赴揚州，投入史可法麾下。

歸莊壯其行，寫下了〈送二兄爾德赴史閣部幕府〉一詩，慨然表示「莊亦慷慨士」，「豈敢惜肝腦」。並代兄寫了〈上史閣部書〉。

不日，揚州城破，歸昭戰死。

歸莊悲憤莫名，痛稱：「以君之壯志長才而不得展，然卒死於忠義。」

這年六月，清軍頒佈剃髮令，崑山縣丞攝縣令事閻茂才狗仗人勢，下令剃髮。歸莊首倡斬殺閻茂才，推原狼山總兵崑山人王佐才為主帥，舉兵抗清。

歸莊和顧炎武都積極出王佐才出謀劃策、部署戰鬥。

七月初六，清軍攻陷崑山，放刀屠城，遇難者高達四萬人。

歸家多人遇難，歸莊在亂軍之中逃脫，喬裝成僧人，亡命天涯，佯狂終身。

……

孔曰成仁，孟曰取義，惟其義盡，所以仁至。

讀聖賢書，所學何事，而今而後，庶幾無愧。

每當國難當頭，風雷動地的時候，挺身而出，往往就是這些貌似文弱的讀書人，可就是這些讀書人，站在時代風口浪尖，充當起國家、民族的脊樑，譜寫出一曲曲雄渾壯麗的悲歌。

復社中甘於向侵略者妥協的侯方域之流，畢竟只是少數，而勃勃然不屈、凜凜有生氣者，除了上述吳應箕、陳子龍外，還有楊廷樞、顧杲、江天一、黃淳耀、侯峒曾、徐汧、朱永佑、張肯堂、吳鍾巒等等忠烈之士不可勝數，他們中的每一個人，都標榜著史冊、照耀著汗青！

「忠臣耶怕痛，鋤頭耶怕重」——大實話背後的悽愴和無奈

崇禎十七年（一六四四年），明崇禎皇帝殉國。

同年五月，崇禎皇帝的堂兄、福恭王朱常洵的兒子朱由崧在南京稱帝，改元「弘光」，是為弘光皇帝。

弘光小朝廷的存活時間僅只八個月，次年弘光皇帝被清軍俘獲，不久處死。

弘光朝首輔馬士英退至杭州，竭力擁立潞王朱常淓繼續抗清。

哪料潞王朱常淓是坨扶不上牆的爛泥，清軍甫到，他就奉表請降。

馬士英只得渡錢塘江東去。

逃亡路上，馬士英咬緊牙關，發誓大明王朝不能就此算完，立一帝不成，再立一帝！只要一息尚存，絕不放棄復國之念！

其實，就在馬士英緊鑼密鼓地擁立潞王朱常淓的時候，浙江餘姚、會稽、鄞縣等地的明官吏縉紳及各路抗清義軍已經扶持明魯王朱以海監國於紹興。

朱以海，朱元璋十世孫，魯王朱壽鏞的第五子，為人很有幾分骨氣和才幹。他的魯王政權建立後，就迅速控制了浙東紹興、寧波、溫州、臺州等地，擁有浙中義師及原明總兵方國安、王之仁等部，又據有錢塘江天險，隱有幾分王霸氣象。

馬士英欣然前往投奔。

但是，由於馬士英曾和已故大英雄史可法互相傾軋，名聲很臭，遭到了魯監國幕下群僚的唾棄和責難，喊打喊殺之聲不絕於朝堂。

原九江金事王思任致書歷數其罪，說他驕奢淫逸，威福自操，不講戰守大事，只知貪汙腐敗，以酒色招攬小人，以門牆劃分幫派，使得國家人心渙散，士氣不揚，最終導致政府流亡，社稷成墟。

魯藩舊臣張岱更是直接上疏，「懇祈立斬弒君賣國第一罪臣」馬士英。

張岱這麼迫切要致馬士英於死地，除了王思任所說的光明正大的原因外，更與馬士英結怨於復社的恩怨情仇有關。

復社是由全國各地文社於崇禎初年合併的一個黨社聯盟，這些文社包括江北的匡社、南社、吳中的羽朋社、應社、松江的幾社、江西的則社、浙東超社、浙西的莊社、聞社、武陵的讀書社、山左的大社、歷亭的席社、萊陽的邑社、中州的海金社、端社、黃州的質社、崑陽的雲簪社等，其中著名人物有張溥、張采、夏允彝、吳偉業、顧炎武、黃宗羲、陳子龍等等。

盟主張溥聯絡四方文社，主張「興復古學，將使異日者務為有用」，因名曰「復社」，其固然有切磋學問、砥礪品行的目的，但主要精力仍然是在「門戶之爭」上。復社人士自稱「吾以嗣東林」。不少復社成員是東林黨人的學生或弟子。復社繼承東林傳統，論文兼評時政，並與閹黨攻訐相爭。

為了壓倒閹黨，張溥、吳昌時等人採取眾籌的方式集資，其中馮銓、侯恂、阮大鋮等持萬金入股，合力把周延儒重推上首輔之位。

周延儒上任伊始，張溥「欲盡用其黨人而殺異己者」，曾殺氣騰騰地開出了兩本冊子交給周延儒，上面所寫要用的、要殺的人的名單清清楚楚。

時人有詩：

二冊書成注復刪，莫防鐙下鬼神環。
西銘夫子酇都主，生死枯榮一筆間。

不過，「淮安道上張溥破腹，昌時以一劑送入九泉」，復社兩大領袖張溥和吳昌時先後暴死，血禍沒有釀成。

張溥的死訊傳到周延儒耳內，周延儒撫掌稱好，說：「天如（張溥字）死，吾方好做官。」

周延儒重任首輔後，對於資助自己入閣的最大股東阮大鋮心存感激，有心報答，但礙於阮大鋮是閹黨著名死硬分子，與東林黨人仇怨太深，不敢頂風而上，乃想了個折中方案，讓阮大鋮推薦他的一個好友出來，自己親自提拔。

阮大鋮於是推舉了自己最好的朋友馬士英。

在周延儒的鼎力相助下，馬士英很快做到了鳳陽總督的位子。也在這個位子上，他聯合四鎮擁立了弘光皇帝，因此成了南京朝廷的首輔。

馬士英也是個知恩圖報的人，自己風光了，當然要援引老朋友阮大鋮。這麼一來，就引爆了一個火藥庫，大爆炸轟然而至。

東林黨及復社成員深知阮大鋮是閹黨骨士，生怕他上臺後會致使閹黨死灰復燃，一起群起而攻之。作為反擊，馬士英、阮大鋮便對東林黨及復社成員進行了殘酷的報復迫害。

所以說，張岱作為復社成員，其請誅馬士英，挾帶上了大部分私怨在裡面的。

魯監國同意了張岱的申請，把張岱召至御榻前，密令他「先殺後聞」。

張岱即帶兵數百人前去「除奸」。

馬士英得到消息，連夜逃遁江上。

這時的馬士英已經窮途末路，但他並沒有轉投清軍，輾轉到太湖展開抗清鬥爭。

順治三年（一六四六年）正月，多爾袞以自己的侄子貝勒博洛為征南大將軍，固山額真圖賴為副手，集結起在北方休整了大半年的滿漢八旗，對浙閩兩省展開大型軍事行動。

五月，博洛大軍經蘇州進抵杭州，恰逢浙江出現了罕見的旱情，錢塘江水位大降，水深不過馬腹。

博洛遂於五月二十五日分兵兩路，一路由主力馬步兵組成，從杭州六和塔、富陽、嚴州一線涉水過江；另一路由水師組成，從鱉子門沿海而進，很快攻陷錢塘江防線。

錢塘江防線一失，自杭州到紹興無險可守。

魯監國在張名振等人護衛下離開紹興，經臺州乘船流亡海上。

當此清軍席捲而南、魯監國政權全線潰敗之際，魯監國政權大學士謝三賓、越國公方國安等人紛紛舉旗投降。

臭名昭著的馬士英兵敗被俘後，卻堅守民族氣節，拒不肯降，從容就義。

馬士英死得極慘，被滅絕人性的清軍剝皮拆骨，內臟掏空，再塞滿稻草，重新用線縫合。

除了馬士英外，名聲同樣有汙的定海總兵王之仁、大學士張國維、督師大學士朱大典等等均從容赴難，視死如歸。

馬士英能夠壯烈殉國，裡面有沒有與東林黨及復社相爭、死也拚一口氣的原因，不得而知，但馬士英對朋友講義氣、不惜以死相酬，那是不容置疑的。其不顧引火燒身、竭力援引阮大鋮是一例；復社創始人張溥病死後，東林諸人多在與周延儒討價論價官位的大小，無暇操辦張溥的後事。馬士英則主動承擔了此事，為張溥後事忙裡忙外。在和東林黨攻訐的歲月裡，馬士英曾還擊說：「你們這些人，也配講什麼同聲共氣！要講同聲共氣，你們沒有一個人比得上我。我為了安葬張天如，一月之內奔走千里。想想看，當我為張天如操辦後事時，你們誰稍微關注過一下？」

相對比馬士英的壯烈，曾在追殺馬士英過程中表現得正氣凜然的張岱，為逃一死，竟剃頭入清。聽說了馬士英、王之仁、、張國維、朱大典等人的事蹟，張岱悻悻自嘲說：「功名耶落空，富貴耶如夢，忠臣耶怕痛，鋤頭耶怕重，著書二十年耶而僅堪覆甕，之人耶有用沒用？」

張岱的表現還算好的，至少，他沒有走和清政府合作的路線。

復社中聲名鼎盛的吳偉業、侯方域等人卻入仕清朝。

正所謂：平日慷慨成仁易，事到臨頭一死難。

張岱為浙江紹興人，出身於累世通顯之家。高祖是嘉靖年間進士，立有武功；曾祖更牛，為隆慶五年狀元、著名理學家、王陽明再傳弟子；祖父為萬曆年間進士，官兵部郎中、江西布政使參議；父親曾任山東副考；叔叔任揚州郡司馬。

張岱是個天才少年，六歲的時候，跟隨祖父到杭州，遇著名書畫家陳繼儒騎角鹿遊覽武林。陳繼儒故意考張岱，指屏風上的《李白騎鯨圖》出對子，說：「太白騎鯨，採石江邊撈夜月。」張岱應聲而答：「眉公跨鹿，錢塘縣裡打秋風。」座中客人聽了，一齊絕倒。

張岱才學過人，又極精八股文，如若科考，必定高中。可是，他生於官宦富貴之家，嬉遊成性，無意仕進，整日流連於山水書畫，也酷愛鬥雞逗狗，大江以南的道士、劍客、僧侶、伶人，甚至流氓無賴，無不交結。

張岱自己也承認：「少為紈綺子弟，極愛繁華，好精舍，好美婢，好孌童，好鮮衣，好美食，好駿馬，好華燈，好煙火，好梨園，好鼓吹，好古董，好花鳥，兼以茶淫桔虐，書蠹詩魔。」

不承想，清軍入關，社稷傾覆，民生塗炭，家道破敗，張岱遁入山林，追思往事，「繁華靡麗，過眼皆空，五十年來，總成一夢」，夢醒之後，淚濕枕巾，寫成了《陶庵夢憶》與《西湖夢尋》二書。

張岱在《陶庵夢憶》一書的〈自序〉中說：「遙想往事，憶即書之，持向佛前，一一懺悔。」書中遍寫明朝鼓吹笙簧，謳歌弦管的往事。

《西湖夢尋》是憶早歲遊西湖之作。清兵曾於甲午年（一六五四年）、丁酉年（一六五七年）兩至西湖，燒殺搶掠，「一帶湖莊，僅存瓦礫」、「凡昔日之弱柳夭桃、歌樓舞榭，如洪水淹沒，百不存一矣」。張岱在《西湖夢尋・自序》中說：「余生不辰，闊別西湖二十八載，然西湖無日不入吾夢中，而夢中之西湖，未嘗一日別余也。」

二書貌似隨手拈事、信筆狀景，字裡行間，雖然滿是繁華綺麗事，但都飽含黍離之悲、故國之痛，稱之為帶血帶淚之文也不為過。

不過，張岱的最大貢獻，卻是《石匱書》與《石匱書後集》兩部著作。

從張岱的高祖始，張家就留心搜集明朝史料，經過幾代人積累，資料非常豐富。單就張岱而言，其「自垂髫聚書四十年，不下三萬卷」。崇禎初年，精力過剩的張岱立志利用家藏資料來創作一部紀傳體的明史專著。順治三年（一六四六年），魯監國政權崩潰，張岱攜稿本及數篋書籍避居剡溪（浙江省嵊縣南，曹娥江之上游），前後花了二十七年時間，終於著成二百二十卷紀傳體明史的煌煌巨著《石匱書》。

張岱著書嚴謹，「事必求真，語必務確，五易其稿，九正其訛，稍有未核，寧闕勿書」。

就因為「稍有未核，寧闕勿書」的態度，張岱認為自己對崇禎一朝的材料掌握不多，所以《石匱書》只寫到天啟末年便匆匆收筆。

所幸老天不負有心人。

康熙初年，著名學者谷應泰提督浙江學政，有意編修《明史紀事本末》，仰慕張岱的才學和見識，特邀張岱參與其事。張岱於是得以遍讀崇禎一朝十七年的邸報及其他有關史料。

協助谷應泰完成《明史紀事本末》後，張岱補寫了崇禎朝的紀傳，為別於前書，另稱《石匱書後集》。與《明史紀事本末》不同，《石匱書後集》寓情於史，用充滿激情的筆觸旗幟鮮明地謳歌反清鬥爭的英雄，其中的卷二十八《死義諸臣列傳》、卷三十二《乙酉殉難列傳》、卷三十九《丙戌殉難列傳》最為突出。

實際上，對於《石匱書》與《石匱書後集》二書，張岱本人比較重視的是前者。他曾在《陶庵夢憶・自序》中透露，自己也曾想過自盡，不想苟活於世，只因《石匱書》尚未完成，這才殘喘於人世。

然而，讓人痛心的是，因為滿清政府前無古人的文字獄，《石匱書》竟然被毀，後人無緣得見。

《石匱書後集》也只是寫本傳世，直到解放後的一九五九年，上海圖書館據所藏天尺樓鈔本付印，這才公開出版。

張岱的一生，可謂聚集了朝代更替、由榮入衰的時代縮影，如今讀其書、觀其事，不勝唏噓。

臭名昭著的龔鼎孳原也是個嫵媚多情的真漢子

龔鼎孳，應該說是一個已經被歷史定了性的人。

清乾隆四十一年，乾隆皇帝下詔編纂《貳臣傳》時，明確將龔鼎孳位列其中。也就是說，龔鼎孳屬於「遭際時艱，不能為其主臨危授命」，「大節有虧」的人，實在沒有什麼好說的了。

不過，《貳臣傳》分甲乙兩編，「榮登」甲編的，是降清後為清廷盡心盡力、厚積功勳的人。這些人中，自然少不了大名鼎鼎的洪承疇、尚可喜、祖可法、祖大壽、張天祿、張天福等人。

被列入乙編的，雖然已降清，但對清廷毫無建樹，碌碌終日。一如吳偉業、錢謙益、龔鼎孳便是。

從這個角度來說，進入乙編的人似乎要比進入甲編的人要「可愛」上一點點。畢竟，他們的投降只是個人的道德品行問題，並沒有太多反噬同胞的惡行。

有趣的是，同列《貳臣傳》乙編的吳偉業、錢謙益、龔鼎孳三人，恰恰也是明末詩名最著者，並稱為「江左三大家」。

錢謙益、吳偉業是文史研究的熱門歷史人物，前人的剖析論斷不計其數，獨獨對龔鼎孳置若罔聞，似乎不屑一顧。

出現這種現象，是有原因的。

用粗線條的眼光看，龔鼎孳「闖來降闖，清來降清」，節操碎了一地，分明是只知搖頭乞憐的賤畜生、軟骨頭，「為清流所不齒」。

即使沒有降闖、降清兩事，以時人李清在《三垣筆記》所載，龔鼎孳在明崇禎朝「日事羅織」、性情「險刻」、同僚「畏之如虎」，也十足一個居心叵測、自附清流，為博取名聲，絲毫不顧他們死活的惡毒小人，可稱之為人渣、垃圾。

此外，人渣龔鼎孳身上還環繞著兩件最讓人噁心不已的醜事：

一、大明王朝滅亡，崇禎煤山自縊，有人責龔鼎孳不能殉國、甘心附賊，他居然振振有詞地說：「我原欲死，奈小妾不肯何？」

二、李自成占北京後，龔鼎孳得授為直指使，巡視北城。當時，眾降臣為了攀龍附鳳，爭相向李自成上呈傳聞為周鍾所撰的〈勸進表〉。表中有「存杞存宋」之句，建議李自成以保存小國祭祀的春秋前例處理明朝宗室問題。龔鼎孳眊不知恥地對人說：「此語出吾手，周介生想不到此。」

這兩件小事，活畫出了一副卑鄙無恥的醜陋嘴臉。

可以說，龔鼎孳已經是一塊出窯的劣質磚——定型了。

但是，認真細究起來，龔鼎孳身上還是有許多耐人尋味的東西的，一旦把這些東西放大，我們還可以體味到複雜人性化中閃爍著的那一點點光亮、一點點的色彩。

提龔鼎孳，就不得不提那個佔據了龔鼎孳幾乎大半身心、並影響了龔鼎孳大半輩子的女人——顧橫波。

上述段子中龔鼎孳未能殉國、反倒託詞說「我原欲死，奈小妾不肯何」所說的「小妾」指的便是顧橫波。

首先，這個段子最早出自馮見龍的《紳志略》，來源於時人口耳相傳的笑談，其與錢謙益本欲沉湖又嫌「水太冷」的說法一樣，雖然廣為流傳，未必是真。

同樣，另一個段子說周鍾撰〈勸進表〉，此說屬實與否，也同樣存疑。親身經歷了「甲申之變」的趙士錦在《甲申紀事》說：「賊中勸進者，皆宗敏、金星、宋企郊等，未聞有鍾撰〈勸進表〉之事也。弘光時，訛傳鐘撰〈勸進表〉，有『比堯舜而多武功，較湯武而無慚德』等語。予南下時，見闖賊自張告示於各府州縣，果有此語，而議者乃以為鍾之所撰，毋乃冤乎？」古藏室史臣也在《弘光實錄鈔》指出「周鍾撰〈勸進表〉事」是一則謠言，且指出了謠言的揑造者：「則為其鄉人徐時霖所造」。

辨析過這兩則段子，回頭再說龔鼎孳和顧橫波。

龔鼎孳原籍為廬州府合肥（今安徽合肥市），明萬曆四十三年（一六一六年）出生於江西臨川（今撫州市），崇禎五年（一六三二年）進學，六年中舉，七年聯捷成進士，可謂年少才俊，春風得意。

崇禎八年（一六三五年），時年十九歲的龔鼎孳履湖廣蘄水（今湖北浠水）知縣任。

彼時，農民起義烽火已燃至蘄水所在的江北，官府一夕數驚，惶恐不安。

年輕的龔鼎孳很有一副初生牛犢不怕虎的勢頭，調度兵餉，招集流亡，增城浚濠以守，與農民起義軍相持六年而保城池無恙，「蘄人德之，立生祠祀焉」。

崇禎十四年（一六四一年），二十五歲龔鼎孳政績列湖廣之首，遷兵科給事中，詔入京。

這期間，龔鼎孳到了南京，出入秦樓楚館，與名妓顧橫波相識。

顧橫波，名媚，又名眉，字眉生，一字眉莊、橫波，上元（今南京）人，生於萬曆四十七年（一六一九年），比龔鼎孳小四歲，「莊妍靚雅，風度超群」，通文史，善詩詞，工度曲，擅畫蘭。其於崇禎九年（一六三六年）所繪《蘭花圖》扇面今藏於故宮博物院中。崇禎十年（一六三七年）冬，顧橫波還曾與名妓李香君、王月等丹青妙手參加了揚州名士鄭元勳在南京結成的「蘭社」，在社內展示了自己的佳作。時人盛讚其畫風直追馬湘蘭（同為秦淮八豔之一，善畫蘭），而姿容勝之，推為南曲第一。

龔鼎孳初會顧橫波，也不過是文人情懷，風流天性，哪料春風一度，已然情根深種，再難自拔。其曾贈詩顧橫波一首，云：

> 腰妒垂柳髮妒雲，
> 斷魂鶯語夜深聞。
> 秦樓應被東風誤，
> 未遣羅敷嫁使君。

詩中以使君自況，直抒相思之意。

上京之後，龔鼎孳先以兵科給事中受命察理畿南廣平（府治在今河北永年城關）等處，年底返京覆命之後，派人南下，為顧橫波脫籍，納顧橫波為妾。

當時，遼東戰事日急，西北闖王大軍逼近京城，京師的形勢已經相當險惡了。

顧橫波對龔鼎孳芳心自許，不顧前路艱險，拋下了金陵的繁華綺夢，毅然北上，與龔鼎孳團聚。

龔鼎孳宿願得償，生氣越加勃發，以區區一七品言官，創造了「一月書凡十七上」的紀錄，兩彈首輔周延儒、陳演，耿直無畏。

十七疏中，所論徐石麒不當去國；楊廷麟、錢謙益、方震孺等不宜終老巖穴；黃道周直諫得罪之冤抑，均屬有識之見。所彈的周延儒「庸駑無材略」、陳演「既庸且刻」也屬實情。

龔鼎孳因此獲得了朝野的一致好評。

不過，也因為彈劾陳演，龔鼎孳觸怒了崇禎皇帝，被冠以「冒昧無當」之罪名下獄。

獄中的龔鼎孳凶多吉少，顧橫波如果是個薄情女子，自然可以一走了之，但她已經認定了這個男人，不離不棄，不斷往牢獄內寄送衣物，守候消息。

崇禎十七年（一六四四年）二月，龔鼎孳終於獲釋，見到了朝思暮想的顧橫波後，百感交集，慨然賦詞紀念，中有「料地老天荒，比翼難別」之句。

不日，京城陷落，崇禎殉國。

儘管崇禎讓龔鼎孳嘗盡了牢獄之苦，但從君臣大義上來說，龔鼎孳是應該尾隨崇禎殉國的。

可是，只要瞭解他對顧橫波那份來之不易的愛是何等的眷戀，我們就不難理解那一句「我原欲死，奈小妾不肯何」裡面包含著多少肝腸寸斷、百轉千回的苦楚——儘管這一句話只來自於一個傳聞，但就因為這份深情，反倒突出了它的真。

不過，嚴正矩〈大宗伯龔端毅公傳〉也有記：「寇陷都城，公闔門投井，為居民救蘇。」即京城失陷之夕，龔鼎孳是曾率領全家男女一同投井的，但被人救下來了。

計六奇所以才會在《明季北略》卷二十二中對龔鼎孳後來的失節說了一句維護的話：「至已死而未死者……君子猶當諒其志焉。」

閻爾梅甚至在《閣古古全集》卷四〈答龔孝升五首時在都門以詩我〉中云：

> 有懷安用深相愧，無路何妨各自行。
> 元直曾云方寸亂，子長終為故人明。

詩中提到的「元直」為棄蜀漢而投曹操的徐庶；「子長」則是為李陵辯誣的司馬遷。

閻爾梅是一個破家抗清的英雄人物，他認為龔鼎孳降闖是和徐庶、李陵投敵一樣有不得已的苦衷，自己就聊充司馬遷為他辯解一下，即走投無路之時，不妨自行其道。

一句話，對於龔鼎孳的選擇，閻爾梅是尊重，也是諒解的。

龔鼎孳自己呢，他在《定山堂詩餘》中的〈題畫贈道公〉有「國破之日攜手以從巫咸，誓化井泥，招魂復出」之句，〈綺羅香・同起自井中賦記〉更填詞以自己投井事自比屈子、以顧橫波擬洛神，中有「誤承受」一句，即對那句著名笑柄「我原欲死，奈小妾不許何」深表遺憾。

順治七年（一六五〇年），龔鼎孳在寫給吳偉業的一封信裡，還提到自己「甫離獄戶，頓見滄桑。續命蛟宮，偷延視息，墮坑落塹，為世慚人」的沉痛心情。

閻爾梅曾到史可法軍中為參謀，揚州失陷後，奔走全國，串聯志士反清，結果，家人全遭毒手，自己逃遁無路，最後是身為清廷刑部尚書的龔鼎孳伸出援手，代其結案。

除了閻爾梅，還有傅山，即被武俠小說家梁羽生寫入《七劍下天山》書中的傅青主，人稱朱衣道人，其拒不剃髮易服，出家為道，且著朱衣以示不忘朱明，於順治十一年南明總兵宋謙策畫起義而被捕，也是得到了龔鼎孳周旋營救而得開釋。

此外，得到過龔鼎孳救助的著名人物還有黃宗羲、丁耀亢、紀映鍾、杜濬、陶汝鼐等等。

總之，被龔鼎孳冒著生命危險救助過的反清義士及義士的家人多不勝數。

紀映鍾、杜濬、陶汝鼐三人在龔鼎孳家一住就十年，錢謙益因此說：「長安三布衣，累得合肥幾死。」

「易堂九子」之一的曾燦「從遭外侮，得公始解」；名士王子雲歿後，子女孤苦無依，得賴龔鼎孳代為撫養。

此外，清初詞壇的兩位大家陳維崧、朱彝尊都得到過龔鼎孳的傾囊資助。

在那個特殊的時代，「士人挾詩文遊京師，必謁龔端毅（鼎孳）公」。

沈德潛在《清詩別裁集》卷一中還說了一句很誇張的話來讚龔鼎孳：「士之歸往者遍宇內。」

《清朝野史大觀》也有記：溧陽書生馬世俊下第落拓，龔鼎孳讀了他的文章，淚涔涔墮，嘆為真才子，歲暮贈炭金八百。而馬世俊也不負龔鼎孳的厚望，次年狀元及第。

龔鼎孳甚至在臨死前一刻都在不遺餘力地援引後進，他把吳江詩人徐釚託付與梁清標，說：「懷才如虹亭，可使之不成名耶？」

無怪乎，康熙十二年，當龔鼎孳去世的消息傳出，江南江北的文士哭聲如潮，哀思無限。

吳綺上挽詩云：「當年遇主偏辭寵，此世何人更愛才？」

朱彝尊上長篇挽詩云：「寄身逢掖賤，休作帝京遊。」

有人以為，龔鼎孳的這些作為，是對自己汙德失節的自我救贖。

其實不然。

龔鼎孳為官，向以身體力行，為民辦事為宗旨。他在崇禎朝擔任湖廣蘄水知縣，不屈不撓地與農民軍鬥爭；任兵科給事中，「一月書凡十七上」為朝廷出謀劃策，都是這種積極付出的表現。

正如閻爾梅所說，龔鼎孳是「有懷的」——別有自己的胸懷和抱負，作為一介文士，既然不能扭轉乾坤，那就用自己的綿薄之力為天下文士、天下蒼生做一點事吧。

降清後，龔鼎孳任左都御史期間，提出「撫綏百姓」、「蠲免徵徭」、「消弭民害」等建議，使清廷免除江南拖欠積賦三百餘萬。

清廷以清查逃賦為名打擊江南士子，江南士子遭革職者達數萬之多，被迫害下獄者亦不少。是龔鼎孳疏請寬奏銷案，終使復職者不下千餘人。

吳偉業因此稱讚龔鼎孳為官「唯盡心於所事，庶援手乎斯民」。龔鼎孳失節降清，但也不屑於刻意迎合當政者，其與一味獻媚取悅的馮銓、孫之獬、李若琳等輩還是有一定區別的。

龔鼎孳曾同屬下給事中、御史等言官彈劾馮銓、孫之獬、李若琳，要求刑部鞫問。多爾袞有意袒護，指責科道諸臣是嫉恨馮、孫、李三人率先剃髮而蓄意陷害。龔鼎孳當著多爾袞的面罵馮銓為魏忠賢閹黨餘孽，馮銓反罵龔鼎孳曾降李自成。龔鼎孳一怒之下，說：「豈惟鼎孳，魏徵亦嘗降唐太宗！」就因為「自比魏徵，而以李賊比唐太宗」，龔鼎孳開罪多爾袞，遷太常寺少卿。順治三年六月，龔鼎孳以丁父憂歸江南。

工科給事中孫垍齡等人乘機嚴劾龔鼎孳是「明朝罪人，流賊御史」，又說他「及聞父訃，而歌飲流連，依然如故，虧行滅倫」。

龔鼎孳因此被降二級使用。

其實，龔鼎孳的特行獨立，又豈止於此？

原本，自古以來，文人騷客都以追逐風流韻事為樂，各種狎妓記載就大量存錄在各種筆記詩文中。但要論及納妓女為妾，就寥寥無幾了。

究其原因，這裡面無非是一個聲譽、物議和前程的問題罷了。

君不見，與顧橫波同列秦淮八豔中的另外七人，哪一個沒有遭遇上始亂終棄的命運？馬湘蘭與王百穀也曾海誓山盟，早定終身之約，但馬湘蘭最終也不過落了個秋扇見捐、孤獨老死的下場。卞玉京與吳偉業卿卿我我，情濃化不開，但吳偉業始終對婚事推諉搪塞，不肯負責，卞玉京只好淒涼出世為道。柳如是與陳子龍被人們讚為琴劍知音、神仙佳侶，哪料轉身之後，陳子龍便另行納妾，柳如是最終選擇了白頭翁錢謙益為夫婿。李香君為侯方域苦守閨房，血染桃花，換來的不過年復一年的守活寡。寇白門雖然如願以償嫁入公侯之家，但過門不久即遭冷落拋棄，苦不堪言。陳圓圓和董小宛都曾對冒辟疆一往情深，但事到臨頭，冒辟疆卻玩起了失蹤。

相比之下，龔鼎孳對顧橫波癡心不改，不但承受了天下非議將顧橫波娶回家中，更將自己與顧橫波戀愛及婚後種種情話寫入詩文，公開流傳甚至刊刻傳播，可謂驚世駭俗。

龔鼎孳與顧橫波結婚多年，顧橫波「百計求嗣而卒無子，甚至雕異香木為男，四肢俱動，錦綳繡褓，雇乳母開懷哺之。保母褰襟作便溺狀。內外通稱小相公。」因為這些怪癖行為，顧橫波被人們目為「人妖」，但龔鼎孳對顧橫波的愛，從來都沒有減少半分。

最值得一提的是，順治七年，多爾袞死了，龔鼎孳的官運來了。順治十年，龔鼎孳官升吏部右侍郎，妻子可得受封誥命。龔鼎孳的原配妻子是獨居合肥的童氏。當初龔鼎孳上京為官，童氏曾被封為孺人，但並未隨侍。龔鼎孳被崇禎下獄落難，其也無意上京探看。龔鼎孳任職清廷，其更堅決不肯入京，對自己的丈夫形如陌路。當龔鼎孳告之其已得受封誥命。童氏酸溜溜地答：「我經兩受明封，以後本朝恩典，讓顧太太可也。」童氏不受清朝誥命，未見得是氣節高尚，多是妒忌丈夫與顧橫波恩愛快活，擬以此給丈夫難堪。須知，自古以來，誥命只見封於正妻，顧橫波不過一個青樓出身的小妾，一旦受封，豈非笑煞天下人？

哪料，龔鼎孳向來放拓不羈，得信後，坦然為顧橫波請封誥命，顧橫波也坦然受之。

此事傳出，舉國譁然。

儘管那些腦袋僵化、思想守舊的道學腐儒唾罵不已，但龔鼎孳對顧橫波的真摯愛情也足以輝耀一時。

順治十三年，龔鼎孳被貶為苑丞後，龔鼎孳並未以仕途重挫為意，次年十一月初三日，在桃葉渡大擺宴席為顧橫波慶壽，不僅邀請了眾多才士名流，也宴請了昔日同顧橫波交好的數十名妓女。席間龔氏門下的翰林親自上臺串戲《王母瑤池宴》，顧橫波和舊日姐妹李六娘、十娘、王十娘等人安坐臺下觀看。此事轟動一時，成為了江南特大號新聞。

龔鼎孳攜顧橫波出遊杭州，泛舟西湖，雖已年近半百，仍是十指緊扣，四目相對，情意無限，羨煞旁人。

康熙三年，顧橫波病逝於北京鐵獅子胡同。龔鼎孳專門向朝廷告假，扶靈返回江南。龔鼎孳還在北京長椿寺為顧橫波營建了一座「妙光閣」，每逢顧橫波生辰，他都親到閣下禮誦佛經，直至去世。

由此看來，龔鼎孳縱然臭名昭著，卻也是個嫵媚多情的真漢子。

錢謙益本擬效法屈原投水殉國，到了湖邊卻以「水冷」退縮？

一六四五年四月二十五日，清豫親王多鐸以史可法不聽招降為由，下令血洗揚州城。

揚州城，本來人口只有三四十萬人左右，但清軍南來，沿路燒殺，四方難民避兵禍而入城者已多達八十多萬。

多鐸一聲令下，揚州居民除少數破城前逃出和個別在清軍入城後隱蔽較深倖免於難者以外，幾乎全部慘遭屠殺。

這場屠殺，直到五月初二日才宣布封刀，「城中積屍如亂麻」。

在揚州血屠的震怖之下，江南之師，一時皆潰，武弁各卸甲鼠竄。

五月初九，清軍自金山登上南岸，佔領鎮江。

初十日凌晨，南明弘光帝棄城出逃。

弘光一走，群龍無首，文武百官心亂如麻，一時惶惑無為。

挾破揚州之威的清軍即日便兵摧城下。

多鐸洋洋自得，四發文告，稱：「此前我大清天兵抵達揚州，揚州官員軍民嬰城固守。本王痛惜百姓性命，不忍心攻城，事先將負隅頑抗的惡果全都說清楚了，一連等待了好幾天，無奈揚州官員終於抗命不遵。我大清軍只好被迫攻城。屠戮並不是本王的本意，乃是不得已而行。以後，我大清兵所到之處，若有官員軍民抗拒不降，一律按屠戮揚州的方式進行。」

文告的威嚇，使得以南京守備勳臣欣城伯趙之龍為首的眾多勳戚大臣心驚膽裂。

趙之龍說：「揚州已破，若不迎之，又不能守，徒殺百姓耳！唯豎了降旗，方可保全。」

形勢不由人，眾人大都默認了此議。

十五日，清軍兵不血刃，耀武揚威地從洪武門進入大明故都南京。

十六日清晨，豫王多鐸受百官朝賀，遞職名到營參謁如蟻。

在這大是大非、忠佞之分、生死之間的關頭，南明禮部尚書錢謙益會做出怎麼樣的選擇，是時人所關注的焦點。

錢謙益，晚明文壇巨擘，與吳偉業、龔鼎孳並稱江左三大家，黃宗羲說他「四海宗盟五十年」，鄭方坤說「本朝（清朝）詩人輩出，要無能出其範圍」，德高望重，為東林黨的黨魁、天下士林的領袖。

坊間傳聞，錢謙益原擬效法屈原投水殉國，然而到了湖邊，卻以「水冷」退縮。

還有人揶揄記述說：「豫王下江南，下令剃頭，眾皆洶洶。錢牧齋（錢謙益號牧齋）忽曰：『頭皮癢甚。』遽起，人猶謂其篦頭也。須臾，則髡辮而入矣！」

這兩則傳聞其實屬於民間惡搞，並非事實。

不知出於什麼目的，有人為了搞臭搞倒錢謙益，竟然把龔鼎孳說的那句「我本欲殉國，奈小妾不與可」的話嫁接到錢謙益的頭上。

後人看不起錢謙益，多半是受了清乾隆帝的影響。

乾隆把錢謙益打入「貳臣」的行列之中，還專門寫了一首打油詩來羞辱錢謙益：

> 平生談節義，兩姓事君王。進退都無據，文章哪有光？
> 真堪覆酒甕，屢見詠香囊。末路逃禪去，原是孟八郎。

乾隆這個人的城府很深，居心叵測，人們看到他為孫承宗、袁崇煥等人大唱讚歌，就會油然而生好感，其實並未解其為這些人唱讚歌的深意；但他要故意抹黑錢謙益，抹黑這位士林領袖，用心是顯而易見。

比較真實可靠的情形是弘光朝兵科右給事中吳適所記，據吳適所記，他在五月十三日「晚晤少司馬梁眉吾（雲構），知文武大臣已修降表赴大清軍矣。十四日大雨，訪宗伯錢謙益，不晤，但令人傳語：『宜速往浙中擇主擁戴，以圖興復。』」（《南都變略》，見《丹午筆記》），說明錢謙益雖已附眾降清，卻仍寄希望於興復明朝。

為使江南免遭屠殺，錢謙益違心地「稱北兵為三代之師，諄諄勸邑中歸順」（《祁忠敏公日記》、《乙酉日曆》），並以趙之龍的名義發檄四方，諭命降順。

也就是說，在多鐸的血色恐怖之下，錢謙益為保全南京百萬生靈，寧可自己蒙受汙名，忍辱負重地選擇了投降。

這種投降，對於一個深明家國大義的士人來說，是痛苦萬分的，卻也是偉大的。

錢謙益不可能不知道，一旦做出了這樣的選擇，他將萬劫不復，永世不得翻身。

但，他還是悲愴萬分地做出了這個艱難的決擇。

黃宗羲、歸莊、屈大均、呂留良等明末大賢應該是瞭解錢謙益的莫大苦衷的，他們非但沒有看輕錢謙益，反而更加敬重，一如既往地與之往來唱和。

降清後的錢謙益，內心不忘故國，作詩〈一年〉追憶往事，云：

一年天子小朝廷，遺恨虛傳覆典刑。
豈有庭花歌後閣，也無杯酒勸長星。
吹唇沸地狐群力，嫠面呼風羯鬼靈。
奸佞不隨京洛盡，尚流餘毒蟄丹青。

此外，他還一直在進行祕密的抗清活動，大力資助和支持江陰志士黃毓祺、姚志卓抗清，並因此入獄。從獄中僥倖得出，錢謙益反清復明的意志更加堅定，積極為轉戰於南疆的南明桂王出謀劃策。錢謙益還多次往返浙江一帶，遊說清將馬進寶反清。

看到馬進寶不能成事，錢謙益又把目光轉向了鄭成功，苦心孤詣地構思出了「楸枰三局」。

鄭成功也因此在一六五八年、一六五九年連續發動起了兩次長江戰役。

鄭成功入長江進攻南京之際，錢謙益寫下了振奮人心的〈金陵秋興〉，高歌「長干女唱平遼曲，萬戶秋聲息搗砧」。而當鄭成功功敗垂成，草率收兵之時，錢謙益則含淚寫下了千古傷心的〈後秋興〉組詩，悲嘆「荷鋤父老雙含淚，愁見橫江虎旅班」。

錢謙益，雖說已身染失節之汙，但事明之心，並未改變。

大明王朝最後的大俠居然被鄭成功毒殺

明末大俠張名振原籍山西，因祖輩入南京錦衣衛籍，居應天府江寧縣（今江蘇南京市）青溪浮橋，故史籍多指稱其為江寧人。

張名振自幼習武，精於騎射、擊刺，性情豪放，喜任俠。稍長，浪跡天涯，遊俠京師，曾寓居於廣寧門街北報國寺。

魏忠賢專權時代，太監界盛行騎射之風。常有太監在京營以箭靶設賭局，每負一矢，罰錢一百。京師子弟俱往賭賽，往往囊盡而歸。報國寺僧眾知道張名振善射，集資五千，慫恿他前去踢館。

張名振箭法如神，贏銀數千。

厚贈寺僧之後，張名振將贏來的錢用於經商，竟得暴富。

張名振在生意場上遇上宛平縣一位姓馬的老庠生。馬翁欣賞他長得堂堂一表、凜凜一軀，且談吐不凡，有封侯萬里的氣象，欣然將愛女相許配。

既已成家立業，張名振從此揮金如土，結交滿朝野，並於天啟六年（一六二六年）棄商從戎，得授京營火攻都司。

崇禎五年（一六三二年），孔有德於山東登萊發動叛亂，朝廷起兵討伐，累年不下。張名振時為偏陣之將，獻上穴地炸城之法，終於一擊得手。

平叛凱旋後不久，張名振酒後失手打死了一名太監，遭貶謫。

崇禎末年，張名振任臺州（今浙江臨海）石浦遊擊，負責整訓水軍，監造戰船。

順治二年（一六四五年）五月，清軍血屠揚州，渡過長江，滅亡了南明弘光政權。

隨後，清朝派遣安撫使到浙江招降。張名振斬使拒降，率部歸附監國於紹興的魯王朱以海，得封為富平將軍。

受封之日，張名振效仿大英雄岳武穆，請人在背上刺上「赤心報國」四字，以示效死報國。

順治三年（一六四六年）六月，清軍渡過錢塘江，席捲而南，除了張名振所守石浦之外，明軍全線崩潰，紹興失守，魯王被迫出逃。

為救魯王脫險，張名振放棄石浦，以舟師扈隨魯王出海。

順治四年（一六四七年）四月，張名振得知清松江提督吳勝兆有意倒戈反清，便與張煌言等人一起，會合了隆武政權黃斌卿的舟山軍隊共兩千多條戰船、五萬多軍隊，沿海北上。

可惜，天不遂人願。

張名振大軍甫抵崇明，便遇上了颶風，海嘯驟起，海浪滔天，舟覆人沒，一軍盡失。

大明氣數如此，實非人力所能挽回，一嘆！

張名振遭此大挫折，雄心不泯，潛回南田招集舊部，重整旗鼓。

該年十月，張名振得知魯王被福建大軍閥鄭彩所挾持，便率師攻破清軍所佔據的昌國衛（在今浙江象山以南），進駐健跳所（在今浙江三門以東），穩住了陣腳，而後將魯王迎至健跳。

次年八月，為了安置魯王行朝，張名振決定行非常之事，率部突襲舟山，斬殺了只承認隆武政權、不承認魯王政權的黃斌卿。魯王於是得以駐蹕舟山，晉封張名振為太師。

以舟山為基地，張名振招攬士卒，又配合鄭成功擊破鄭彩部，氣勢大盛，坐擁十萬之眾。

順治八年（一六五一年）八月，清軍大舉攻打舟山，準備畢其功於一役。

張名振以為清軍水師不足為懼，而且舟山又有蛟關以作天險，貿然分兵出擊。結果被清軍偷渡蛟關，攻佔了舟山。

彼時，張名振已敗清軍於崇明，正準備乘勝往攻吳淞，得知舟山失陷的消息，頓足捶胸，大哭道：「臣誤國誤家，死不足贖！」欲蹈海自盡，被部將苦苦勸止。

這年十二月，張名振扈從魯王離開浙江，前往廈門，投靠鄭成功。

鄭成功對張名振的一意孤行非常不滿，曾當場責問：「汝為定西侯數年，所做何事？」

張名振朗聲應道：「中興大業。」

鄭成功冷笑，復問：「大業安在？」

張名振昂然回答：「如果成功，戰績自然歷歷可見；因為不成功，則只能表達於方寸之間。」

鄭成功一拍桌案，怒問：「表達於哪兒的方寸之間？」

張名振怒目相對，從容答道：「在背上。」言畢扯裂衣裳，轉背相示，背上「赤心報國」四字，長徑寸，深入肌膚。

鄭成功見了，愕然無語。

順治十一年（一六五四年）正月，張名振率數百艘大海船，溯長江而上，進抵鎮江。

在金山，張名振設醮三日，遙祭孝陵，揮淚在絕壁上題詩，云：

十年橫海一孤臣，佳氣鍾山望裡真。
鶉首義旗方出楚，燕雲羽檄已通閩。
王師枹鼓心肝噎，父老壺漿涕淚親。

南望孝陵兵縞素，會看大纛禡龍津。

順治十二年（一六五五年）十月，鄭成功大會諸軍，收復了舟山。該年十二月二十八日，鄭成功以張名振不參加會師為由，指使心腹將之毒死。張名振在毒發劇痛之時，起坐擊床，連呼崇禎先帝數聲，吐血而絕。

順治十三年（一六五六年）九月，清軍再度攻下舟山後，急不可待地找到張名振的墳墓，刨墳開棺，揚屍焚骨，以發洩對這個大明王朝的忠臣義士兼最後大俠的刻骨仇恨。

與岳飛、于謙齊名的孤忠張煌言

臺灣學者柏楊先生在他的大作《中國人史綱》中是這樣評價崇禎皇帝的：「朱由檢的急躁性格，使他迫不及待地追求奇蹟，並且認為重刑是促使他部下創造奇蹟的動力。但有才幹的部下又使他如芒刺在背，他只能用宦官型的恭謹無能之輩，在這種人之前，他的心情愉快。朱由檢嘗嘆息他無緣得到岳飛那樣的將領，其實，恰恰相反，他已得到了一位岳飛，那就是袁崇煥，結果卻用冤獄酷刑對待他。」

袁崇煥確實是一個不怕死的主，忠肝義膽，有擔當。

但，以才能、見識、遠略論，他是否能與一代武聖岳飛相提並論，這是要打一個大大的問號的。可是，除了袁崇煥之外，論及明末的英雄人物，要說張煌言張蒼水可稱岳武穆再世，相信很多人沒有異議。

張煌言，浙江鄞縣（今浙江省寧波市）人，父親原是天啟朝刑部員外郎，辭官回鄉後，曾到黃宗羲家中教過館。

張煌言六歲破蒙，詩書上口即成誦。但他志不在此，而沉溺於習武、練氣功，扛鼎擊劍，日夜不息。

張煌言十六歲考秀才，彼時遼東事急，國內流民軍並起，朝廷為適當形勢需要，加試武略，要求考生試演騎射。鄞縣眾多考生中，只有張煌言一人執弓抽箭，三發三中，技驚四座。

不過，還沒等張煌言考取進士，大明帝都失陷，明帝崇禎魂斷煤山。

大明朝的平西伯、寧遠總兵吳三桂開門揖盜，拜倒在清多爾袞腳下，引清兵入關，迅速絞殺了李自成的大順軍。

弘光元年（一六四五年），清軍攻破李自成定據的都城西安後，席捲而東，過鎮江、屠揚州，江南震恐，南京開城迎降。

基本就在同時，浙江的魯王政權和福建隆武政權建立。

身在浙江的張煌言先加入的是魯王集團，但他具有大局眼光，看到魯王、隆武兩大政權互爭奪正統不利於抗清，挺身而出，向魯王申請，前往福建做聯絡、調節工作。

隆武二年（一六四六年）初，清軍大舉攻打閩浙。九月，隆武政權覆亡；監國魯王逃難於舟山群島。張煌言由閩入浙，回故里鄞縣向老父、妻兒辭別，匆匆趕往舟山扈駕，從此再也沒有和家人見面。

永曆元年（一六四七年）四月初，張煌言與張名振集結數萬水軍以響應已經降清的松江提督吳勝兆反正，哪料，到了長江口，颶風大起，白浪滔天，全部船隻被颶風打翻。張煌言、張名振和其他士兵一樣，全部跌落水中，成了落湯雞。

經此大難，張煌言苦練水師，要求水師中所有人都有過硬的鳧水本領，水師中的掌舵手和舵工有高超的駕船本領，能在大風大浪中自如運舵而船無恙。

永曆五年（一六五一年）秋，清軍大舉攻打舟山，擬畢其功於一役。

張名振不聽張煌言苦勸，以為清軍水師不足為慮，且舟山有蛟關以作天險，堅持以攻為守，搶在清軍到來之前出手，猛攻崇明。

這麼一來，清軍有機可乘，偷渡蛟關得手，順利攻佔了舟山。

張名振雖得崇明，但得知舟山失陷，不由得頓足捶胸，哭叫：「誤國誤家，死不足贖！」欲蹈海自盡。

張煌言將他勸住，共同扈從魯王往廈門投靠鄭成功。

在鄭成功軍隊的配合下，張名振和張煌言從永曆六年（一六五二年）至永曆八年（一六五四年），先後幾次率軍攻入長江，但都因友軍失期不至，無功而返。

永曆八年（一六五四年），兩人揮師移攻舟山，一舉告捷。

但是，一年之後，鄭成功指使心腹將張名振毒死。張名振在毒發劇痛之時，遺言將所轄軍隊歸屬煌言指揮。張煌言遂率領這支隊伍與清軍在舟山一帶進行周旋。

永曆十二年（一六五八年），永曆帝遣使冊封張煌言為兵部尚書兼東閣大學士。

永曆十三年（一六五九年）初，清軍視盤踞在雲貴的永曆政權為心腹大患，分三路洶湧進攻。

為了牽制清軍，張煌言與鄭成功合兵再次入江作戰。

這一次，似乎是上蒼眷顧，沿途順風順水，大軍如期駛進了長江口。

張煌言眼光獨到，認為崇明島為江海之門戶，懸洲可守，若得駐兵其上，進退有據，建議先取崇明島以為基地。

鄭成功卻認為分兵不利遠襲，而且攻取崇明島只會節外生枝，而只要攻佔了瓜洲、鎮江等地，崇明便會不攻自破，斷然拒絕了張煌言的勸告。

鄭成功的看法似乎是對的。

大軍雲集一處，浩浩蕩蕩，旌旗遮天，影響力巨大。

一時間，敵人震怖，沿江人民慰問慶祝。

這種情況下，瓜洲、鎮江幾乎不費吹灰之力便勝利收復。

張煌言所部日夜趲程，進兵神速，數天之內，便抵達南京觀音門外江面。

南京城內清軍不多，看到明軍如同天兵神降，莫不驚駭。

張煌言深感機不可失、時不再來，寫信給鄭成功，要他捨舟登岸，全速趕來，兩軍合攻，則南京唾手可得。

南京是明太祖定鼎基業之所，如若取得，政治意義非同小可，勢必會掀起抗清事業的大高潮。

可是，鄭成功視陸路為苦途，依舊讓縴夫繩舟逆水，緩緩而上。

清軍由此得到了調整的機會，四面的援軍源源不斷地向南京滙合。

張煌言在南京城外江面上望穿秋水，苦等了數天，仍無鄭成功消息，知道大事不諧矣。只好自蕪湖分兵：一路東出溧陽，圖謀廣德；一路西進池州（今安徽貴池），控制長江中游；一路北取和州（今安徽和縣），以鞏固江對岸的採石；一路南往寧國，爭取徽州。

張煌言這一行動取得了巨大的成功，太平、寧國、池州、徽州、廣德、無為、和州、當塗、蕪湖、繁昌，宣城、寧國、南陵、旌德、貴池、銅陵、東流、建德、青陽、石埭、涇縣、巢縣、含山、舒城、廬江、高淳、溧水、漂陽、建平等四府三州二十四縣聞風歸附。

此外，湖廣、江西、山東以及河南等省的反清人士也紛至遝來，建立了聯繫或提供情報。

形勢一片大好。

張煌言雄心勃勃，進而準備發兵攻取九江，西入雲貴以策應永曆帝。

可是，鄭成功軍不給力，已在南京遭到了慘敗。

原本，鄭成功慢悠悠地到了南京城下後，已不足以攻取兵力充足、守備嚴整的南京城了，但只要採用分兵攻打南京周圍各州縣，以孤立和坐困南京的戰術，仍有機會收復這座大明古都。

張煌言就寫信千叮嚀、萬囑咐，勸告他萬不可頓兵於堅城之下，以免師老兵疲，另生他變。

鄭成功剛愎自用，不予理睬，終於招致大敗。

張煌言收到鄭成功南京戰敗的消息，雖然深以為憾，但仍覺大事可為，寫信勸鄭成功不必以勝負介懷，只要繼續逆江而上，收取上游諸郡邑，則民心可待，天下事尚可圖也。

但鄭成功已經倉皇撤軍。

鄭成功如此甩手而去，等於是把張煌言給賣了。

張煌言一支孤軍陷於清軍處處設防、處處駐守的腹地之中，可以說是上天無路、入地無門了。

沒有辦法，張煌言只好鋌而走險，決意掙個魚死網破。

他率全軍西上直取江西。

到了銅陵江段，由於是逆遊而上，水急舟緩，與順江東下的清軍船艘相遇。結局不言而喻，張煌言軍大敗。

張煌言軍提師登岸，西走英霍山，且走且戰，入將軍寨後，從騎盡散，身後只剩下一僮攜印相隨。

這一次，張煌言的處境真的是險過了剃頭。

大英雄百轉千回不改初心，繞道潛行兩千餘里，歷經九生一生，終於從英霍山區回到浙東沿海。

清政府為了脅迫張煌言，頒佈了嚴酷的「遷海令」，並抄沒張家，將張煌言的妻子董氏、兒子張萬祺押往鎮江下獄。

張煌言於寧海縣臨門村重建軍隊，慨然表示：「入海仍精衛，還山尚蒯緱。」可是，隨著鄭成功東征收復臺灣，張煌言的勢力日益單薄，難有作為。

不久，鄭成功在臺灣逝世、永曆帝被俘殺、李定國病死，南明最後一個政權覆亡。張煌言自知道大勢已去，但他仍然拒絕了清招撫使王爾祿與總督趙廷臣的招降，凜然宣稱：「寧為文文山，不為許仲平！」

康熙三年（一六六四年）六月，張煌言被迫解散軍隊，自己隱居在南田島（在今浙江象山南、三門灣外海中）附近一個名叫懸嶴的荒島上，日出而作、日暮而息。

即使這樣，清政府也不能放過這位大明孤忠，經過四處查訪，終於搜索到了張煌言的住所，逮捕了張煌言。

被捕之後，張煌言神色自若，堅拒清廷官員的勸降，明確表示：「今日之事，速死而已。」

該年八月初，張煌言被解往杭州。

途中，有人跟在囚車後面，若即若離，嗚咽悲歌，所歌者，乃是《牧羊記》中蘇武罵李陵投降匈奴的那一段唱詞。

張煌言心知其意，讓押解者把歌者招來，悲慨無限地說：「放心，我一定會像蘇武那樣忠貞持節的！」

船經錢塘江畔，有和尚朝船中拋過一藏著瓦片的紙包。

張煌言知其在提醒自己務必成玉碎而勿為瓦全，打開紙包，內附詩數首，有句云：「靜聽文山正氣歌」，當即寫下了自己的絕世名作〈甲辰八月辭故里〉，云：

義幟縱橫二十年，豈知閏位在于闐。
桐江空繫嚴光釣，震澤難回范蠡船。

生比鴻毛猶負國，死留碧血欲支天。
忠貞自是孤臣事，敢望千秋信史傳。

另一首〈入武林〉，云：

國亡家破欲何之？西子湖頭有我師。
日月雙懸于氏墓，乾坤半壁岳家祠。
慚將素手分三席，擬為丹心借一支。
他日素車東浙路，怒濤豈必屬鴟夷。

九月初七日（一六六四年十月二十五日），張煌言在杭州官巷口負手受刑。在劊子手揮刀的前一刻，大英雄遙望風景秀麗的鳳凰山，發出了一聲悠悠長嘆：「大好河山，竟使沾染腥羶！」

張煌言就義後，友人冒險將其遺體埋葬在杭州南屏山北麓荔子峰下，與岳飛、于謙二墓相望。後人也因此把岳飛、于謙、張煌言並稱為「西湖三傑」。

死活不肯參加鄉試的落第秀才

話說，王安石在實施變法時，認為唐代以詩賦取士，浮華不切實用，便大刀闊斧地進行改革，改以經義文章代替詩賦。這麼一改，考生的作文水平大為降低，朝廷甚至感到連起草詔、誥、章、表等應用文書的人都不夠用了。

南宋紹興三年（一一三三年），宋高宗在正式科舉考試之外特置博學宏詞科，另外取士。

清代康熙皇帝於康熙十七年（一六七八年）沿襲了宋高宗這一做法。

彼時，三藩之亂將平，國勢基本穩定。康熙認為科舉考試以八股文為主，如若有人身負真才實學卻因八股不精而落第未免可惜，就宣布舉行博學宏詞科（因乾隆名弘曆，「宏」音形義與「弘」相近，後乾隆朝為避乾隆諱，改為博學鴻詞），試以詩、賦、論、經、史、制、策等，不限制秀才舉人資格，不論已仕未仕，凡是督撫推薦的，都可以到北京考試。考試後便任官。

實際上，康熙這麼幹，還有另一層意思，即：籠絡明朝名士、遺老。

博學宏詞科一開，也的確吸引了許多讀書人，有的還是博學鴻儒，錄取後，均得授侍讀、侍講、編修、檢討等職。

山西陽曲（今太原市）有一個士子，曾在崇禎十五年（一六四二年）鄉試落第，大受打擊，從此棄青衿為黃冠，絕意進取。

此人雖說科場失意，但文名遠播，後人甚至說他「巍然為河北大師者垂數十年，論者以聲震天下」。

康熙皇帝恩澤廣厚，開博學宏詞科，四圍的親友都勸他珍惜這一機會，赴京與試。

地方官員也積極舉薦他前往應試。

可是，他卻堅辭不就。

也因為他的名氣太大，康熙早有耳聞，得知他拒絕不來，深為可惜。次年，專門叮囑地方長官登門催促他上路，赴京與試。

可是，此人已經抱定了主意不再科考，就稱病不起，賴在床上不動。

官員們又氣又急，為了交差，就命令役夫把他的床抬起來，連人帶床一起抬著上京應試。一時間，抬床進京趕考，成了人們津津樂道的話題。

好不容易到了北京，此人又死活不肯入城。

文華殿大學士兼吏部尚書馮溥趕緊和諸公卿來到城外相請。

此人蒙頭睡在床上，不置一語。

刑部尚書魏象樞沒有辦法，只好稟報康熙，說此人病重，無法考試，但其才學超群，可降詔許其免試，並加「中書舍人」以示「恩寵」。

向以苛刻著稱的康熙頷首贊同了此議。

馮溥等人大喜過望，紛紛返回勸還在床上裝病的「病人」入朝謝恩。

「病人」的「病」似乎更嚴重了，雙眼緊閉，一動不動。

馮溥等人沒辦法，只好使人強行掀開被子，將他抬入朝。

到了午門，「病人」遙望這曾經的大明朝宮殿，突然失聲痛哭起來。

馮溥強拉他叩頭謝恩，他就勢撲倒在地上，繼續伏地痛泣。

魏象樞連忙上前說：「行了！行了！已經叩謝過了。」

聽了這話，「病人」不哭了。

第二天，「病人」嚷著要回家。大學士以下的許多官員相送到郊外。

「病人」長嘆了一句說：「如果後人把我視為劉因之輩，我是死不瞑目啊！」

劉因是元朝保定容城人，學識淵博，元世祖曾多次召聘，他都堅辭不就，算得上有氣節的人。但，他曾向元世祖稱「臣」，死後得元廷謚「文靖」。「病人」說這句話的意思，是他不屑於劉因向元世祖稱

「臣」的做法的，也即是他不肯承認清帝為「君」。

聽了他這句話，在場的人驚駭莫名，久久說不出話來。

在北京做官的這些文士並不瞭解他，實際上，但凡瞭解他的人，對他說出這樣的話，那早已見怪不怪了。

這個「病人」名叫傅山，字青竹，後改青主，生於明萬曆三十五年，世代業儒，家學淵源，蜚聲三晉。其本人雖然在崇禎十五年（一六四二年）鄉試落第，但卻是世間難得的奇才。其少年時聰穎過人，過目成誦，迨及成年，學識淵博，貫通諸子百家、古今典籍。又工詩文、書畫、金石，精醫學。

甲申（一六四四年）明亡後，傅山心懷故國，將身上的道袍改為紅色，以示不忘「朱明」，堅持民族氣節，積極從事反清活動，人稱「朱衣道人」。

順治十一年，傅山串聯南明總兵宋謙在晉豫邊界起義，事洩，傅山被關進了太原府獄，飽受拷掠。期間，他絕食九日，賦〈獄祠樹〉詩，中有說：「深夜鳴金石，堅貞似有儕」之句，幾至身死。

所幸，經門人多方營救，傅山僥倖脫離了苦海。

此番下獄，乃是九死一生。但傅山終不改其志。當他聽說鄭成功、張煌言等人進軍蘇皖，喜出望外，匆匆趕往南京，準備再度投入抗清隊伍中。

但是，等他到了南京時，明軍已失敗撤離。

傅山大為失望，寫了〈東海倒座崖詩〉，把鄭成功等人比作憑據海島抗秦不屈的田橫，自己則以明朝遺民自居，發誓不與清廷政府合作。

所以，而對康熙特開的博學鴻詞科，他抵死不肯應試。

補一句，對於康熙的博學鴻詞科，重氣節的黃宗羲、顧炎武等人也都沒有參加。

可是，對於傅山的所作所為，顧炎武稱之是「蕭然物外，自得天機」，並說「吾不如青主」。也因為顧炎武這句話，人們評論說：「青主之字，不如其畫，畫不如其學，學不如其人。」

傅山從北京回到山西後，僻居遠村，不問世事。

天下士人慕其名節，紛紛求訪，以得見其一面為榮。

曾有鄉里鄰居奇怪傅山從來都是布衣氈帽，自稱為民，問他：「你不是被朝廷封為了中書舍人了嗎，怎麼還這副打扮？」

這一句話，正戳中傅山的痛處，默然不能對。

縣令奉部文要在傅山的大門懸掛上書有「鳳閣蒲輪」四字的匾額，傅山斷然制止。

康熙二十三年（一六八三年），傅山服朱衣、佩黃冠謝世，終年七十八歲。下葬之日，遠近來相送的達數千人。

晚明的稅收搞得民不聊生了？清初的稅收明明比晚明重，為何能四海晏然？

明太祖出身貧寒，早年當過和尚、乞丐，飽嘗人世艱辛，深惡痛絕元政府的橫徵暴斂。

大明開國，明太祖格外注重與民休養生息。洪武初年，農業稅為每畝三至四斗，後來官倉豐盛，又減為每畝一斗米，約十八點九斤。

這，就使明朝稅賦成為了中國封建王朝的最低。

不過，在明朝初年，由於明太祖大力鼓勵墾荒，各種移民屯田的措施也執行得當，全國可耕種田地一下子比元末暴增了四倍多，致使糧食產量大幅度提高，府庫民室儲糧都極其豐富。

有了強大的財政作為後盾，明太祖及明成祖時代，每次出征，軍隊動輒都高達數十萬。可是，隨著時間的推移，明朝國力越來越弱，到後來，即使出動十萬人軍隊，籌措糧餉也成了老大難的問題。

明孝宗當政時，他就向自己最信任的大臣劉大夏提出了疑問：「古人都說，天下財富不在官則在民。太宗皇帝的時候，又是遷都又是修長城，還下西洋、征越南，從未匱乏。現在我們百般節儉，但軍民卻窮困不堪，錢財都到哪裡去了？」

是啊，錢財都到哪裡去了？

明朝的歷史，可以以「土木堡之變」為分水嶺。

在這場變故中，明朝開國武人勳貴集團和靖難功臣集團基本喪失殆盡。自此之後，明朝文官集團一枝獨大，成為了國家的主宰。文官集團的大本營是在富庶的江南地區，無論是農業還是工商業，國家都徵收不上應得的稅收。

由於土地的兼併，失去了農田的農民不斷轉化工商業者，而明朝按照土地收稅，沒有土地的農民不用交稅，文官集團雖然坐擁大量良田，他們卻利用手中權勢千方百計以達到逃稅、免稅的目的，導致國家財政收入不斷減少。

農業稅減少了，那麼就從商業稅上補回來吧。

在明朝，社會生產發展飛速，國內市場擴大，商人活躍，商品交流頻繁，為政府的商業稅課徵提供了非常充裕的稅源。

但是，文官集團同時也是商業集團的利益代言人，他們堅決抵制增加商業稅。

本來，明太祖在國初制定的商稅三•三%就極低，在萬曆朝，因為文官集團的抵制，商稅竟降到了一•五%！當時還有規定：年營業額在四十兩白銀（相當於現在十一萬元新臺幣、二六四三二元人民幣）以下的，一律免稅。有人做過統計，在張居正搞改革後，國家財政收入最多的一年有兩百萬兩白銀，按當時約六千萬的總人口算，人均每年負擔國家稅收〇．〇三三兩白銀，約合新臺幣九十五元（人民幣二十二元），低到讓人無法想像。

萬曆初年，農業稅和商業稅的兩稅收入可達兩千兩百一十七萬七千三百五十八兩，但商業稅收入包括鹽稅、茶稅、市舶稅、通過稅、營業稅，總額不過三百四十萬兩。日本學者田口宏二郎因此驚呼：十六世紀以後中國商業稅收入僅佔有明朝總收入的二%，真是太少了！

萬曆二十七年（一五九九年），明神宗在國家財政「費用不敷」，自己又不忍心「加派小民」的情況下，只好繞開文官系統，派出礦監稅使。

老實說，這時候的情形，以明末袁中道的話來說，是「九邊供億不給，外帑空虛，天子憂匱乏」之時，明神宗以礦稅來增加收入，無可非議。但，還是遭到了文官集團喪心病狂地反對和阻撓。

文官集團積極發動輿論攻勢，不斷抹黑醜化礦稅。

高攀龍的〈上罷商稅揭〉說「礦稅流禍四海」，李三才的〈請停礦稅疏〉說「自礦稅繁興，萬民失業」，葉向高先上〈請止礦稅疏〉，再上〈再請止礦稅疏〉，把礦稅說是敲骨吸髓之舉，已經弄得天怒人怨，國家暗無天日了。

此外，文官集團還煽動底層商人手工業者的情緒，縱容和鼓勵他們用暴力來抵擋礦稅太監收稅的行動。

萬曆二十七年（一五九九年）四月，臨清市民一萬多人揪打稅使馬堂，燒稅署，殘忍地處死了三十七名國家稅務人員。

萬曆三十年（一六〇二年），雲南暴民把礦稅太監楊榮丟入烈火中焚燒，還殺死了二百餘名國家稅務人員。

這明顯是暴力抗擊國家稅收的惡劣行為，但這些暴行，卻得到了文官集團別有用心的讚揚和謳歌。

明神宗要追究暴徒的罪行，大學士沈鯉等人竭力抗爭。為此，《明史》記載說：「帝為不食者數日。」最後，在慈聖皇太后的勸解下，明神宗總算勉強進食，卻禁不住嘆息道：「榮不足惜，何綱紀頓至此！」（見《萬曆邸鈔》）。

在中國歷史上，專制皇帝絕食抗議「人民群眾」不遵守國家法律的，僅此一例。

經過雲南暴動，神宗皇帝不得不停止了徵收礦稅。

而其他方面的商稅的徵收也大幅度降低了。

有人做過統計，從萬曆二十四年到萬曆四十四年共二十年時間所徵收的礦稅和商稅，不過一千多萬兩，平均每年不過五十多萬兩，數量並不大。但這筆數量並不大的稅收，卻極大地緩解了國家財政危機。比如萬曆四十三年的大救災，就多次從這筆錢中支出。具體紀錄有保定巡撫的上奏中提到的「皇上又大發帑金，出通德二倉糧平糶」；內閣大學士葉向高奏章中說的「以大旱發帑金、倉粟賑濟」；首輔方從哲奏章中說的「近發帑金十萬，人心無不感激」等等。

在萬曆四十六年六月戶部的奏章裡還寫道：「遼東兵餉，經議須用銀三百萬兩，今內庫已發一百萬兩。」

神宗皇帝去世後，留在內帑中的銀子大約有七百萬兩。這百萬兩銀子大部分也被充當遼餉了。其中，天啟初年，明熹宗一年就發了二百萬兩。

內閣首輔葉向高由此感慨萬分地說：「皇祖（指神宗皇帝）當年大力徵收礦稅的時候，我們都大力反對，覺得天下的財富都是皇帝的，收那麼多銀子起來做什麼？這幾年遼東用兵，我才感覺到原來皇祖思慮深遠，原來是留下來為將來的戰亂做準備的。」

作為文官集團代表的葉向高終於有所覺悟，但這覺悟來得太慢了。明神宗稅制改革失敗，明朝的財政遂急遽惡化，最後，民窮財盡，民變、兵變不斷，大明王朝急速走向了死亡。

值得一提的是，民間的「抗稅」行為，清初也出現過一次，結果很震撼。

順治十七年，蘇州吳縣新任縣令任維初到任上，便以嚴刑催交賦稅，當場杖斃一人。迫於滿清政府的血腥統治，吳縣百姓無力造反，只能由文人牽頭，作〈卷堂文〉，到文廟中的先聖牌位面前哭訴命運的不公，以發洩自己的怨恨與牢騷。

就是這樣一種消極的「抗稅」行為，如果發生在明朝，無疑會形成一股重要的社會監察力量，影響甚至左右政府的決策。但在清朝，不但不會起任何作用，還會引來殺身之禍。

清政府將哭廟文的起草人金聖嘆作為首犯拘捕，冠以「搖動人心倡亂，殊於國法」之罪，連同倪用賓、沈琅、顧偉業、張韓、束獻琪、丁觀生、朱時若、朱章培、周江、徐玠、葉琪、薛爾張、姚剛、丁子偉、王仲儒、唐堯治、馮郅等十七人一同判死罪，七月十三日立秋，在南京三山街執刑。

是為清初著名的「哭廟案」。

經過這場震懾朝野的「哭廟案」，清朝在稅收環節上，再也沒遇到稍有滯凝的現象。

經歷明末清初的大戰亂，中國各地人口銳減，全國的耕地面積急遽萎縮。根據〈明代與清初耕地數的歷史比較〉一文統計，明代崇禎時期，全國人口約為兩億，而滿清在康熙初期約為五千萬，人口損失近四分之三。萬曆三十六年，明朝的耕地面積是一千一百六十一萬八千九百四十八頃，而清代順治十八年，全國耕地數量是五百多萬頃。耕地面積損失過半。這樣的背景下，順治十八年徵收的農業賦稅「為銀兩千一百五十七萬餘兩、糧六百四十八萬石」。對比萬曆初期「兩稅收入的兩千兩百一十七萬七千三百五十八兩」，不難看出，中國百姓以明代百分之五十的耕地承受比明代百分之一百還多的賦稅！

但，在清朝那個時代，再也沒有人呼喊稅收不合理，更沒有人會像萬曆、天啟和崇禎朝那樣肆無忌憚地抗稅。

一本《明史》引發的血案

金庸先生在封刀之作《鹿鼎記》中三分實、七分虛地敘述了這麼一件事：

浙西湖州府南潯鎮有一家姓莊的富戶，戶主名叫莊允城，生有數子，長子名叫廷鑨，自幼愛好詩書。那莊廷鑨因讀書過勤，忽然眼盲，尋遍名醫，無法治癒。某日，鄰里一姓朱的少年來莊家借銀，將祖父朱相國的一部遺稿留下抵押。莊廷鑨閒極無聊，便讓家中清客讀該書稿給自己聽，以遣寂寞。

該書稿是一部明史稿，大部分已經刊行，流傳於世。莊廷鑨聽了數日，忽然想起：「昔時左丘明也是盲眼之人，卻因一部史書《左傳》，得享大名於千載之後。我今日眼盲，閒居無聊，何不也撰述一部史書出來，流傳後世？」但想自己眼盲，無法博覽群籍，這部明史修撰出來，如內容謬誤甚多，不但大名難享，反而被人譏笑，於是又花了大批銀兩，延請許多通士鴻儒，再加修訂，務求盡善盡美。

太湖之濱向來文士甚多，受到莊家邀請的，一來憐其眼盲，感其意誠；二來又覺修撰明史乃是一件美事，大都到莊家來作客十天半月，對稿本或正其誤，或加潤飾，或撰寫一兩篇文字。因此這部明史確是集不少大手筆之力。

書成不久，莊廷鑨便即去世。

莊允城心傷愛子之逝，即行刊書，書名叫做《明書輯略》，撰書人列名為莊廷鑨，請名士李令皙作序。所有曾經襄助其事的學者也都列名其上，有茅元錫、吳之銘、吳之熔、李祈濤、茅次萊、吳楚、唐元樓、嚴雲起、蔣麟徵、韋金祐、韋一園、張雋、董二酉、吳炎、潘檉章、陸圻、查繼佐、范驤等，共一十八人。當然，書中還是含含糊糊提到此書是根據「朱氏原稿」增刪而成。

由於明亡未久，讀書人心懷故國，《明書輯略》一刊行，立刻就大大暢銷。

莊廷鑨之名噪於江北江南。莊允城雖有喪子之痛，但見兒子成名於身後，自是老懷彌慰。也是亂世之時，該當小人得志，君子遭禍。湖州歸安縣的知縣姓吳名之榮為求富貴，便向清廷當政告發，稱莊氏懷戀明朝、毀謗朝廷。

清廷隨即查辦此案，認定吳之榮所告屬實，下令從嚴、從速處理：莊廷鑨已死，開棺戮屍；莊允城在獄中不堪虐待而死；莊家全家數十口，十五歲以上的盡數處斬，妻女發配瀋陽，給滿洲旗兵為奴。前禮部侍郎李令皙為該書作序，凌遲處死，四子處斬……因此案牽連，冤枉而死的人亦是不計其數。

《鹿鼎記》中所述的這一段，便是清朝最為血腥的「莊氏明史案」。

由於這樁血案牽涉到一個人——查繼佐，而查繼佐是金庸的祖上，金庸為先祖諱，則在記述這一段時，有些不詳不盡。

莊允城乃明季貢生，兩個弟弟莊允堵、莊允坤為清順治十一年貢生，兒子莊廷鑨也是貢生，另一個兒子莊廷鉞和四個侄子莊廷鑣、莊廷鎏、莊廷鏡、莊廷鍾都是庠生（即秀才），在當地號稱「莊氏九龍」，都是有些真才實學的人物。

莊廷鑨要編著《明史》，並非巧合，也沒有金庸先生說的那麼富於戲劇性。莊廷鑨自失明後就有效仿左丘明著史的心思、撰述前朝史書了。

而早在明朝天啟年間，內閣大學士朱國禎（即金庸所說的「朱相國」）退官後，潛心研究明朝歷史，寫了兩本關於明朝的史書，一是《明史》（又名《史概》），專記自洪武到天啟年間朝廷大事，已刊行於世；一是《列朝諸臣傳》，主要記錄了明代列朝名臣事蹟，書未成，朱國禎已辭世。

清兵入關，朱家敗落，朱國禎的孫子們為了養家糊口，就四處兜售《列朝諸臣傳》手稿。

莊廷鑨有的是錢，用一千兩白銀買回了《列朝諸臣傳》手稿，因為自己的眼睛看不到，就廣聘當地的文人名士對《列朝諸臣傳》進行修訂，並補充了崇禎年間的許多史實，然後將該書著作權居為己有，更名為《明史輯略》。

然而，《明史輯略》尚未刊行，莊廷鑨就於順治十二年得急病死了。

莊允城為了滿足兒子生前的願望，決定斥鉅資刊行此書。他請當時名士、崇禎十三年進士、南明弘光朝禮部主事李令皙作序。

李令皙此時也已經雙目失明，入清後賦閒在家。

莊允城找到的是李令皙的兒子李礽燾。

在重利的誘惑下，李礽燾無暇思索，滿口答應。他將莊允城的酬金分了一半給父親，自己另外請人代筆，寫了一篇序文給莊允城。

有了名人作序，莊允城尚嫌不足，又將十八名江南名士，即茅元錫、吳之銘、吳之熔、李祈濤、茅次萊、吳楚、唐元樓、嚴雲起、蔣麟徵、韋金祜、韋一園、張雋、董二酉、吳炎、潘檉章、陸圻、查繼佐、范驤等，列為本書參訂，以增強本書的權威性。

這十八人中，有些是得到了本人首肯，有些則根本不知曉此事——這倒非莊允城有意隱瞞，而是在那個年代交通基本靠走、通訊基本靠吼的年代，沒有電話、網路，實在找不到人，但書已印好，發行在即，等不及了。而且，以莊允城看來，將這些人列入參訂名單，既不用動手，又可以收穫名聲，可謂惠而不費，不可能不同意。

但莊允城太無知、太天真了。

十八名士中，陸圻、查繼佐、范驤三人名頭最響，而他們偏偏就是絲毫不知曉《明史輯略》一書出版的三個人。這三個人有一個共同的好朋友，周亮工。

周亮工，字元亮，號櫟園，明崇禎十三年進士，曾任明朝山東濰縣（今濰坊市）縣令，降清後，官職做到了福建左布政使。

《明史輯略》的銷量很好，周亮工也買了一本。

畢竟，作為前朝舊臣，周亮工也很想看看書中有無對自己的評價、怎麼評價。

全書讀完，對自己的評價沒有，但對同為降臣的龔鼎孳卻被記下了這麼一筆：李自成入北京，龔鼎孳代表明廷寫了一道降表。龔鼎孳現在官居清朝都察院左都御史，都察院是一個監察部門，《明史輯略》寫他先降闖後降清，乃是降臣中的降臣，比改嫁又再改嫁的女人還「髒」，一旦他得知了，參與《明史輯略》著作的人還不得死翹翹？

周亮工由此趕緊通知范驤三人到官府自首，要他們搶先說明《明史輯略》的編撰者未經本人同意即擅自將其姓名列在參訂者之中，以避奇禍。

范驤和陸圻乃是不羈名士、放任曠達，毫不在意，認為周亮工神經過敏。

查繼佐為人精細，認同了周亮工的提醒，恐懼之餘，為求自保，趕忙向學道檢舉告發。

不過，學道認為文章之事，不必小題大做，不了了之。

周亮工那邊為保老友性命，也主動替他們寫了呈文，將呈文上交給浙江按察衙門備案。

浙江按察衙門備案仍未引起足夠的重視，將呈文擱置一旁。

順治十八年七月，歸安知縣吳之榮再次告發。

吳之榮告發的初衷，是因為與莊廷鑨的岳父朱祐明有個人私怨。

莊廷鑨的岳父朱祐明也是湖州富豪，《明史輯略》一書的出版，朱祐明慷慨出鉅資襄助。

吳之榮誣告《明史輯略》中提到的「朱氏原稿」中的「朱氏」便是朱祐明，而且，朱祐明的名字「佑明」，根本就是心懷前朝、大逆不道！

一來二去，此事最後驚動朝廷中的輔政大臣鼇拜等人。

鼇拜責令刑部滿官羅多等人到湖州徹查，勒令必須嚴治涉案人士。

該年，莊允城被逮捕上京，並很快被虐死於獄中，莊廷鑨被掘墓開棺焚骨。

次年五月二十六日，莊廷鑨明史案正式結案。

此案獄連千餘人，七十餘人被處死。

其中，凡作序者、校閱者及刻書、賣書、藏書者均被處死。

參與作序者、校閱者，如莊廷鑨之弟莊廷鉞被凌遲處死，全族獲罪；李令皙及其子李礽燾等四人、朱祐明及其子朱念紹、朱彥紹、朱克紹和侄子朱繹被斬殺，妻子徐氏吞金自盡；茅元銘、蔣麟徵、張雋、韋元介、潘檉章、吳炎、吳之鎔、吳之銘等十四人被凌遲處死；董二酉已死，屍體被從棺材中挖出，肢解成三十六塊，其子董與沂，被誅殺。

刻書、賣書者如刻字工湯達甫、印刷工李祥甫，書店老闆王雲蛟、陸德儒等人因此而慘遭屠戮。

藏書者如蘇州滸墅關主事李繼白被殺；而學政胡尚衡、松江提督梁化鳳、守道張武烈等人則以重金行賄逃過一劫。

以上人等的妻兒子女全被發配東北瀋陽附近的寧古塔。范驤、查繼佐、陸圻三人因告發有功，無罪開釋。三人和告發者吳之榮各得到莊允城、朱祐明兩家總財產的一半。范陸二人拒而不受，查繼佐則奉詔照收。

這就是一本書引發的血案。

這個血案，拉開了清廷「文字獄」的序幕，從此越演越烈，大小案件一百餘起，被處死者二百餘人，被株連受刑者數不勝數。

無庸置疑，文字獄的出現，箝制了言論，禁錮了思想，扼殺了民族的創新動力和創新能力，使得整個民族走進僵化、奴化，嚴重阻礙了中國社會的發展與進步，使得中國近代逐漸落後於西方。

晚清龔自珍的悲憤詩：「九州生氣恃風雷，萬馬齊喑究可哀」，便是因此有感而作。

可悲的是，有人向乾隆彙報，說協辦大學士梁詩正懼於文字獄，與朋友交往時連信也不敢寫，平日無事，就在家裡燒字紙。

想想看，一個大學士，因為害怕，都不敢與紙張、文字打交道了，這是一個怎麼樣的時代？

可是，乾隆皇帝卻開懷大笑，鼓著手掌說：「這樣子，說明他識時務，知道害怕，很好，很好！」

避席畏聞文字獄，著書只為稻粱謀！所謂「康乾嘉盛世」裡的政治，不過就是一場奴才政治。

血歷史85　PC0669

新銳文創
INDEPENDENT & UNIQUE

是誰在抹黑明朝？

作　　者　　覃仕勇
責任編輯　　洪仕翰
圖文排版　　楊家齊
封面設計　　葉力安

出版策劃　　新銳文創
發 行 人　　宋政坤
法律顧問　　毛國樑　律師
製作發行　　秀威資訊科技股份有限公司
114 台北市內湖區瑞光路76巷65號1樓
電話：+886-2-2796-3638　傳真：+886-2-2796-1377
服務信箱：service@showwe.com.tw
http://www.showwe.com.tw
郵政劃撥　　19563868　戶名：秀威資訊科技股份有限公司
展售門市　　國家書店【松江門市】
104 台北市中山區松江路209號1樓
電話：+886-2-2518-0207　傳真：+886-2-2518-0778
網路訂購　　秀威網路書店：https://store.showwe.tw
國家網路書店：https://www.govbooks.com.tw

出版日期　　2017年8月　BOD一版
2019年1月　BOD二版
定　　價　　450元

版權所有・翻印必究（本書如有缺頁、破損或裝訂錯誤，請寄回更換）
Copyright © 2017 by Showwe Information Co., Ltd.
All Rights Reserved

Printed in Taiwan

國家圖書館出版品預行編目

是誰在抹黑明朝？ / 覃仕勇著. -- 一版. -- 臺北市 : 新銳文創, 2017.08

面 ;　公分. -- (血歷史 ; 85)

BOD版

ISBN 978-986-94864-3-9(平裝)

1.明史

626　　106008799

讀者回函卡

感謝您購買本書，為提升服務品質，請填妥以下資料，將讀者回函卡直接寄回或傳真本公司，收到您的寶貴意見後，我們會收藏記錄及檢討，謝謝！

如您需要了解本公司最新出版書目、購書優惠或企劃活動，歡迎您上網查詢或下載相關資料：http:// www.showwe.com.tw

您購買的書名：________________________________

出生日期：________年________月________日

學歷：□高中（含）以下　□大專　□研究所（含）以上

職業：□製造業　□金融業　□資訊業　□軍警　□傳播業　□自由業

□服務業　□公務員　□教職　□學生　□家管　□其它_____

購書地點：□網路書店　□實體書店　□書展　□郵購　□贈閱　□其他

您從何得知本書的消息？

□網路書店　□實體書店　□網路搜尋　□電子報　□書訊　□雜誌

□傳播媒體　□親友推薦　□網站推薦　□部落格　□其他__________

您對本書的評價：（請填代號　1.非常滿意　2.滿意　3.尚可　4.再改進）

封面設計____　版面編排____　內容____　文／譯筆____　價格____

讀完書後您覺得：

□很有收穫　□有收穫　□收穫不多　□沒收穫

對我們的建議：________________________________

____

____

____

請貼
郵票

11466
台北市內湖區瑞光路 76 巷 65 號 1 樓
秀威資訊科技股份有限公司 收
BOD 數位出版事業部

（請沿線對折寄回，謝謝！）

姓　名：＿＿＿＿＿＿＿＿ 年齡：＿＿＿＿ 性別：□女　□男

郵遞區號：□□□□□

地　址：＿＿＿＿＿＿＿＿＿＿＿＿＿＿＿＿

聯絡電話：(日)＿＿＿＿＿＿＿＿ (夜)＿＿＿＿＿＿＿＿

E-mail：＿＿＿＿＿＿＿＿＿＿＿＿＿＿＿＿